Como se preparar para o

EXAME DE ORDEM

Civil 1

Grupo Editorial Nacional

O GEN | Grupo Editorial Nacional reúne as editoras Guanabara Koogan, Santos, Roca, AC Farmacêutica, Forense, Método, LTC, E.P.U. e Forense Universitária, que publicam nas áreas científica, técnica e profissional.

Essas empresas, respeitadas no mercado editorial, construíram catálogos inigualáveis, com obras que têm sido decisivas na formação acadêmica e no aperfeiçoamento de várias gerações de profissionais e de estudantes de Administração, Direito, Enfermagem, Engenharia, Fisioterapia, Medicina, Odontologia, Educação Física e muitas outras ciências, tendo se tornado sinônimo de seriedade e respeito.

Nossa missão é prover o melhor conteúdo científico e distribuí-lo de maneira flexível e conveniente, a preços justos, gerando benefícios e servindo a autores, docentes, livreiros, funcionários, colaboradores e acionistas.

Nosso comportamento ético incondicional e nossa responsabilidade social e ambiental são reforçados pela natureza educacional de nossa atividade, sem comprometer o crescimento contínuo e a rentabilidade do grupo.

SÉRIE RESUMO
1.ª FASE
OAB

Fernanda Tartuce
Fernando Sartori

Como se preparar para o EXAME DE ORDEM

Civil 1

11.ª edição

EDITORA MÉTODO

SÃO PAULO

Impresso no Brasil – *Printed in Brazil*

EDITORA MÉTODO LTDA.
Uma editora integrante do GEN | Grupo Editorial Nacional
Rua Dona Brígida, 701, Vila Mariana – 04111-081 – São Paulo – SP
Tel.: (11) 5080-0770 / (21) 3543-0770 – Fax: (11) 5080-0714
metodo@grupogen.com.br | www.editorametodo.com.br

- Capa: Danilo Oliveira

- CIP – Brasil. Catalogação-na-fonte.
Sindicato Nacional dos Editores de Livros, RJ.

Tartuce, Fernanda

Como se preparar para o exame de Ordem, 1.ª fase: Civil / Fernanda Tartuce, Fernando Sartori; coordenação Vauledir Ribeiro Santos. – 11.ª ed. – Rio de Janeiro: Forense; São Paulo: MÉTODO, 2013.
(Resumo: v. 1)

ISBN 978-85-309-4861-0

Bibliografia

1. Ordem dos Advogados do Brasil - Exames. 2. Direito civil - Brasil - Problemas, questões, exercícios. I. Sartori, Fernando. II. Santos, Vauledir Ribeiro. III. Título. IV. Série.

08-5360. CDU: 347(81)

A Deus, fonte de toda sabedoria e luz.

Aos meus pais Carlos César e Eliana,
por tanto amor, apoio e incentivo.

Ao meu irmão Flávio Tartuce, pelas oportunidades, pelo exemplo
e pela entusiasmada dedicação ao estudo do Direito Civil.

Aos meus alunos, pelo reconhecimento, pelo interesse e pela inspiração
para buscar sempre a melhor abordagem.

(Fernanda Tartuce)

Ao Espírito Santo, força divina que nos impulsiona.

Aos meus pais Antônio Carlos e Janete,
meus irmãos Patrícia e Marcelo
e meu cunhado Cézar, pelo sólido laço de amizade que nos une.

Aos queridos Mestres Renan Lotufo e Maria Alice Zaratin Lotufo,
pelo exemplo e por tudo o que representam na minha vida.

Ao amigo Flávio Tartuce, minha sincera gratidão
pela confiança e pelas oportunidades.

Aos meus alunos, razão do meu trabalho.

(Fernando Sartori)

NOTA À SÉRIE

É com enorme satisfação que apresentamos aos candidatos ao Exame da OAB a *Série Resumo: como se preparar para o Exame de Ordem – 1.ª fase*, composta por quinze volumes, a saber: Constitucional, Comercial, Administrativo, Tributário, Penal, Processo Penal, Civil, Processo Civil, Trabalho, Ética Profissional, Ambiental, Internacional, Consumidor, Leis Penais Especiais e Direitos Humanos.

Esta série é mais um grande passo na conquista de nosso sonho de oferecer aos candidatos ao Exame de Ordem um material sério para uma preparação completa e segura.

Sonho esse que teve início com a primeira edição de *Como se preparar para o Exame de Ordem – 1.ª e 2.ª fases*, prontamente acolhido pelo público, hoje com mais de 100.000 exemplares vendidos, trabalho que se firmou como o guia completo de como se preparar para as provas. Mais adiante, lançamos a série *Como se preparar para a 2.ª fase do Exame de Ordem*, composta, atualmente, por seis livros – *opção PENAL, CIVIL, TRABALHO, TRIBUTÁRIO, CONSTITUCIONAL e TÉCNICAS DE REDAÇÃO APLICADAS À PEÇA PROFISSIONAL* –, obras que também foram muito bem recebidas por aqueles que se preparam para a prova prática nas respectivas áreas.

A série tem como objetivo apresentar ao candidato o conteúdo exigível, estritamente necessário, para aprovação na 1.ª fase do Exame de Ordem, numa linguagem clara e objetiva.

Para tanto, foi elaborada por professores especialmente selecionados para este mister, e estudiosos do tema Exame de Ordem, que acompanham constantemente as tendências e as peculiaridades dessa prova.

Os livros trazem, ao final de cada capítulo, questões pertinentes ao tema exposto, selecionadas de exames oficiais, para que o candidato possa avaliar o grau de compreensão e o estágio de sua preparação.

Vauledir Ribeiro Santos
(vauledir@grupogen.com.br)

APRESENTAÇÃO

Objetividade, concisão, facilitação da compreensão, seleção dos temas recorrentes. Estes foram os parâmetros utilizados na elaboração da obra, com base em nossas experiências como professores em cursos preparatórios para o Exame de Ordem e outras carreiras jurídicas.

A partir da lei, das lições de grandes nomes do Direito Civil brasileiro e das tendências jurisprudenciais, procuramos apresentar o conteúdo de forma clara e simplificada. Para efeito de auxílio na compreensão e visualização global de alguns assuntos, foram apresentadas tabelas comparativas ou simplesmente elucidativas de institutos jurídicos relevantes.

As questões selecionadas e expostas após a apresentação da respectiva matéria revelam as últimas tendências esposadas pelos examinadores na elaboração e aplicação das provas em todo o território nacional.

Esperamos que, com a compreensão e a dedicação ao estudo do Direito Civil, ciência social viva e de incidência recorrente, os candidatos possam contar com mais uma ferramenta não só em suas carreiras, mas também em suas vivências cotidianas.

Fernanda Tartuce
Fernando Sartori

Nota da Editora: o Acordo Ortográfico foi aplicado integralmente nesta obra.

SUMÁRIO

1

LEI DE INTRODUÇÃO ÀS NORMAS DO DIREITO BRASILEIRO E PARTE GERAL DO CÓDIGO CIVIL

1.1 LEI DE INTRODUÇÃO ÀS NORMAS DO DIREITO BRASILEIRO

1.1.1 Visão geral

A Lei de Introdução às normas do direito Brasileiro, antigamente denominada Lei de Introdução ao Código Civil Brasileiro (LICC), é contemplada no Decreto-Lei 4.657/1942 e traz importantes diretrizes interpretativas sobre a aplicação de normas. Por ser uma norma que não versa especificamente sobre situações da vida, mas cujo teor se irradia sobre outras normas, recebe a denominação de "norma de sobredireito" (*lex legum*).

Apesar de constar em seu nome a expressão "civil", sua incidência se verifica não apenas em situações eminentemente privadas, mas também sobre outros ramos do direito.

Composta por 19 artigos, a lei aborda assuntos como o vigor das normas, as diretrizes interpretativas e alguns temas do direito internacional privado; pelo foco deste livro, não abordaremos esta última seara, mas apenas a temática mais geral e próxima da área cível.

1.1.2 Vigência das leis no tempo

Após todos os trâmites legislativos (elaboração, promulgação e publicação) a lei deve entrar no sistema jurídico e social para produzir efeitos nas relações jurídicas. Mas a partir de quando isto deve se verificar?

O art. 1.º da Lei de Introdução às Normas do Direito Brasileiro aborda o vigor das leis: a não ser que a norma preveja outro prazo, a regra é que ela começa a vigorar 45 dias após sua publicação oficial em todo o país. Tal prazo é contado incluindo-se o dia do começo (o dia da publicação) e o último dia do prazo (nos termos da Lei Complementar 95/1998, art. 8.º, § 1.º).

Em Estados estrangeiros, a obrigatoriedade da lei brasileira (quando admitida) começa três meses após a publicação oficial (art. 1.º, § 1.º). Vale destacar que o § 2.º de tal dispositivo (sobre a edição de leis pelo governo estadual por autorização do governo federal) foi revogado pela Lei 12.036/2009.

Presume-se que toda lei seja correta; como toda obra humana, porém, pode conter erros. Havendo algum equívoco no teor da lei, pode ser necessária a edição de uma norma corretiva. O § 3.º da lei afirma que, caso antes de entrar em vigor, haja nova publicação do texto para corrigir alguma norma, o prazo do dispositivo alterado e dos parágrafos anteriores começará a correr da nova publicação (art. 1.º, § 3.º). Já se a correção do texto verificar-se com a lei já em vigor, será considerada lei nova (§ 4.º).

Até quando é considerada vigente a norma? Pelo princípio da continuidade da lei, em regra, não se destinando a viger temporariamente, a lei vigorará até ser modificada ou revogada por outra (art. 2.º).

Como se opera a revogação? Segundo o § 1.º, "a lei posterior revoga a anterior quando expressamente o declare, quando seja com ela incompatível ou quando regule inteiramente a matéria de que tratava a lei anterior". Mas se a lei nova vier a estabelecer disposições gerais ou especiais diversas das já existentes, não revogará nem modificará a lei anterior (§ 2.º).

Em termos de extensão da revogação, prevalece a seguinte classificação: a) se a lei nova afeta apenas parte da lei anterior, tirando parte de seus efeitos, enseja derrogação (revogação parcial); b) se a norma torna a outra totalmente sem efeito, acarreta ab-rogação (revogação total).

E o que ocorre se a lei revogadora perde a vigência? É restaurada a lei revogada? Segundo o § 3.º, em regra, não: "salvo disposição em contrário, a lei revogada não se restaura por ter a lei revogadora perdido a vigência". Trata-se da vedação do efeito repristinatório (aquele pelo qual a norma revogada volta a vigorar caso haja revogação da lei que tirara seus efeitos).

1.1.3 Direito intertemporal e estabilidade

A Lei de Introdução às Normas do Direito Brasileiro disciplina o direito intertemporal, para promover certeza, segurança e estabilidade no ordenamento jurídico-positivo, preservando as situações consolidadas em que o interesse individual prevalece.

Em regra, a norma é projetada para incidir sobre relações futuras e não valer para o passado; pode-se dizer então que a regra é a irretroatividade, sendo a retroatividade a exceção.

Quando a lei começa a vigorar, tem efeito imediato e geral; contudo, em atenção à estabilidade das relações jurídicas, o ordenamento prevê que devem ser respeitados o ato jurídico perfeito, o direito adquirido e a coisa julgada verificados antes da edição da norma (art. 6.º). Tal dispositivo visa a contemplar o princípio da segurança jurídica, evitando que os indivíduos sejam indevidamente surpreendidos por leis novas.

O ato jurídico perfeito se verifica quando o ato já se encontra consumado nos termos da lei vigente no momento em que foi realizado (art. 6.º, § 1.º). Como exemplo, considere a celebração de um contrato em maio de certo ano; se meses depois entrar em vigor nova lei alterando ditames sobre tal tipo de pacto, em princípio, o contrato anterior não será afetado pela nova lei.

Segundo o § 2.º do art. 6.º, são considerados direitos adquiridos aqueles já inseridos no patrimônio de seu titular; nos termos da lei, são aqueles cujo titular (ou um representante) pode exercer desde logo e também aqueles "cujo começo do exercício tenha termo pré-fixo, ou condição pré-estabelecida inalterável, a arbítrio de outrem".

Finalmente, dispõe o § 3.º do art. 6.º que "chama-se coisa julgada ou caso julgado a decisão judicial de que já não caiba recurso". Prevista no art. 467 do Código de Processo Civil, a coisa julgada representa a qualidade da decisão que se torna indiscutível e imutável após o esgotamento dos recursos. Para evitar discussões eternas, o sistema põe um ponto final à litispendência na busca de gerar estabilidade e segurança às partes (tirando-as do estado de indefinição instalado com a demanda judicial).

1.1.4 Critérios de interpretação das leis

A Lei em análise aporta relevantes critérios de hermenêutica jurídica. Caso no momento de aplicação das normas sejam constatadas imperfeições, o intérprete deverá buscar os critérios adequados à superação dos impasses.

Em importante dispositivo, afirma o art. 3.º que "ninguém se escusa de cumprir a lei alegando que não a conhece". Por tal diretriz (que contempla o princípio da obrigatoriedade da norma), a lei vale em face de todos (*erga omnes*) e o indivíduo não pode alegar ter praticado o ato por ignorar o ditame legal. A despeito de tal previsão, contudo, na prática muitas vezes o cidadão não conhece as leis e tem dificuldades de entender a linguagem técnico-jurídica; o legislador, aliás, é destinatário também de tal dispositivo e deve elaborar normas com linguagem acessível a todos os brasileiros. Apesar dessa ressalva, compreende-se a opção política de vedar a alegação de ignorância em prol da garantia da eficácia global da ordem jurídica (que poderia ser comprometida caso se permitisse a alegação de ignorância). Apesar dessa premissa, o Código Civil, no art. 139, III, admite a alegação de erro substancial de direito para permitir a anulação de atos ou negócios jurídicos eivados de falsa percepção da realidade.

Outra relevante previsão consta no art. 4.º: em caso de lacuna, não havendo previsão sobre como decidir, o julgador não pode simplesmente deixar de fazê-lo. Tal norma inspirou o art. 126 do Código de Processo Civil, segundo o qual "o juiz não se exime de sentenciar ou despachar alegando lacuna ou obscuridade da lei. No julgamento da lide caber-lhe-á aplicar as normas legais; não as havendo, recorrerá à analogia, aos costumes e aos princípios gerais de direito". Este dispositivo configura a proibição do *non liquet* (não decidir): o magistrado precisa julgar, ainda que a lei não tenha sido clara sobre como se orientar. Exemplo de tal ocorrência se verifica quanto à fixação do valor indenizatório por danos morais: se alguém teve seu nome indevidamente negativado em cadastros de inadimplentes, quanto faz jus receber pelo gravame em sua imagem? Não há lei dizendo quanto deve receber em uma hipótese como esta. Ainda assim, o magistrado, no caso submetido à sua análise, ao acolher o pedido, precisará fixar um montante em prol do vencedor.

Como precisa decidir, a lei sinaliza os critérios pelos quais o juiz deverá se pautar: "quando a lei for omissa, o juiz decidirá o caso de acordo com a analogia, os costumes e os princípios gerais de direito". Tais mecanismos são denominados fontes do direito formais, diretas ou imediatas secundárias (a lei seria a fonte formal direta e imediata primária).

A analogia é a ferramenta que implica na aplicação de uma lei próxima (*analogia legis*) ou de um conjunto de leis próximas (*analogia juris*).

Já os costumes são as práticas reiteradas reconhecidas pela lei e/ou pelos tribunais. A jurisprudência (conjunto de decisões reiteradas em um mesmo sentido) e a doutrina são inseridas entre os costumes, constituindo fonte formal direta ou imediata de grande utilização na comunidade jurídica.

Finalmente, os princípios gerais de direito são as diretrizes fundamentais que dão base ao sistema. Podem ser depreendidos de normas, costumes, ensinamentos doutrinários ou posições dos Tribunais. São exemplos de princípios gerais a igualdade e a boa-fé.

Seguindo em nosso exemplo, no caso do dano moral por indevida negativação em cadastro de inadimplentes, os juízes por algum tempo realizaram analogia com a Lei de Imprensa, que previa valores indenizatórios (fixados em salários mínimos) por danos decorrentes de publicações na mídia. Após algum tempo, foram se avolumando as decisões sobre temas afins e vários juízes começaram a valer-se de precedentes anteriores, baseando-se então nos costumes (judiciários, no caso). Alguns magistrados, porém, preferiram decidir considerando princípios gerais do direito (como a dignidade humana...).

Segundo o art. 5.º, "na aplicação da lei, o juiz atenderá aos fins sociais a que ela se dirige e às exigências do bem comum". Tal dispositivo retrata o princípio da socialidade e indica que o juiz, ao aplicar as normas, deve atentar à sua função e buscar promover a pacificação social.

1.1.5 Outras disposições

A partir do art. 7.º, a Lei de Introdução às Normas do Direito Brasileiro, por alguns denominada de Estatuto de Direito Internacional Privado, versa sobre temas como conflitos de jurisdição, critérios para solucionar problemas de qualificação, efeitos de atos realizados em outros países, condições de estrangeiros e eficácia internacional de posições jurídicas legitimamente adquiridas em certo país com possíveis reconhecimento e exercício em outro.

Destacamos, apenas para chamar a atenção do leitor, a recente alteração promovida no art. 7.º, § 6.º (com a redação dada pela Lei 12.036, de 2009): "O divórcio realizado no estrangeiro, se um ou ambos os cônjuges forem brasileiros, só será reconhecido no Brasil depois de 1 (um) ano da data da sentença, salvo se houver sido antecedida de separação judicial por igual prazo, caso em que a homologação produzirá efeito imediato, obedecidas as condições estabelecidas para a eficácia das sentenças estrangeiras no país. O Superior Tribunal de Justiça, na forma de seu regimento interno, poderá reexaminar, a requerimento do interessado, decisões já proferidas em pedidos de homologação de sentenças estrangeiras de divórcio de brasileiros, a fim de que passem a produzir todos os efeitos legais".

1.2 PARTE GERAL DO CÓDIGO CIVIL: NOÇÕES GERAIS

1.2.1 Pessoas físicas

Toda pessoa é capaz de direitos e deveres na ordem civil (Código Civil, art. 1.º). Assim, basta ser humano, tendo nascido com vida, para ter a capacidade de direito (ou de gozo) nas relações jurídicas.

Ressalta o art. 2.º do mesmo Código que, embora a personalidade civil da pessoa comece a partir do nascimento com vida, a lei põe a salvo, desde a concepção, os direitos do nascituro. Nosso sistema permite, portanto, que o feto pleiteie alimentos, reserva de quota de herança etc. Pode-se afirmar que o nascituro (enquanto embrião ou feto) possui personalidade jurídica apenas formal, que lhe permite proteção aos seus direitos personalíssimos, atinentes à sua existência como ser humano em potencial; ao nascer com vida, adquire também a personalidade jurídica material, com os respectivos direitos patrimoniais e obrigacionais.

A personalidade cessa com a morte do ser humano (CC, art. 6.º).

Fala-se em morte real ou física quando o fim da vida pode ser comprovado por um atestado de óbito.

Todavia, em certas circunstâncias, não sendo possível atestar a morte física, fala-se em morte presumida, cuja ocorrência é apontada pela lei em dois casos.

O primeiro diz respeito à pessoa ausente: se o indivíduo desapareceu de seu domicílio sem deixar representante ou dar notícias, presume-se sua morte nos casos em que a lei autoriza a abertura de sua sucessão, verificando-se a publicação de editais e a administração de seus bens por um curador segundo as regras dos arts. 22 a 36 do CC. Nos termos do art. 37, os interessados poderão requerer a sucessão definitiva e o levantamento das cauções prestadas 10 anos depois de passada em julgado a sentença que concedeu a abertura da sucessão provisória. Outra hipótese de requerimento de sucessão definitiva se verifica, conforme o art. 38, se houver prova de que o ausente tem 80 anos de idade e que de 5 anos datam as últimas notícias dele. E se o ausente reaparecer? Dispõe o art. 39 que, regressando o ausente (ou algum de seus descendentes ou ascendentes) nos 10 anos seguintes à abertura da sucessão definitiva, só terá direito aos bens existentes no estado em que se acharem, aos sub-rogados em seu lugar, ou o preço que os herdeiros e demais interessados houverem recebido pelos bens alienados depois daquele tempo.

Há ainda uma segunda possibilidade de ser declarada a morte presumida, desta vez de forma mais facilitada, sem decretação de ausência. Tal ocorrerá em duas situações excepcionais (CC, art. 7.º): I – se for extremamente provável a morte de quem estava em perigo de vida; II – se alguém, desaparecido em campanha ou feito prisioneiro, não for encontrado até dois anos após o fim da guerra. Nesses casos extremos, a declaração da morte presumida somente poderá ser requerida depois de esgotadas as buscas e averiguações, devendo a sentença fixar a data provável do falecimento (CC, art. 7.º, parágrafo único).

Preocupa-se ainda a lei com o fenômeno da morte conjunta de pessoas. Trata-se do fenômeno da comoriência: segundo o art. 8.º do CC, se dois ou mais indivíduos falecerem na mesma ocasião, não se podendo averiguar se algum deles (comorientes) precedeu aos outros, presumir-se-ão simultaneamente mortos. Tal regra tem grande relevo para que se definam situações de dúvida quanto ao momento da morte, sendo aplicáveis especialmente (mas não somente!) no campo do direito das sucessões.

Para a fixação de tais temas, propomos o seguinte quadro:

<table>
<tr><th colspan="3">Personalidade – pessoa física</th></tr>
<tr><td rowspan="2">Início
(arts. 1.º e 2.º, CC)</td><td colspan="2">Nascimento com vida
(aquisição de personalidade jurídica material)</td></tr>
<tr><td colspan="2">Situação especial: nascituro – direitos postos a salvo (personalidade jurídica formal)</td></tr>
<tr><td rowspan="3">Fim
(arts. 6.º, 7.º e 8.º, CC)</td><td colspan="2">Morte</td></tr>
<tr><td>Real/física: atestado de óbito</td><td>Presumida: por ausência ou por circunstâncias excepcionais (desaparecimento em desastre ou guerra)</td></tr>
<tr><td colspan="2">Situação especial: comoriência
(presunção de morte simultânea de pessoas)</td></tr>
</table>

Analisemos como funciona a atuação da pessoa nas relações jurídicas.

Embora baste ter nascido com vida para que tenha capacidade de direito, nem sempre o indivíduo pode exercer diretamente seus direitos e suas obrigações: nem sempre é dotado da capacidade de exercício (ou de fato). Segundo a lei, algumas pessoas não podem agir sozinhas nos atos da vida civil. O regramento legal pode ser compreendido segundo o quadro que segue:

<table>
<tr><th>Absolutamente incapazes
(art. 3.º, CC)</th><th>Relativamente incapazes
(art. 4.º, CC)</th></tr>
<tr><td>Proibição TOTAL de atuação: prática do ato por meio do representante, sob pena de nulidade absoluta</td><td>Vedação parcial de atuação; devem agir em conjunto com assistente, sob pena de anulabilidade (nulidade relativa) do ato</td></tr>
<tr><td>Menores de dezesseis anos
(atuação por seus representantes legais – pais, tutores)</td><td>Maiores de 16 e menores de 18 anos
(atuação conjunta com pais ou tutores)</td></tr>
<tr><td>Quem, por enfermidade ou deficiência mental, não tem o necessário discernimento para a prática dos atos da vida civil
(atuação por meio de um curador, nomeado em processo de interdição)</td><td>Ébrios habituais,
viciados em tóxicos e
quem, por deficiência mental, tenha o discernimento reduzido
(atuação conjunta com o curador nomeado em processo de interdição)</td></tr>
<tr><td rowspan="2">Quem, mesmo por causa transitória, não pode exprimir sua vontade
(atuação por curador)</td><td>Excepcionais, sem desenvolvimento mental completo (atuação conjunta com o curador)</td></tr>
<tr><td>Pródigos
(atuação conjunta com o curador em atos de alienação de bens)</td></tr>
</table>

Os pródigos (CC, art. 4.º, IV) são pessoas que, em virtude de um desvio de personalidade, tendem a dilapidar seu patrimônio. Por tal razão, o ordenamento determina a presença de um curador para a prática de atos de alienação de bens. Claro está que o pródigo continua sendo titular de outras relações jurídicas (como os vínculos familiar e empregatício, nos quais atua sozinho). Todavia, em virtude de tal desvio, para realizar atos de alienação deve agir acompanhado, razão pela qual é prevista a figura do curador (nomeado em processo judicial em conformidade com os arts. 1.177 a 1.198 do CPC).

Quanto aos índios (antes denominados silvícolas), determina o Código no art. 4.º, parágrafo único sua regência por lei especial.

É muito importante, para a proteção das pessoas sem plena capacidade, que seja nomeado um representante – no caso de absolutamente incapazes – ou um assistente – para auxiliar os relativamente incapazes. No caso dos menores, os representantes legais ou assistentes serão seus pais ou tutores e, no caso das pessoas com problemas de discernimento ou de desvio de personalidade, um curador nomeado em um processo de interdição.

Como se adquire a capacidade plena?

A partir da cessação da causa que impede a capacidade de exercício pela pessoa. Assim, tratando-se de pessoa com deficiência ou transtorno que lhe impeça o discernimento, a partir da cura.

Quanto ao menor, quando alcança 18 anos torna-se capaz, segundo a lei. Todavia, é possível, em alguns casos, a aquisição da capacidade antes dos 18 anos por meio do instituto da emancipação, que pode se dar por três formas.

A primeira ocorre por concessão de ambos os pais ao filho com no mínimo 16 (dezesseis) anos, por instrumento público; trata-se da denominada "emancipação parental ou voluntária" (CC, art. 5.º, parágrafo único, I). Em alguns casos, admite-se a emancipação unilateral (só por um dos pais), como ocorre quando um deles já faleceu, foi declarado ausente ou foi destituído do poder familiar.

A segunda via é a emancipação por sentença judicial, que será necessária em caso de conflito de vontade entre os pais quanto à emancipação do filho e quando houver pedido de um tutor para emancipar o tutelado.

Finalmente, ocorre a "emancipação legal" quando verificadas as circunstâncias previstas pela lei que, por si sós, automaticamente revelam que o agente deve ser considerado capaz: casamento; exercício de emprego público (cargo efetivo); colação de grau em ensino superior e ter o menor, a partir de 16 anos, estabelecimento civil, comercial ou relação de emprego que lhe proporcione economia própria. Para uma melhor visualização, segue quadro com as hipóteses de emancipação:

Emancipação (aquisição da capacidade plena antes dos 18 anos) – art. 5.º		
1) Emancipação parental ou voluntária	Por concessão de ambos os pais	
	Ao filho com pelo menos 16 anos	
	Por instrumento público	
2) Emancipação judicial (por sentença)	Se um dos pais discorda quanto à emancipação	
	Se se tratar de menor sob tutela também com pelo menos 16 anos	
3) Emancipação legal	Pelo casamento	
4) Emancipação legal	Pelo exercício de emprego público em cargo efetivo	
	Tendo o menor pelo menos 16 anos	
5) Emancipação legal	Tendo o menor, de pelo menos 16 anos:	
	Estabelecimento civil ou comercial com economia própria	Ou relação de emprego
6) Emancipação legal	Por colação de grau em ensino superior	

É de se notar, porém, que alguns atos podem ser praticados pelos menores a partir de 16 anos, independentemente de sua emancipação. Eles podem: votar; casar-se (desde que haja autorização de ambos os pais); ter relação de emprego; fazer testamento; ser testemunhas; ser constituídos procuradores (mandatários).

Importante tema na atualidade é o relacionado aos direitos da personalidade.

A dignidade é um direito fundamental previsto na Constituição Federal. À pessoa devem ser reconhecidos direitos próprios de sua condição humana, sendo-lhe assegurados bens e valores personalíssimos como a integridade física e psicológica, a honra, a imagem. O Código Civil traz um regramento básico sobre tais direitos.

Intransmissíveis e irrenunciáveis que são, os direitos de personalidade não podem sofrer limitação voluntária quanto ao seu exercício a não ser nos casos previstos em lei (CC, art. 11). Tais direitos, que são também indisponíveis e imprescritíveis, têm certa faceta pública, sendo do interesse do Estado que não sejam vilipendiados.

Para a proteção dos direitos relativos à dignidade humana os mecanismos de prevenção e repressão são muito importantes. Assim, nos termos do art. 12 do Código Civil, pode-se exigir a cessação da ameaça ou da lesão ao direito da personalidade, bem como reclamar perdas e danos, sem prejuízo de outras sanções previstas em lei.

Há proteção, inclusive, à pessoa do morto: sendo ele o violado em sua dignidade, terá legitimação para requerer as medidas cabíveis o cônjuge sobrevivente ou qualquer parente (em linha reta ou colateral até o quarto grau) (CC, art. 12, parágrafo único).

No que tange à integridade física, o Código Civil traz no art. 13 regras específicas quanto à disposição do próprio corpo em vida. Como regra geral, salvo por exigência médica, é proibido o ato de disposição que importe em diminuição permanente da integridade física ou contrarie os bons costumes. Poderá, todavia, ser admitida tal ocorrência para fins de transplante, na forma estabelecida em lei especial.

Para depois da morte, considera-se válida a disposição do próprio corpo no todo ou em parte, desde que seja gratuita e tenha objetivo científico ou altruístico (CC, art. 14). Tal ato poderá ser revisto se a parte se arrepender de assim dispor, já que, segundo a lei, o ato de disposição pode ser livremente revogado a qualquer tempo.

No que tange aos tratamentos médicos e às intervenções cirúrgicas, a lei civil é clara no art. 15: ninguém pode ser constrangido a submeter-se a eles se houver risco de vida.

Também o nome, sinal distintivo da pessoa, constitui relevante direito de personalidade: pelo art. 16 do CC, toda pessoa tem direito ao nome, nele compreendidos o prenome e o sobrenome. Ao pseudônimo adotado para atividades lícitas confere-se a mesma proteção dada ao nome (CC, art. 19).

Por ser reconhecido e protegido, o nome da pessoa não pode ser empregado por outrem em publicações ou representações que a exponham ao desprezo público, ainda que não haja intenção difamatória, segundo o art. 18. Ademais, pela previsão do art. 19 do mesmo CC não se pode usar o nome alheio em propaganda comercial sem autorização.

A proteção conferida pela lei vai além: a divulgação de escritos, a transmissão da palavra ou a publicação, a exposição ou a utilização da imagem de uma pessoa, poderão ser proibidas, a seu requerimento e sem prejuízo da indenização que couber, se lhe atingirem a honra, a boa fama ou a respeitabilidade, ou se se destinarem a fins comerciais. Tal não ocorrerá, todavia, se forem autorizadas ou se revelarem necessárias à administração da justiça ou à manutenção da ordem pública.

Também o morto e o ausente são alcançados por tal proteção, já que, segundo a lei, se forem eles os lesados, serão partes legítimas para requerer tais medidas o cônjuge, os ascendentes ou os descendentes (CC, art. 20, parágrafo único).

A privacidade também foi contemplada pela lei, segundo a qual a vida privada da pessoa natural é inviolável. O juiz, a requerimento do interessado, adotará as providências necessárias para impedir ou fazer cessar qualquer ato contrário a tal regra. Para que tal teor do art. 21 possa ser efetivado, a lei processual prevê regramento específico possibilitando a tutela inibitória no art. 461 do Código de Processo Civil. Caso não seja possível ou desejável a tutela específica, pode o lesado pleitear indenização por danos morais.

O seguinte quadro pode ser apresentado para fixação do tema:

Direitos de personalidade	
Valores referentes à dignidade humana	Integridade física e psicológica
	Honra e imagem
Características	Intransmissíveis
	Irrenunciáveis
	Indisponíveis
	Imprescritíveis
Proteção	Mecanismos de prevenção e repressão
	Se morto o ofendido, pode atuar em sua defesa sua família (cônjuge sobrevivente ou qualquer parente até o quarto grau)

Pelo art. 70 do CC, o domicílio da pessoa natural é o lugar onde ela estabelece a sua residência com ânimo definitivo. Se, todavia, houver diversas residências onde viva alternadamente, considerar-se-á seu domicílio qualquer uma delas (domicílio plural). Também é considerado domicílio da pessoa natural, quanto às relações concernentes à profissão, o lugar onde esta é exercida. Se a pessoa exercitar profissão em lugares diversos, cada um deles constituirá domicílio para as relações que lhe corresponderem (CC, art. 72, parágrafo único).

Caso a pessoa não tenha residência habitual, será considerado seu domicílio, segundo o art. 73, o lugar onde for encontrada. Até agora tratamos do "domicílio voluntário geral", determinado pela vontade da pessoa de se estabelecer em um determinado local. Nessa medida, muda-se o domicílio simplesmente transferindo a residência para outro lugar para o qual manifestamente a pessoa quer se mudar.

Há ainda o que a doutrina denomina "domicílio voluntário especial": nos contratos escritos, poderão os contratantes especificar domicílio onde se exercitem e cumpram os direitos e obrigações deles resultantes. Trata-se do chamado foro de eleição, previsto no art. 78 do CC.

Finalmente, traz a lei no art. 76 a noção de "domicílio necessário" para certas pessoas. Assim, o domicílio do incapaz é o do seu representante ou assistente; o do servidor público, o lugar em que exercer permanentemente suas funções; o do militar, onde servir, e, sendo da Marinha ou da Aeronáutica, a sede do comando a que se encontrar imediatamente subordinado; o do marítimo, onde o navio estiver matriculado; e o do preso, o lugar em que cumprir a sentença.

1.2.2 Pessoas jurídicas

Pessoas jurídicas são entes criados pela lei para que seja facilitada a atuação humana em certas relações sociais, econômicas e jurídicas.

Há pessoas jurídicas de direito público (externo e interno) e de direito privado.

São pessoas jurídicas de direito público externo os Estados estrangeiros e todas as pessoas que forem regidas pelo direito internacional público.

São pessoas jurídicas de direito público interno a União, os Estados, Distrito Federal e Territórios, os Municípios, as autarquias (inclusive as associações públicas, nos termos da Lei 11.107/2005) e as demais entidades de caráter público criadas por lei (CC, art. 41). No que tange a estas últimas, quando lhes tiver sido dada estrutura de direito privado, serão regidas, no que couber quanto ao seu funcionamento, pelas regras do Código Civil (a não ser que haja disposição em contrário).

Segundo o art. 43 do CC, tais pessoas jurídicas são civilmente responsáveis por atos dos seus agentes que, nessa qualidade, causem danos a terceiros (ressalvado direito regressivo contra os causadores do dano, se houver, por parte destes, culpa ou dolo). Sua responsabilidade, nos termos do art. 37, § 6.º, da CF, é de natureza objetiva, respondendo a pessoa jurídica de direito público interno (perante a vítima do dano) independentemente da prova de sua culpa.

Já as pessoas jurídicas de direito privado são as associações, as sociedades, as fundações, as organizações religiosas, os partidos políticos e também as empresas individuais de responsabilidade limitada (EIRELI), conforme inciso VI, acrescentado ao art. 44, pela Lei 12.441/2011. Sua existência legal começa, nos termos do art. 45 do CC, com a inscrição do ato constitutivo no respectivo registro, precedida, quando necessário, de autorização ou aprovação do Poder Executivo, averbando-se no registro todas as alterações por que passar o ato constitutivo.

Seria possível anular a constituição das pessoas jurídicas? Sim, segundo a lei, por defeito do ato respectivo; todavia, tal possibilidade decai em três anos contados da publicação de sua inscrição no registro (CC, art. 45, parágrafo único).

Passemos a uma breve análise das espécies de pessoas jurídicas de direito privado previstas pela lei civil.

Inicialmente, trata a lei no art. 53 das ***associações***, caracterizadas pela união de pessoas que se organizam para fins não econômicos e pela inexistência, entre os associados, de direitos e obrigações recíprocos.

Para sua formação, basta que seu ato constitutivo (estatuto com o conjunto de cláusulas sobre as regras do funcionamento de suas atividades), que pode ter sido escrito em instrumento público ou particular, seja levado ao registro competente.

Têm natureza de associação os sindicatos, as cooperativas e os partidos políticos, que devem observar os seus respectivos regramentos legais.

Sobre seus componentes, os associados, observamos que:

- em princípio, devem ter iguais direitos, mas o estatuto poderá instituir categorias com vantagens especiais;
- a qualidade de associado é intransmissível, se o estatuto não dispuser o contrário;
- a exclusão do associado só é admissível havendo justa causa. Segundo alteração operada pela Lei 11.127/2005 no art. 57 do Código Civil, tal justa causa deve ser reconhecida em procedimento que assegure direito de defesa e de recurso, nos termos previstos no estatuto.
- nenhum associado poderá ser impedido de exercer direito ou função que lhe tenha sido legitimamente conferido, a não ser nos casos e pela forma previstos na lei ou no estatuto

A assembleia-geral da associação tem as atribuições privativas de destituir os administradores e alterar o estatuto social. Segundo o parágrafo único do art. 59 do CC (com a redação dada pela Lei 11.127/2005), para tais deliberações deve ser convocada uma assembleia especial, cujo *quorum* será aquele estabelecido no estatuto, no qual também constarão os critérios de eleição dos administradores.

Segundo o art. 60 do CC (também alterado pela mesma lei), a convocação dos órgãos deliberativos da associação deverá ser feita na forma do estatuto, sendo garantido o direito de promovê-la a 1/5 (um quinto) dos associados.

Outra modalidade de pessoa jurídica de direito privado, a ***fundação particular*** constitui uma universalidade de bens destacada de um patrimônio por um instituidor, que indica uma finalidade imutável (religiosa, moral, assistencial ou cultural) a ser desenvolvida conforme um estatuto por ele definido (CC, art. 62 e parágrafo único).

Sua criação, portanto, depende da iniciativa de um instituidor que fará, sempre por escritura pública ou testamento, uma dotação (reserva) especial de bens livres, especificando o fim a que a fundação se destina e declarando, se quiser, a maneira de administrá-la.

Por sua relevância pública, as fundações contam com a fiscalização do Ministério Público do Estado onde situadas (CC, art. 66). Se estenderem a atividade por mais de um Estado, caberá o encargo, em cada um deles, ao respectivo MP. O parágrafo único do art. 66 do CC que previa a hipótese de uma fundação funcionar no Distrito Federal ou em Território, caso em que caberia o encargo ao Ministério Público Federal, foi considerado inconstitucional pelo STF (ADIn 2.794-8). Portanto, nesta situação a competência será do Ministério Público do Distrito Federal. Há regras processuais sobre tal atuação nos arts. 1.199 a 1.204 do CPC.

Prevê a lei no art. 69 que, tornando-se ilícita, impossível ou inútil a finalidade da fundação, ou se vencido o prazo de sua existência, o órgão do Ministério Público, ou qualquer interessado, promoverá a sua extinção, incorporando-se o seu patrimônio (salvo disposição em contrário no ato constitutivo, ou no estatuto) ao de uma outra fundação, designada pelo juiz, que se proponha a fim igual ou semelhante.

Quanto às ***sociedades,*** agrupamentos de pessoas unidas para a persecução de fins econômicos, seu estudo se situa no âmbito do direito comercial, ao qual remetemos ao leitor.

Merecem destaque os temas da responsabilidade e da desconsideração da personalidade jurídica, cujas regras a seguir apontadas aplicam-se a todas as pessoas jurídicas.

Os atos dos administradores obrigam a pessoa jurídica? Sim, segundo o art. 47, desde que exercidos nos limites de seus poderes definidos no ato constitutivo.

Se a pessoa jurídica tiver administração coletiva, as decisões serão tomadas pela maioria de votos dos presentes; tal não ocorrerá, todavia, se o ato constitutivo dispuser de modo diverso. Há como anular tais decisões? Segundo a lei sim, desde que as decisões tenham violado a lei ou estatuto, ou forem eivadas de erro, dolo, simulação ou fraude. O direito de anulá-las decai em três anos (CC, art. 48, parágrafo único).

A regra é que a pessoa jurídica responda pelos atos praticados em seu nome com seu próprio patrimônio.

Há, porém, exceções em que o patrimônio dos sócios pode ser alcançado para o adimplemento das dívidas, conforme preveem as regras dos arts. 592, II, e 596 do CPC.

Além das hipóteses relativas às situações empresariais (societárias, por exemplo, previstas no art. 990 do CC), merece destaque a possível desconsideração da personalidade jurídica prevista no art. 50 do CC.

Tal ocorrerá se houver abuso da personalidade jurídica, caracterizado pelo desvio de finalidade ou pela confusão patrimonial. Em tal caso, poderá o juiz decidir, a requerimento da parte ou do Ministério Público (quando lhe couber intervir no processo), que os efeitos de certas e determinadas relações obrigacionais sejam estendidos aos bens particulares dos administradores ou sócios da pessoa jurídica.

Merece destaque previsão ainda mais ampla da desconsideração da personalidade jurídica para fins de proteção do consumidor. Em se tratando de relação de consumo, prevê a Lei 8.078/1990, no art. 28: "o juiz poderá desconsiderar a personalidade jurídica da sociedade quando, em detrimento do consumidor, houver abuso de direito, excesso de poder, infração da lei, fato ou ato ilícito ou violação dos estatutos ou contrato social. A desconsideração também será efetivada quando houver falência, estado de insolvência, encerramento ou inatividade da pessoa jurídica provocados por má administração". Além de tais casos, dispõe o § 5.° de tal dispositivo ser também possível a desconsideração sempre que a personalidade for, de alguma forma, obstáculo à reparação dos danos causados ao consumidor.

Aplica-se às pessoas jurídicas, no que couber, a proteção dos direitos da personalidade. Assim, por gozarem de reputação no meio em que atuam, fazem jus ao direito à imagem e podem inclusive sofrer danos morais. Em tal sentido, propugna a Súmula 227 do STJ que "a pessoa jurídica pode sofrer dano moral".

A pessoa jurídica pode ser encerrada por sua dissolução ou pela cassação da autorização para seu funcionamento. Contudo, ela subsistirá para os fins de liquidação até que esta se conclua. A averbação de sua dissolução será feita no registro em que a pessoa jurídica estiver inscrita, sendo que, encerrada a liquidação, promover-se-á o cancelamento da inscrição da pessoa jurídica.

Quanto ao domicílio das pessoas jurídicas, nos termos do art. 75 do CC, o domicílio da União é o Distrito Federal; o dos Estados e Territórios, é o local das respectivas capitais; o do Município é o lugar em que funcione a administração municipal; o das demais pessoas jurídicas é o lugar em que funcionarem as respectivas diretorias e administrações, ou onde elegerem domicílio especial (previsto em seu estatuto ou em seus atos constitutivos).

Se a pessoa jurídica tiver diversos estabelecimentos em lugares diferentes, cada um deles será considerado domicílio para os atos nele praticados (CC, art. 75, parágrafo único).

1.2.3 Bens

São considerados bens, para efeitos jurídicos, todas as coisas materiais e imateriais que tenham valor para o homem e possam ser objeto de relações jurídicas.

A partir da lei e dos ensinamentos de nossa melhor doutrina, podemos assim conceber a classificação dos bens considerados em si mesmos:

Bens imóveis	Bens móveis
Não cabe transporte sem sua destruição (total ou parcial)	Cabe deslocamento sem qualquer deterioração em sua substância
1. Bens imóveis por natureza: solo e adjacências naturalmente incorporadas (ex.: árvores, frutos pendentes)	**1.** Bens móveis por natureza propriamente ditos: remoção por força alheia, sem alteração da substância ou da destinação econômico-social (ex.: mercadorias)
2. Bens imóveis por acessão (aderência) física artificial: acrescidos artificial e permanentemente ao solo (ex.: tijolos, canos)	**2.** Bens móveis por natureza semoventes: suscetíveis de movimento próprio (ex.: animais)
3. Bens imóveis por acessão intelectual /imóveis por destinação do proprietário /pertenças: o dono as mantém imobilizadas intencionalmente (ex.: tratores, equipamentos...)	**3.** Bens móveis por antecipação: a vontade humana mobiliza bens imóveis (ex.: árvores abatidas para se tornarem lenha)
4. Bens imóveis por determinação legal: – direitos reais sobre imóveis e ações que os asseguram (ex.: usufruto); – direito à sucessão aberta (herança, mesmo que de bens móveis)	**4.** Bens móveis por disposição legal: I – energias que tenham valor econômico (ex.: energia elétrica); II – direitos reais sobre objetos móveis e ações correspondentes (ex.: direitos de autor)
Não perdem o caráter de imóveis: I – as edificações que, separadas do solo, mas conservando a sua unidade, forem removidas para outro local; II – os materiais provisoriamente separados de um prédio, para nele se reempregarem	Os materiais destinados a alguma construção, enquanto não forem empregados, conservam sua qualidade de móveis; readquirem essa qualidade os provenientes da demolição de algum prédio.

Bens fungíveis	Bens infungíveis
Bens móveis que podem substituir-se por outros da mesma espécie, qualidade e quantidade (ex.: café)	Insubstituíveis, ainda que haja similares (ex.: imóveis, quadro de pintor famoso...)

Bens consumíveis	Bens inconsumíveis
Bens móveis cujo uso importa destruição imediata da própria substância (ex.: alimentos – "consuntibilidade de fato") e bens destinados à alienação (ex.: produtos à venda – "consuntibilidade jurídica")	Admitem usos reiterados, sem destruição de sua substância (ex.: livro em relação ao seu dono)

<table>
<tr><th>Bens divisíveis</th><th>Bens indivisíveis</th></tr>
<tr><td rowspan="4">Podem ser fracionados sem alteração na sua substância, diminuição considerável de valor ou prejuízo do uso a que se destinam (ex.: saca de café...)</td><td>Não admitem fracionamento sem perda de valor ou utilidade</td></tr>
<tr><td>1. Indivisíveis por natureza: pela característica do bem (ex.: cavalo)</td></tr>
<tr><td>2. Indivisíveis por determinação legal: a lei atribui tal qualidade (ex.: servidões)</td></tr>
<tr><td>3. Indivisíveis por vontade das partes: elas determinam que não deve haver fracionamento (ex.: certo imóvel não pode ser vendido em partes)</td></tr>
</table>

Bens singulares	**Bens coletivos / universais**
Considerados em sua individualidade (independentemente dos demais, embora possam estar reunidos)	*Pluralidade de coisas singulares que formam um todo único*
1. Bens singulares simples: formados naturalmente (ex.: cavalo) ou por ato humano sem que as partes integrantes conservem a condição jurídica anterior (ex.: edifício)	**1.** Universalidade de fato: pluralidade de bens singulares que pertencem à mesma pessoa que lhes dá destinação unitária; os bens que formam essa universalidade podem ser objeto de relações jurídicas próprias (ex.: biblioteca)
2. Bens singulares compostos: objetos diferentes unidos num todo sem perda de sua condição jurídica própria (ex.: materiais de construção numa casa)	**2.** Universalidade de direito: complexo de relações jurídicas de uma pessoa, reconhecido pela lei e dotado de valor econômico (ex.: herança)

<table>
<tr><th colspan="4">Bens reciprocamente considerados</th></tr>
<tr><th>Principal</th><th colspan="3">Acessório</th></tr>
<tr><td rowspan="7">É o bem que existe sobre si, abstrata ou concretamente (ex.: árvore)</td><td colspan="3">Bem cuja existência supõe a do principal</td></tr>
<tr><td colspan="3">1. Frutos: utilidades produzidas pela coisa: – naturais: originam-se na natureza (ex.: frutos naturais...) – industriais (ex.: mercadorias) – civis (ex.: rendimentos do bem)</td></tr>
<tr><td colspan="3">2. Produtos: utilidades extraídas que se esgotam (ex.: minérios). Apesar de ainda não separados do bem principal, os frutos e produtos podem ser objeto de negócio jurídico.</td></tr>
<tr><td colspan="3">3. Benfeitorias: obras ou despesas realizadas em um bem</td></tr>
<tr><td>Voluptuárias: de mero deleite ou recreio, não aumentam o uso habitual do bem, ainda que o tornem mais agradável ou sejam de elevado valor (ex.: piscina)</td><td>Úteis: aumentam ou facilitam o uso do bem (ex.: garagem)</td><td>Necessárias têm por fim conservar o bem ou evitar que se deteriore (ex.: reparos no teto)</td></tr>
<tr><td colspan="3">4. Pertenças: bens que, não constituindo partes integrantes, se destinam, de modo duradouro, ao uso, ao serviço ou ao aformoseamento de outro (ex.: aparelho de ar-condicionado em uma sala). Os negócios jurídicos que dizem respeito ao bem principal não abrangem as pertenças, salvo se o contrário resultar da lei, da manifestação de vontade, ou das circunstâncias do caso</td></tr>
</table>

Há ainda uma classificação segundo o domínio do bem; assim, há bens particulares, pertencentes às pessoas físicas e jurídicas de direito privado, e bens públicos, bens do domínio geral pertencentes às pessoas jurídicas de direito público interno. Acerca do regime jurídico desses últimos, algumas notas são importantes:

<table>
<tr><th colspan="2">Bens Públicos</th></tr>
<tr><td>De uso comum do povo (ex.: rios, mares, estradas, ruas e praças)</td><td rowspan="2">Inalienáveis enquanto conservarem tal qualificação, na forma que a lei determinar</td></tr>
<tr><td>De uso especial (edifícios ou terrenos destinados a serviço ou estabelecimento da administração federal, estadual, territorial ou municipal e suas autarquias; ex.: hospitais)</td></tr>
<tr><td>Dominicais (patrimônio das pessoas jurídicas de direito público, como objeto de direito pessoal, ou real, de cada uma dessas entidades e, não dispondo a lei em contrário, bens pertencentes às pessoas jurídicas de direito público a que se tenha dado estrutura de direito privado; ex.: terras devolutas)</td><td>Podem ser alienados, observadas as exigências da lei</td></tr>
<tr><td colspan="2">Os bens públicos não estão sujeitos a usucapião</td></tr>
<tr><td colspan="2">O uso comum dos bens públicos pode ser gratuito ou retribuído, conforme for estabelecido legalmente pela entidade a cuja administração pertencerem.</td></tr>
</table>

1.2.4 Fatos jurídicos

Fatos são ocorrências da vida. Quando adquirem relevância para o Direito, repercutindo nas esferas jurídicas dos indivíduos, são denominados fatos jurídicos.

Os fatos jurídicos se dividem em fatos naturais (decorrentes simplesmente da natureza) e em fatos jurídicos humanos (oriundos de atividade do homem).

Os fatos jurídicos naturais podem ser:

- ordinários: quando ocorrem naturalmente, sem qualquer interferência (como o passar do tempo e a morte não provocada);
- extraordinários: quando marcados pela imprevisibilidade. Podem constituir caso fortuito (evento imprevisível e inevitável) ou força maior (evento causado por uma força na natureza). Embora haja diversas teses sobre as diferenças entre caso fortuito e força maior, ambos costumam ser referidos em conjunto e geram os mesmos efeitos.

Quanto aos fatos jurídicos humanos, fala-se em atos jurídicos; estes, que decorrem da vontade humana, podem ser de três espécies:

1) ato jurídico em sentido estrito: é o ato praticado pelo homem sem intenção de autorregulamentação e que gera consequências previstas em lei, quer sejam estas desejadas ou não por ele. É o caso, por exemplo, do reconhecimento de filho;
2) negócio jurídico: ato celebrado com o intuito de auto-regulação de interesses;
3) ato ilícito: ato contrário ao direito.

1.2.5 Negócios jurídicos

1.2.5.1 Disposições gerais

Para que seja válido e, portanto, produza regulares efeitos, o negócio jurídico requer: I – agente capaz; II – objeto lícito, possível, determinado ou determinável; III – forma prescrita ou não defesa em lei. Tais requisitos são pela doutrina denominados “elementos essenciais do negócio jurídico” e sua ausência gera a nulidade absoluta do negócio.

No que tange à capacidade das partes, diz o art. 105 do CC que a incapacidade relativa de uma das partes não pode ser invocada pela outra em benefício próprio, nem aproveita aos cointeressados capazes, salvo se, neste caso, for indivisível o objeto do direito ou da obrigação comum.

Acerca do objeto, exige-se que ele seja, além de lícito, determinado (ou determinável) e possível. Todavia, aponta a lei civil, no art. 106, que a impossibilidade inicial do objeto não invalida o negócio jurídico se for relativa, ou se cessar antes de realizada a condição a que ele estiver subordinado.

Sobre a forma, vigora o princípio da forma livre. Assim, a validade da declaração de vontade não dependerá de forma especial, senão quando a lei expressamente a exigir (art. 107); poderá, portanto, ser celebrado apenas verbalmente, desde que não haja norma prevendo forma específica. A lei exige, por exemplo, que sejam realizados por escritura pública os negócios jurídicos que visem à constituição, transferência, modificação ou renúncia de direitos reais sobre imóveis de valor superior a trinta vezes o maior salário mínimo vigente no País (art. 108).

As partes podem, ainda, determinar a essencialidade de determinada forma, pactuando sua necessidade no contrato. Assim, esclarece o art. 109 que no negócio jurídico celebrado com a cláusula de não valer sem instrumento público, este é da substância do ato.

Finalmente, consta como elemento essencial o autêntico consentimento das partes. É essencial que elas concordem, expressando sua anuência de forma livre e isenta de vícios.

Acerca da manifestação de vontade e de seus efeitos, há algumas regras interessantes:

- a manifestação de vontade subsiste ainda que o seu autor tenha feito a reserva mental (o pensamento íntimo) de não querer o que manifestou. Apenas não valerá tal negócio se o destinatário tinha conhecimento da falsidade da intenção e, portanto, da manifestação (art. 110);
- quem cala consente? A resposta mais adequada é "depende das circunstâncias"! O silêncio importa anuência quando as circunstâncias ou os usos o autorizarem e não for necessária a declaração de vontade expressa (art. 111). Verifica-se em tais hipóteses o "silêncio qualificado ou circunstanciado";
- nas declarações de vontade se atenderá mais à intenção nelas consubstanciada do que ao sentido literal da linguagem (art. 112);

– os negócios jurídicos devem ser interpretados segundo a boa-fé e os usos do lugar de sua celebração (art. 113);

– os negócios jurídicos benéficos e a renúncia devem ser interpretados restritivamente (art. 114).

1.2.5.2 Defeitos do negócio: vícios de consentimento e vícios sociais

Caso haja defeitos no negócio jurídico, poderá haver o comprometimento da produção de seus efeitos. A doutrina fala em vícios de consentimento (erro, dolo, coação, estado de perigo e lesão) e em vícios sociais (fraude contra credores e simulação). Os cinco primeiros conduzem à anulabilidade do negócio, enquanto o último vício gera nulidade absoluta.

Nos vícios de consentimento, a relação é estabelecida entre as partes contratantes, sem envolver terceiros. Nos vícios sociais, diferentemente, há a afetação de um ou mais terceiros no negócio. Analisemos mais detidamente tais institutos.

O ***erro*** constitui a falsa noção da realidade sobre uma coisa ou uma pessoa por parte do negociante e, em nosso sistema, é equiparado à ignorância (total desconhecimento por parte do agente sobre determinada circunstância). Para que possa gerar a possível anulação do negócio, o erro que conduziu à sua realização deve ser essencial (substancial), atinente a aspectos principais do negócio, bem como deve constituir um erro que poderia ser percebido por uma pessoa de diligência normal, em face das circunstâncias do negócio (escusável). Segue quadro com suas principais características:

<table>
<tr><th colspan="3">Erro (ou ignorância): falsa noção da realidade – arts. 138/144, CC</th></tr>
<tr><td colspan="3">Característica: deve ser substancial</td></tr>
<tr><td>I – interessa à natureza do negócio, ao objeto principal da declaração, ou a alguma das qualidades a ele essenciais (ex.: celebrar locação pensando ser empréstimo)</td><td>II – concerne à identidade ou à qualidade essencial da pessoa a quem se refira a declaração de vontade, desde que tenha influído nesta de modo relevante (ex.: celebrar doação a um falso herói)</td><td>III – sendo de direito e não implicando recusa à aplicação da lei, for o motivo único ou principal do negócio jurídico (atenção: o falso motivo só vicia a declaração de vontade quando expresso como razão determinante) (ex.: celebrar locação de imóvel por situar-se em local silencioso)</td></tr>
<tr><td colspan="3">O erro de cálculo apenas autoriza a retificação da declaração de vontade</td></tr>
<tr><td colspan="3">O erro não prejudica a validade do negócio jurídico quando a pessoa, a quem a manifestação de vontade se dirige, se oferecer para executá-la na conformidade da vontade real do manifestante</td></tr>
</table>

Já o ***dolo*** constitui o vício em que a pessoa consente por ter sido enganada por outrem; envolve artifícios para ludibriar alguém. Quando tais mecanismos constituírem meros exageros (como os empregados por um vendedor, por exemplo), fala-se em *dolus bonus,* que não tem o condão de anular o negócio. Quando, porém, visarem a prejudicar o outro contratante, teremos o *dolus malus*. Este sim, se atinente a aspectos principais do negócio, poderá conduzir à sua anulação: dispõe o art. 145 que os negócios jurídicos são anuláveis por dolo quando este for a sua causa.

Assim, o dolo acidental (atinente a aspectos secundários do negócio, que seria mesmo realizado, ainda que por outro modo) não gera anulação, somente obrigando à satisfação das perdas e danos. Segue quadro explicativo:

<table>
<tr><th colspan="2">Dolo (artifícios para enganar a outrem) – arts. 145/150, CC</th></tr>
<tr><td rowspan="3">Hipóteses em que não gera anulação do negócio</td><td>Dolus bonus (meros exageros)</td></tr>
<tr><td>Dolo acidental (sobre elementos secundários do negócio)</td></tr>
<tr><td>Dolo bilateral (de ambas as partes: nenhuma pode requerer anulação nem indenização)</td></tr>
<tr><td rowspan="3">Casos em que gera a possível anulação do pacto</td><td>Tendo sido a circunstância do engano a causa da realização do negócio</td></tr>
<tr><td>Dolus malus: com intenção de prejudicar o contratante</td></tr>
<tr><td>Dolo de terceiro: quem ludibriou não era contratante, mas este, a quem aproveitava o engano, sabia de sua ocorrência ou pelo menos deveria dela ter conhecimento</td></tr>
<tr><td rowspan="2">Modalidades</td><td>Dolo positivo: por ações e afirmações</td></tr>
<tr><td>Dolo negativo: pelo silêncio intencional, por omissões relevantes</td></tr>
<tr><td colspan="2">O dolo do representante legal de uma das partes só obriga o representado a responder civilmente até a importância do proveito que teve; se, porém, o dolo for do representante convencional, o representado responderá solidariamente com ele por perdas e danos</td></tr>
</table>

Pela ***coação***, alguém realiza o negócio jurídico por estar sendo pressionado pelo outro negociante, que ameaça cometer mal grave à sua pessoa, à sua família ou aos seus bens. E se a ameaça disser respeito a uma pessoa não pertencente à família do paciente? O juiz, com base nas circunstâncias, decidirá se houve coação. Segue mais um quadro para a visualização das regras:

<table>
<tr><th colspan="4">Coação (pressão por ameaça séria para forçar a negociar) – arts. 151/155, CC</th></tr>
<tr><td rowspan="3">Requisitos para possibilitar a anulação</td><td colspan="3">Infligir no negociante um fundado temor de dano iminente e considerável (segundo suas condições pessoais)</td></tr>
<tr><td>À sua pessoa</td><td>À sua família</td><td>Aos seus bens</td></tr>
<tr><td colspan="3">Se a pessoa for de fora da família, o juiz decide conforme as circunstâncias</td></tr>
<tr><td rowspan="2">Não constituem coação</td><td colspan="3">Ameaça do exercício normal de um direito</td></tr>
<tr><td colspan="3">Simples temor reverencial (agir por respeito ou por receio de desagradar alguém)</td></tr>
<tr><td rowspan="2">Coação exercida por terceiro</td><td colspan="3">Vicia o negócio, se a parte a quem aproveita tivesse ou devesse ter conhecimento de sua ocorrência; ambos, coator e beneficiado, responderão solidariamente por perdas e danos</td></tr>
<tr><td colspan="3">Sem que a parte a quem aproveite saiba da coação: subsiste o negócio, mas o autor da coação responde por todas as perdas e danos que houver causado ao coacto</td></tr>
</table>

Baseado no princípio da justiça contratual, o legislador trouxe ao Código a previsão de dois institutos para possibilitar a anulação de negócios que já nasceram, por circunstâncias especiais, desequilibrados: estado de perigo e lesão.

Segundo o art. 156, configura-se o ***estado de perigo*** quando alguém, premido da necessidade de salvar a si (ou a pessoa de sua família) de um grave dano conhecido pela outra parte, assume obrigação excessivamente onerosa. Se a pessoa a quem se pretende salvar não pertencer à família do declarante, o juiz decidirá segundo as circunstâncias.

Já a ***lesão*** é a hipótese em que uma pessoa, sob premente necessidade, ou por inexperiência, obriga-se a uma prestação manifestamente desproporcional ao valor da prestação oposta. Aprecia-se a desproporção das prestações segundo os valores vigentes ao tempo em que foi celebrado o negócio. Ademais, caso a parte favorecida concordar em suplementar o valor faltante ou concordar com a redução de seu proveito, poderá ser salvo o negócio; em tal caso, fala-se em lesão qualificada (ou circunstanciada).

O seguinte quadro traz similitudes e diferenças entre as duas previsões:

Estado de perigo (risco de vida) – art. 156, CC	**Lesão (premente necessidade/ inexperiência) – art. 157, CC**
Vícios de consentimento: o contrato nasce desequilibrado por especiais circunstâncias e pode ser anulado	
Fundamento: princípio da justiça contratual	
A pessoa negocia por estar em risco de vida, conhecido da outra parte, sua pessoa ou alguém de sua família	O negócio é realizado por premente necessidade (de obter recursos) ou por inexperiência
Quem tirou proveito da situação não pode evitar a anulação do negócio	Quem tirou proveito pode, se concordar em diminuir sua vantagem, evitar a anulação do negócio (lesão circunstanciada ou qualificada)

Passemos agora à análise dos vícios sociais: fraude contra credores e simulação.

A ***fraude contra credores*** é causa de anulação do negócio jurídico celebrado para gerar a dilapidação do patrimônio do devedor, com vistas a prejudicar o interesse de seus credores. Poderão alegar tal causa os credores quirografários (sem quaisquer garantias de recebimento de seus créditos) ou credores com garantias tornadas insuficientes.

Tal hipótese não se confunde com a fraude à execução, ato atentatório à dignidade da justiça (CPC, art. 600, I). Em tal situação, o devedor promove negócios jurídicos visando à redução de seu patrimônio e à frustração de credores que já ajuizaram demanda sobre o valor devido. É de se frisar que não se exige a pendência de processo ou fase de execução, bastando a tramitação de qualquer demanda sobre a alegada dívida. Assim, nos termos do art. 593 do CPC, "considera-se em fraude de execução a alienação ou oneração de bens: I – quando sobre eles pender ação fundada em direito real; II – quando, ao tempo da alienação ou oneração, corria contra o devedor demanda capaz de reduzi-lo à insolvência; III – nos demais casos expressos em lei". Segundo o art. 615-A, § 3.º (acrescentado ao CPC pela Lei 11.382/2006), presume-se em fraude à execução a alienação ou oneração de bens efetuada após a averbação nas hipóteses do citado art. 593.

Sobre a fraude contra credores valem as seguintes regras:

Fraude contra credores (dilapidação patrimonial para prejudicar credores) – arts. 158/165, CC	
Atos suscetíveis de fraude que possibilitam a anulação	Negócios de transmissão gratuita de bens
	Remissão (perdão) de dívida
	Contratos onerosos do devedor insolvente, quando a insolvência for notória, ou houver motivo para ser conhecida do outro contratante
	Pagamento antecipado de dívida a credores quirografários
Não possibilitam a anulação (porque presumida boa-fé)	Negócios ordinários indispensáveis à manutenção de estabelecimento mercantil, rural, ou industrial, ou à subsistência do devedor e de sua família
Mecanismo para a anulação do negócio	Ação pauliana, movida contra o devedor insolvente, a pessoa que com ele celebrou a estipulação considerada fraudulenta ou terceiros adquirentes que hajam procedido de má-fé
	Efeito da anulação do negócio: a vantagem resultante reverterá em proveito do acervo sobre que se tenha de efetuar o concurso de credores (ou, se esse negócio tinha por único objeto atribuir direitos preferenciais, mediante hipoteca, penhor ou anticrese, sua invalidade importará somente na anulação da preferência ajustada)

Finalmente, temos o vício social da simulação, que no atual Código Civil tem previsão no art. 167, no capítulo da invalidade dos negócios jurídicos, dentre os negócios nulos.

A ***simulação*** constitui uma declaração enganosa de vontade para prejudicar terceiros ou burlar lei imperativa. Sua configuração pode ser entendida segundo o seguinte quadro:

Simulação (declaração enganosa de vontade para burlar terceiros ou lei) – art. 167, CC	
Classificação	Simulação absoluta: não há negócio algum sendo celebrado, há apenas um negócio aparente (simulado)
	Simulação relativa: há um negócio diverso (dissimulado) por trás no negócio aparente (simulado)
Hipóteses legais de negócios simulados	O negócio aparenta conferir ou transmitir direitos a pessoas diversas daquelas às quais realmente se conferem, ou transmitem
	O negócio contém declaração, confissão, condição ou cláusula não verdadeira
	Os instrumentos particulares são antedatados ou pós-datados
Efeitos	É nulo o negócio jurídico simulado, mas subsistirá o que se dissimulou, se válido for na substância e na forma
	Ressalvam-se os direitos de terceiros de boa-fé em face dos contraentes do negócio jurídico simulado

1.2.5.3 Elementos acidentais

Os contratantes podem ainda, voluntariamente, acrescentar algumas cláusulas com o objetivo de modificar efeitos naturais do negócio; assim, podem se valer de declarações acessórias de vontade que veiculem uma condição, um termo ou um encargo.

"Se aceita sua obra na exposição internacional, eu a comprarei." É possível acrescentar essa ***condição*** no negócio jurídico de compra e venda de um quadro, por exemplo. Considera-se condição a cláusula que, derivando exclusivamente da vontade das partes, subordina o efeito do negócio jurídico a um evento futuro e incerto (art. 121).

A condição poderá ser suspensiva ou resolutiva.

Será suspensiva a condição quando adiar a eficácia do negócio até a ocorrência do evento determinado. Antes de sua realização (seu implemento), o negócio é ineficaz (art. 125). É o caso do exemplo acima enunciado; enquanto a condição não se verificar, não se terá adquirido o direito a que ele visa. Todavia, se alguém dispuser de uma coisa sob condição suspensiva e, pendente esta, fizer quanto àquela novas disposições, estas não terão valor se, uma vez realizada a condição, com ela forem incompatíveis (art. 126).

Será resolutiva a condição quando subordinar a ineficácia do negócio a um evento (art. 127). Ocorrido o fato previsto, cessam os efeitos do negócio, como por exemplo na declaração "constituo uma renda em seu favor enquanto estudar". Enquanto não se realizar a condição resolutiva, vigorará o negócio jurídico, podendo ser exercido o direito desde o início do negócio. Conforme o art. 128, sobrevindo a condição resolutiva, extingue-se, para todos os efeitos, o direito a que ela se opõe; mas, se aposta a um negócio de execução continuada ou periódica, a sua realização, salvo disposição em contrário, não tem eficácia quanto aos atos já praticados (desde que estes sejam compatíveis com a natureza da condição pendente e conformes aos ditames de boa-fé).

É essencial que as condições sejam lícitas (não contrárias à lei, à ordem pública ou aos bons costumes). Entre as condições proibidas (defesas) incluem-se as que privarem de todo efeito o negócio jurídico, ou o sujeitarem ao puro arbítrio de uma das partes (art. 122). Também não são admitidas, invalidando os negócios jurídicos que lhes são subordinados segundo o art. 123:

I – as condições física ou juridicamente impossíveis, quando suspensivas;

II – as condições ilícitas, ou de fazer coisa ilícita;

III – as condições incompreensíveis ou contraditórias.

Pelo art. 124, têm-se por inexistentes as condições impossíveis, quando resolutivas, e as de não fazer coisa impossível.

A lei veda a interferência artificial na ocorrência do evento. Afirma o art. 129 que reputa-se verificada, quanto aos efeitos jurídicos, a condição cujo implemento for maliciosamente obstado pela parte a quem desfavorecer, considerando-se, ao contrário, não verificada a condição maliciosamente levada a efeito por aquele a quem aproveita o seu implemento.

Como pode atuar o titular do direito eventual enquanto pende a condição suspensiva? Pode praticar os atos destinados a conservá-lo, seja a condição suspensiva ou resolutiva (art. 130).

Já por ***termo*** temos a cláusula que, fixando o dia de início (termo inicial) ou o dia do fim (termo final) do negócio, subordina seus efeitos a um acontecimento futuro e certo. Tal acontecimento poderá constituir uma data certa (estabelecida no calendário, por exemplo) ou poderá ser um termo incerto (referente a um acontecimento futuro de data incerta, como a morte de alguém).

O lapso entre os termos inicial e final constitui o prazo. Salvo disposição legal ou convencional em contrário, computam-se os prazos excluindo-se o dia do começo e incluindo o do vencimento (art. 132). Se o dia do vencimento cair em feriado, o prazo será prorrogado até o dia útil seguinte (art. 132, § 1.º). Nos testamentos, presume-se o prazo em favor do herdeiro e, nos contratos, em proveito do devedor (salvo, quanto a esses, se do teor do instrumento ou das circunstâncias resultar que se estabeleceu a benefício do credor, ou de ambos os contratantes – art. 133). Por força do art. 134, os negócios jurídicos entre vivos, sem prazo, são exequíveis desde logo, a não ser que a execução tenha de ser feita em lugar diverso ou depender de tempo.

O termo inicial suspende o exercício, mas não a aquisição do direito (art. 131). Ao termo inicial e final aplicam-se, no que couber, as disposições relativas à condição suspensiva e resolutiva.

"Dôo esta área a Prefeitura, com o encargo de ser colocado, em uma rua, o meu nome." O ***encargo*** (ou ***modo***) constitui a declaração acessória de vontade feita ao beneficiário de uma liberalidade; para recebê-la, ele deverá cumprir uma obrigação. Segundo o art. 136, o encargo não suspende a aquisição nem o exercício do direito (salvo quando expressamente imposto no negócio jurídico, pelo disponente, como condição suspensiva).

Considera-se não escrito o encargo ilícito ou impossível; assim, haverá o benefício, independentemente do cumprimento do encargo. Todavia, afirma o art. 137 que, se constituir o motivo determinante da liberalidade, o encargo ilícito invalidará todo o negócio jurídico. Caberá tal análise ao magistrado, segundo as circunstâncias do caso concreto.

Propomos o seguinte quadro sobre os principais elementos acidentais:

Elementos acidentais (declarações acessórias de vontade)			
	Condição	**Termo**	**Encargo/modo**
Subordinação de eficácia do negócio	A um evento futuro e incerto (na resolutiva, subordina-se a ineficácia, cessam os efeitos do negócio)	A um evento futuro e certo	Não há subordinação, o negócio já produz efeitos desde logo
Cláusula	"Se" (condição suspensiva); "enquanto" (condição resolutiva)	"Quando"	"Para que", "com obrigação de"
Efeitos	Se suspensiva, não possibilita aquisição nem exercício: só cabem atos para conservar o potencial direito	Possibilita a aquisição, mas ainda não o exercício do direito	Não prejudica aquisição nem exercício do direito; se descumprido, pode gerar o desfazimento judicial do negócio

1.2.5.4 Invalidade

Em alguns casos, os atos praticados pelas partes não produzirão os efeitos por elas desejados porque foram praticados em desacordo com a lei.

O grau de invalidade do negócio e a respectiva não produção de efeitos dependem da natureza da norma ofendida.

Em se tratando de norma que veicule interesse de ordem pública, haverá consequências mais graves, falando-se em nulidade absoluta. Se a norma versar sobre interesses eminentemente privados, a nulidade será relativa e o negócio poderá ou não ser anulado.

Para melhores esclarecimentos, propomos o quadro abaixo:

	Nulidade absoluta (ato nulo)	Nulidade relativa (ato anulável)
Norma violada	De interesse público	De interesse privado
Produção de efeitos do ato	Não há efeitos jurídicos reconhecidos	Há efeitos, até que seja anulado
Reconhecimento	Cabe de ofício pelo juiz ou a requerimento de qualquer interessado	Só com alegação da parte interessada. Aproveita apenas aos que a alegarem (salvo casos de solidariedade ou indivisibilidade)
Efeitos da declaração	*Ex tunc* (retroativos: desde a prática do ato)	*Ex nunc* (irretroativos: a partir de então, da sentença)
Confirmação pelas partes	Não cabe	Cabível, ressalvado direito de terceiro (o ato de confirmação deve conter a substância do negócio celebrado e a vontade expressa de mantê-lo)
Convalescimento pelo decurso de tempo	Não há: a ação declaratória da nulidade absoluta é imprescritível	Pode convalescer pelo decurso do tempo: há prazos de decadência
Exemplos	– Falta de elemento essencial do negócio: de capacidade, de forma prescrita, de licitude do objeto; – Simulação	– Ato do relativamente incapaz sem assistência; – Vícios de consentimento e fraude x credores

Apesar da eventual invalidade, deve-se considerar o princípio da conservação do negócio jurídico: se este puder ser mantido descartando-se a parte inválida, tal deverá ocorrer.

Eis por que dispõe o art. 183 que "a invalidade do instrumento não induz a do negócio jurídico sempre que este puder provar-se por outro meio". Na mesma linha, o artigo seguinte afirma que, "respeitada a intenção das partes, a invalidade parcial de um negócio jurídico não o prejudicará na parte válida se esta for separável; a invalidade da obrigação principal implica a das obrigações acessórias, mas a destas não induz a da obrigação principal".

Merece destaque, finalmente, a possibilidade de conversão de negócio jurídico. Segundo o art. 169, o negócio jurídico nulo não é suscetível de confirmação nem convalesce pelo decurso do tempo. Todavia, conforme o art. 170, se o negócio nulo contiver os requisitos de um outro, este subsistirá quando o fim a que visavam as partes permitir supor que o teriam querido, se houvessem previsto a nulidade.

1.2.6 Prescrição e decadência

Trata-se de institutos que preveem uma perda ao titular do direito em razão de sua inércia por um certo lapso de tempo.

O titular do direito poderá perder apenas a pretensão, enquanto direito de agir em juízo na busca de sua satisfação; em tal caso, ocorrerá a prescrição, ou seja, a perda do direito de cobrar uma prestação.

Poderá, porém, perder o próprio direito material, situação em que ocorrerá a decadência, perdendo o titular o direito potestativo de desconstituir uma relação jurídica.

A lei define os casos em que ocorrerá uma ou outra situação. Para uma boa compreensão da matéria, propomos o quadro abaixo:

Inércia + tempo	PRESCRIÇÃO	DECADÊNCIA
Origem	Lei (não cabe alteração de prazo pela vontade das partes)	Lei (decadência legal) ou convenção das partes (decadência convencional; *ex.: garantia contratual*)
Consequências	Perda da pretensão (exigibilidade)	Perda do direito material
Reconhecimento	A requerimento da parte ou de ofício pelo magistrado (nos termos do art. 219, § 5.º do CPC, alterado pela Lei 11.280/2006)	A requerimento da parte ou de ofício pelo magistrado (em caso de decadência convencional, apenas por alegação da parte interessada)
Momento para alegação	Em qualquer fase do processo - com exceção de liquidação de sentença e liquidação em processo em fase de execução	Em qualquer fase e em qualquer grau de jurisdição
Cabe renúncia?	Sim, expressa ou tacitamente, após sua consumação	Não! É nula a renúncia à decadência fixada em lei
Corre contra todos?	Não contra certas pessoas Há causas impeditivas: absolutamente incapazes, família, tutela/curatela, condição suspensiva, não vencimento do prazo	Sim. Exceção: não corre contra absolutamente incapazes
Pode ser suspensa?	Sim. Suspensa: por ausência do Brasil /impossibilidade momentânea.	Não! Salvo disposição legal em contrário, não se aplicam à decadência as normas que impedem, suspendem ou interrompem a prescrição
Pode ser interrompida?	Por comportamento do credor para buscar seu crédito (notificação, protesto, ação judicial)	
Efeitos outros	– Começando contra uma pessoa, continua a correr contra o seu sucessor – Prescrito o direito principal, está prescrito o direito acessório – Suspensa a prescrição em favor de um dos credores solidários, só aproveitam os outros se a obrigação for indivisível	Sem previsão
Prazos	Sempre contados em anos! Ordinário - 10 anos para as ações pessoais/reais, se não determinado prazo específico. Especiais - p/ certos direitos: art. 206 (de 1 a 5 anos)	Podem ser contados em dias ou em anos. Todos do CC, com exceção dos previstos nos arts. 205 e 206 (de 3 dias a 4 anos)

Como apontado, os prazos prescricionais e decadenciais estão previstos na lei material. No Código Civil, merecem destaque os prazos prescricionais das seguintes pretensões:

- 1 ano para a cobrança entre segurado e segurador (CC, art. 206, § 1.º, II);
- 2 anos para receber prestações alimentícias (art. 206, § 2.º);
- 3 anos para cobrar aluguéis de prédios urbanos ou rústicos, para ressarcir de enriquecimento sem causa e para pedir reparação civil (art. 206, § 3.º, I , IV e V);
- 4 anos para a pretensão relativa à tutela (art. 206, § 4.º);
- 5 anos para cobrar dívidas líquidas (constantes de instrumento público ou particular) e para exigência de honorários por profissionais liberais em geral, procuradores judiciais, curadores e professores (art. 206, §§ 1.º e 2.º).

1.3 QUESTÕES

1. **(OAB 2010.2 – FVG) A respeito das diferenças e semelhanças entre prescrição e decadência, no Código Civil, é correto afirmar que:**

a) a prescrição acarreta a extinção do direito potestativo, enquanto a decadência gera a extinção do direito subjetivo.

b) os prazos prescricionais podem ser suspensos e interrompidos, enquanto os prazos decadenciais legais não se suspendem ou interrompem, com exceção da hipótese de titular de direito absolutamente incapaz, contra o qual não corre nem prazo prescricional nem prazo decadencial.

c) não se pode renunciar à decadência legal nem à prescrição, mesmo após consumadas.

d) a prescrição é exceção que deve ser alegada pela parte a quem beneficia, enquanto a decadência pode ser declarada de ofício pelo juiz.

2. **(OAB 2011.3 – FGV) Francis, brasileira, empresária, ao se deslocar do Rio de Janeiro para São Paulo em seu helicóptero particular, sofreu terrível acidente que culminou com a queda do aparelho em alto-mar. Após sucessivas e exaustivas buscas, feitas pelas autoridades e por empresas privadas contratadas pela família da vítima, infelizmente não foram encontrados os corpos de Francis e de Adilson, piloto da aeronave. Tendo sido esgotados os procedimentos de buscas e averiguações, de acordo com os artigos do Código Civil que regulam a situação supramencionada, é correto afirmar que o assento de óbito em registro público**

a) independe de qualquer medida administrativa ou judicial, desde que seja constatada a notória probabilidade de morte de pessoa que estava em perigo de vida.

b) depende exclusivamente de procedimento administrativo quanto à morte presumida junto ao Registro Civil das Pessoas Naturais.

c) depende de prévia ação declaratória judicial quanto à morte presumida, sem necessidade de decretação judicial de ausência.

d) depende de prévia declaração judicial de ausência, por se tratar de desaparecimento de uma pessoa sem dela haver notícia.

3. **(VIII Exame de Ordem Unificado – FGV) Em relação aos defeitos dos negócios jurídicos, assinale a afirmativa incorreta.**

a) A emissão de vontade livre e consciente, que corresponda efetivamente ao que almeja o agente, é requisito de validade dos negócios jurídicos.

b) O erro acidental é o que recai sobre características secundárias do objeto, não sendo passível de levar à anulação do negócio.
c) A simulação é causa de anulação do negócio, e só poderá ocorrer se a parte prejudicada demonstrar cabalmente ter sido prejudicada por essa prática.
d) O objetivo da ação pauliana é anular o negócio praticado em fraude contra credores. João dirigia seu veículo respeitando todas as normas de trânsito, com velocidade inferior à permitida para o local, quando um bêbado atravessou a rua, sem observar as condições de tráfego. João não teve condições de frear o veículo ou desviar-se dele, atingindo-o e causando-lhe graves ferimentos.

4. (IX Exame de Ordem Unificado – FGV) Juliana, estudante de 17 anos, em comemoração a sua recente aprovação no vestibular de uma renomada universidade, saiu em viagem com Gustavo, seu namorado de 25 anos, funcionário público federal. Acerca de possíveis intercorrências ao longo da viagem, é correto afirmar que:

a) Juliana, por ser adolescente, independentemente de estar em companhia de Gustavo, maior de idade, não poderá se hospedar no local livremente por eles escolhido, sem portar expressa autorização de seus pais ou responsável.
b) Juliana, em companhia de Gustavo, poderá ingressar em um badalado bar do local, onde é realizado um show de música ao vivo no primeiro piso e há um salão de jogos de bilhar no segundo piso.
c) Juliana, por ser adolescente e estar em companhia de Gustavo, maior de idade, poderá se hospedar no local livremente por eles escolhido, independentemente de portar ou não autorização de seus pais.
d) Juliana poderá se hospedar em hotel, motel, pensão ou estabelecimento congênere, assim como poderá ingressar em local que explore jogos de bilhar, se portar expressa autorização dos seus pais ou responsável.

5. (OAB/Nacional 2007.III) No que concerne aos defeitos do negócio jurídico, assinale a opção correta.

a) Para caracterizar a simulação, defeito sujeito à anulabilidade do negócio jurídico, exige-se que, na conduta do agente, além da intenção de violar dispositivo de lei, haja o desejo de prejudicar terceiros.
b) Podem demandar a anulabilidade do negócio simulado o terceiro juridicamente interessado e o Ministério Público, sendo vedada aos simuladores a faculdade de alegar a simulação ou requerer em juízo a sua anulação, em litígio comum ou contra terceiros.
c) A lesão é vício de consentimento que surge concomitantemente com o negócio e acarreta a sua anulabilidade, permitindo-se a revisão contratual para evitar a anulação, aproveitando-se, assim, o negócio.
d) Se, na celebração do negócio, uma das partes induzir a erro a outra, levando-a a concluir a avença e assumir uma obrigação desproporcional à vantagem obtida pelo outro, esse negócio será nulo porque a manifestação de vontade emana de erro essencial e escusável.

6. (OAB/Nacional 2008.I) Acerca dos fatos jurídicos, assinale a opção correta.

a) Quando a lei não exigir forma expressa, o silêncio indica consentimento ou anuência quanto à manifestação de vontade na interpretação dos negócios jurídicos.
b) Para que o dolo de terceiro acarrete anulabilidade do negócio jurídico, é exigido que as partes envolvidas no negócio conheçam, de antemão, a existência do dolo.
c) A nulidade absoluta, por ser de ordem pública, não se convalesce pelo decurso do tempo nem pode ser suprida pelo juiz, ainda que a requerimento dos interessados, sendo insuscetível de confirmação.
d) O negócio jurídico concluído pelo representante legal em conflito com interesses do representado é anulável, ainda que o terceiro, pessoa com a qual o representante celebra o negócio, não tenha conhecimento de tal conflito. Se restar caracterizada a má-fé desse terceiro, o negócio jurídico é eivado de nulidade absoluta.

7. **(OAB/Nacional 2007.I) No que se refere às normas relativas aos bens e a suas classificações, assinale a opção incorreta.**

a) Os bens públicos dominicais são disponíveis e alienáveis.

b) A energia elétrica e os direitos autorais são considerados bens móveis.

c) Imóveis por acessão intelectual é tudo aquilo que o homem incorporar permanentemente ao solo, de modo que não se possa retirar sem destruição.

d) A moeda é coisa incerta e fungível.

8. **(OAB/Nacional 2007.I) Acerca do negócio jurídico, assinale a opção incorreta.**

a) Negócio jurídico unilateral não receptício é um ato de autonomia privada que se aperfeiçoa pela declaração do seu autor e produz seus efeitos sem a necessidade de aceitação e conhecimento por parte do seu destinatário.

b) A validade do negócio jurídico requer capacidade do agente. Nesse sentido, tal requisito tipifica a um só tempo elementos de existência e pressupostos de validade do negócio jurídico.

c) A reserva mental ilícita ou irregular torna nula a declaração da vontade, se desconhecida da outra parte ao tempo da consumação do negócio jurídico.

d) Representante legal é a pessoa munida de mandato, expresso ou tácito, outorgado pelo representado.

9. **(OAB 20.11.3 – FGV) A condição, o termo e o encargo são considerados elementos acidentais, facultativos ou acessórios do negócio jurídico, e têm o condão de modificar as consequências naturais deles esperadas. A esse respeito, é correto afirmar que**

a) se considera condição a cláusula que, derivando da vontade das partes ou de terceiros, subordina o efeito do negócio jurídico a evento futuro e incerto.

b) se for resolutiva a condição, enquanto esta se não realizar, não vigorará o negócio jurídico, não se podendo exercer desde a conclusão deste o direito por ele estabelecido.

c) o termo inicial suspende o exercício, mas não a aquisição do direito e, salvo disposição legal ou convencional em contrário, computam-se os prazos, incluindo o dia do começo e excluindo o do vencimento.

d) se considera não escrito o encargo ilícito ou impossível, salvo se constituir o motivo determinante da liberalidade, caso em que se invalida o negócio jurídico.

10. **(OAB Nacional 2009 – II) A respeito dos defeitos e da invalidade do negócio jurídico, assinale a opção correta.**

a) O negócio jurídico resultante do vício de coação não é passível de confirmação, por ser nulo de pleno direito.

b) Configura-se o vício de lesão quando alguém, premido pela necessidade de salvar a si mesmo, ou a pessoa de sua família, de grave dano conhecido pela outra parte, assume obrigação onerosa.

c) São anuláveis os negócios jurídicos por vício de erro.

d) São nulos os negócios jurídicos por vício de dolo.

11. **(OAB Nacional 2009 – II) Assinale a opção correta respeito da prescrição e da decadência.**

a) A prescrição iniciada contra o credor continua a correr contra o sucessor universal absolutamente incapaz.

b) Não corre prescrição enquanto pendente a condição suspensiva em relação ao negócio jurídico.

c) Pode haver renúncia à decadência prevista em lei por aquele que a aproveita.

d) A pretensão condenatória não exercitada no prazo legal sujeita-se aos efeitos da decadência.

12. (OAB Nacional 2009 – II) Assinale a opção correta acerca das pessoas naturais e jurídicas.

a) Na sistemática do Código Civil, não se admite a declaração judicial de morte presumida sem decretação de ausência.

b) A existência legal das pessoas jurídicas de direito privado começa com o início de suas atividades jurídicas.

c) A personalidade civil da pessoa natural tem início a partir do nascimento com vida, independentemente do preenchimento de qualquer requisito psíquico.

d) O indivíduo de 16 anos de idade, ao contrair casamento, adquire a plena capacidade civil por meio da emancipação, voltando à condição de incapaz se, um ano após o casamento, sobrevier a separação judicial.

13. (OAB Nacional 2009 – I) A respeito das regras do domicílio, assinale a opção incorreta.

a) A mera troca de endereço não caracteriza, por si só, mudança de domicílio.

b) O domicílio civil é formado pelo elemento objetivo, que consiste na residência, sendo despiciendo averiguar-se o elemento subjetivo.

c) Admite-se que uma pessoa possa ter domicílio sem possuir residência determinada, ou que esta seja de difícil identificação.

d) Caso um indivíduo possua diversas residências onde viva alternadamente, qualquer uma delas pode ser considerada o seu domicílio.

14. (OAB Nacional 2009 – I) No que se refere aos bens, assinale a opção correta.

a) Não podem ser considerados móveis aqueles bens que, uma vez deslocados, perdem a sua finalidade.

b) A regra de que o acessório segue o principal tem inúmeros efeitos, entre eles, a presunção absoluta de que o proprietário da coisa principal também seja o dono do acessório.

c) Um bem consumível pode tornar-se inconsumível por vontade das partes, o que vinculará terceiros.

d) A lei não pode determinar a indivisibilidade do bem, pois esta característica decorre da natureza da coisa ou da vontade das partes.

15. (OAB Nacional 2009 – I) Considerando o importante efeito do decurso de tempo tanto na aquisição quanto na extinção de direitos, assinale a opção correta.

a) Se as partes resolverem ampliar prazo prescricional, deverão fazê-lo por escrito.

b) O juiz só pode conhecer de ofício a prescrição, para favorecer o absolutamente incapaz.

c) Se a decadência for convencional, o juiz não poderá suprir a alegação.

d) Se a prescrição não estiver consumada, a renúncia à possibilidade de alegá-la deverá ser expressa.

16. (OAB Nacional 2008 – III) De acordo com o disposto no Código Civil a respeito dos bens, assinale a opção correta.

a) Algumas espécies de bens imóveis podem ser fungíveis.

b) Pertenças são obras feitas na coisa ou despesas que se teve com ela, com o fim de conservá-la, melhorá-la ou embelezá-la.

c) Para os efeitos legais, considera-se bem imóvel o direito à sucessão aberta.

d) As benfeitorias úteis são as que têm por finalidade conservar o bem ou evitar que se deteriore.

GABARITO: As respostas destes testes encontram-se no final do livro.

Obs.: Mais questões sobre este capítulo estão disponíveis para *download* gratuito no *site* www.editorametodo.com.br.

OBRIGAÇÕES

2.1 NOÇÕES GERAIS E ELEMENTOS

A obrigação pode ser entendida como a relação jurídica de caráter transitório estabelecida entre um devedor e um credor cujo objeto é uma prestação pessoal econômica, positiva ou negativa, devida pelo primeiro ao segundo, que lhe garante o adimplemento por seu patrimônio.

O que gera uma obrigação? Sua fonte pode ser um contrato, um ato ilícito ou um ato unilateral de vontade.

Constituem seus elementos:

Obrigações	
Elemento subjetivo (sujeitos)	Sujeito ativo: credor (pessoa que tem o direito de exigir a prestação)
	Sujeito passivo: devedor (pessoa que deve efetuar a prestação)
Elemento objetivo (objeto da obrigação: prestação)	O objeto deve ser lícito, possível e economicamente apreciável
	Pode constituir em dar, fazer ou não fazer
Vínculo jurídico	Liame legal que une os sujeitos

Em termos de questionamentos em exames, a classificação e distinção das obrigações em suas diferentes modalidades são alvo de muitas perguntas.

2.2 MODALIDADES

2.2.1 Obrigação de dar coisa certa

O objeto de tal obrigação constitui algo individualizado, com caráter especial. O devedor deve entregar exatamente a coisa combinada. E os seus acessórios, deverão acompanhá-la? Segundo o art. 233 do CC, sim: a obrigação de dar coisa certa abrange os acessórios dela mesmo que não tenham sido mencionados (a não ser que o contrário resulte do título ou das circunstâncias do caso).

Até a entrega da coisa, a quem ela pertence? Segundo o art. 237, ao devedor pertence a coisa, com os seus melhoramentos e acréscimos, pelos quais poderá exigir aumento no preço; se o credor não anuir, poderá o devedor resolver a obrigação. E se produzir frutos? Os frutos percebidos serão do devedor, cabendo ao credor os frutos pendentes (ainda não colhidos).

Atenção para a regra *res perit domino* (a coisa perece para o dono), que vale para os casos de devolução de bens (que se encontram com outrem). Se a obrigação for de restituir coisa certa e esta, sem culpa do devedor, perder-se antes da tradição, sofrerá o credor a perda e a obrigação se resolverá (ressalvados os seus direitos até o dia da perda) (CC, art. 238).

Há outras regras importantes sobre a responsabilidade do devedor caso se perca a coisa que ele tinha obrigação de entregar:

<table>
<tr><th colspan="3">Obrigação de dar coisa certa</th></tr>
<tr><td rowspan="2">Perecimento (perda total) da coisa antes da tradição ou pendente condição suspensiva</td><td colspan="2">Sem culpa do devedor: a obrigação se resolve, voltando as partes à situação anterior</td></tr>
<tr><td colspan="2">Com culpa do devedor: equivalente em dinheiro mais perdas e danos</td></tr>
<tr><td rowspan="5">Deterioração da coisa</td><td rowspan="2">Sem culpa do devedor: opções ao credor:</td><td>Resolver a obrigação</td></tr>
<tr><td>Aceitar o bem com abatimento no preço</td></tr>
<tr><td rowspan="3">Com culpa do devedor: opções ao credor:</td><td>Exigir o equivalente</td></tr>
<tr><td>Aceitar a coisa com abatimento</td></tr>
<tr><td>Em ambos os casos cabe também pedir perdas e danos</td></tr>
</table>

O credor não é obrigado a receber outro bem, ainda que mais valioso.

2.2.2 Obrigação de dar coisa incerta

O objeto a ser entregue constitui um algo indeterminado. Todavia, a coisa incerta será indicada, ao menos, pelo gênero e pela quantidade.

Faltando determinar a qualidade, há algumas regras importantes sobre a escolha, a saber:

Obrigação de dar coisa incerta	
Escolha do objeto	Compete a quem foi determinado no contrato
	Se omisso, compete ao devedor
Princípio do meio termo	Regra para o devedor: não poderá dar a coisa pior, nem será obrigado a prestar a melhor
Responsabilidade pelo bem	Cientificado da escolha o credor, valem as regras da obrigação de dar coisa certa
Alegação de perda ou deterioração pelo devedor	Incabível, ainda que por força maior ou caso fortuito

2.2.3 Obrigações de fazer e não fazer

Nas obrigações de fazer, o objeto constitui um ato ou serviço do devedor. E se houver inadimplemento? Caso haja impossibilidade sem culpa do devedor, a obrigação será considerada resolvida. Caso, porém, haja recusa se voluntária pelo devedor, este deverá indenizar a parte contrária.

A obrigação de fazer será fungível quando couber execução por um terceiro. Em tal caso, o credor poderá mandar executar o ato às custas do devedor, sem prejuízo da indenização cabível.

Tratando-se de obrigação infungível (insubstituível), não há, em nosso sistema, como constranger fisicamente o devedor a cumpri-la; todavia, é possível realizar pressões em seu patrimônio. Assim, o Código de Processo Civil busca incentivá-lo a cumprir sua obrigação exatamente como combinado, na forma dos arts. 461 e 461-A do citado CPC; para a tutela específica (exata) das obrigações de fazer, não fazer e de dar coisa certa, há mecanismos como as *astreintes* (multas periódicas) e outras medidas de apoio à disposição do juiz.

Quanto às obrigações de não fazer (obrigações negativas), seu objeto consiste em uma abstenção, uma ausência de comportamento (cláusula de sigilo/confidencialidade, por exemplo). Quando atua a parte que se comprometeu a não fazê-lo, é inadimplente; segundo o art. 390 do CC, "nas obrigações negativas o devedor é havido por inadimplente desde o dia em que executou o ato de que se devia abster". Em tal caso, o credor poderá exigir, conforme o caso, o desfazimento do ato (se viável), sem prejuízo das perdas e danos. Para a obtenção da tutela específica, aplica-se o supramencionado art. 461 do CPC.

2.2.4 Obrigações alternativas

O tema se insere na classificação das obrigações em simples e compostas.

Nas obrigações simples, há apenas um de cada tipo de elemento da obrigação: um credor, um devedor e uma prestação. Caso haja uma prestação, mas com a faculdade de troca por uma outra, segundo a escolha do devedor, teremos uma obrigação facultativa, segundo a doutrina (atenção: o objeto é um só, mas que eventualmente ele poderá ser trocado! Não há a previsão de mais de uma prestação logo de início!).

Nas obrigações compostas, poderá haver uma pluralidade de objetos ou uma pluralidade de pessoas.

Havendo pluralidade de objetos, a obrigação poderá ser cumulativa/conjuntiva (em que será necessário cumprir todas as duas ou mais prestações) ou alternativa/disjuntiva (em que o devedor se desobriga cumprindo uma ou outra prestação prevista no negócio).

A obrigação alternativa é uma obrigação composta, por haver pluralidade de objetos; há a previsão, desde o início, de mais de uma prestação que pode ser cumprida.

A quem caberá a escolha dentre as prestações devidas?

A resposta estará no pacto firmado entre as partes, que dirá a quem compete tal escolha. Sendo o contrato omisso nesse aspecto, a escolha cabe ao devedor. Mas este não pode obrigar o credor a receber parte em uma prestação e parte em outra.

E se, com o decorrer do tempo, uma das duas prestações previstas não puder ser objeto da obrigação ou se tornar inexequível? Em tal caso, subsistirá o débito quanto à outra. Trata-se da tese da redução do objeto, que prevê que a obrigação se concentrará na prestação restante, passando então a constituir uma obrigação simples.

Há ainda algumas regras importantes sobre a impossibilidade de cumprimento da obrigação:

Obrigações alternativas – impossibilidade de cumprimento por culpa do devedor	
Impossibilidade total	Cabendo a ele (devedor) a escolha: ficará o devedor obrigado a pagar o valor da prestação que por último se impossibilitou mais perdas e danos
	Cabendo a escolha ao credor: poderá este reclamar o valor de qualquer das duas, além da indenização por perdas e danos
Impossibilidade parcial (quanto a uma das prestações)	Cabendo a escolha ao credor, este terá direito de exigir a prestação subsistente ou o valor da outra, com perdas e danos

Atenção: segundo o art. 256, se todas as prestações se tornarem impossíveis sem culpa do devedor, a obrigação será extinta.

2.2.5 Obrigações divisíveis e indivisíveis

As obrigações serão divisíveis quando couber o fracionamento da prestação ou do próprio objeto da prestação. Como regra geral, dispõe o art. 257 do CC que, havendo mais de um devedor ou mais de um credor em obrigação divisível, esta se presume dividida em tantas obrigações, iguais e distintas, quantos os credores ou devedores. Como cada um tem suas obrigações, valendo a expressão popular "cada um por si...".

Já nas obrigações indivisíveis a prestação é única, não cabendo sua cisão pela natureza do bem, por um motivo de ordem econômica ou dada a razão determinante do negócio jurídico. Segundo o art. 259 do CC, havendo dois ou mais devedores e não sendo a prestação divisível, cada um será obrigado pela dívida toda. Claro está que o devedor que paga a dívida sub-roga-se no direito do credor em relação aos outros coobrigados.

Caso haja pluralidade de credores, cada um deles poderá exigir toda a dívida. Mas para que o devedor se desobrigue, ele deverá agir com cautela, pagando a todos conjuntamente ou a apenas um, desde que este dê caução de ratificação dos outros credores. Aquele dos credores que recebe a prestação por inteiro deve pagar em dinheiro aos outros credores a parte que lhes caiba no total.

E se um dos credores remitir (perdoar) a dívida? A obrigação não ficará extinta para com os outros! Mas eles somente poderão exigi-la descontando a quota do credor remitente (que perdoou). Vale a mesma regra para os casos de transação, novação, compensação ou confusão.

Se a obrigação indivisível se deteriorar e não mais puder ser cumprida, acabará resolvida em perdas e danos. Nesse caso, como se tornará uma prestação em dinheiro, passará a ser divisível. Como fica a responsabilidade dos devedores nesse caso? Se todos agiram com culpa, responderão todos por partes iguais. Mas se a culpa for de um só, os outros ficarão exonerados, respondendo só o culpado pelas perdas e danos.

2.2.6 Obrigações solidárias

Há solidariedade quando, na mesma obrigação, concorre mais de um credor, ou mais de um devedor, cada um com direito, ou obrigado, à dívida toda. Percebe-se, assim, tratar-se de obrigação composta por uma pluralidade de sujeitos. Aqui valeria o ditame "um por todos e todos por um".

Como gera um gravame aos coobrigados (que podem cobrar ou ser exigidos na totalidade do débito), a solidariedade não se presume: ou resulta da lei ou da vontade das partes (CC art. 265).

A solidariedade ativa é aquela em que há uma multiplicidade de credores, todos com a possibilidade de receber o pagamento na integralidade. Há no Código Civil regras importantes que costumam ser objeto de questionamento:

1.ª) Cada um dos credores solidários tem direito a exigir do devedor o cumprimento da prestação por inteiro (art. 267);

2.ª) Enquanto alguns dos credores solidários não demandarem o devedor comum, o devedor poderá pagar a qualquer um deles (art. 268);

3.ª) O pagamento feito a um dos credores solidários extingue a dívida até o montante do que foi pago (art. 269);

4.ª) Se um dos credores solidários falecer deixando herdeiros, cada um destes só terá direito a exigir e receber a quota do crédito que corresponder ao seu quinhão hereditário (a não ser que a obrigação seja indivisível e não possa ser cindida) (art. 270);

5.ª) Convertendo-se a prestação em perdas e danos, subsiste, para todos os efeitos, a solidariedade (art. 271);

6.ª) O credor que tiver perdoado (remitido) a dívida ou recebido o pagamento responderá aos outros pela parte que lhes caiba (art. 272);

7.ª) O devedor não pode opor, a um dos credores solidários, as exceções pessoais oponíveis aos outros (art. 273);

8.ª) O julgamento contrário a um dos credores solidários não atinge os demais; já o julgamento favorável lhes aproveita (a não ser que esteja fundado em exceção pessoal ao credor que o obteve) (art. 274).

Analisemos agora as regras atinentes à solidariedade passiva, em que os vários devedores podem ser obrigados pelo credor a adimplir, individualmente, a totalidade da dívida:

1.ª) O credor tem o direito de exigir e receber de um ou de alguns dos devedores, parcial ou totalmente, a dívida comum (art. 275);

2.ª) Se o pagamento tiver sido parcial, todos os demais devedores continuam obrigados solidariamente pelo resto (art. 275);

3.ª) Não importará renúncia da solidariedade a propositura de ação pelo credor contra um ou alguns dos devedores (art. 275, parágrafo único);

4.ª) Se um dos devedores solidários morrer deixando herdeiros, nenhum destes será obrigado a pagar senão a quota que corresponder ao seu quinhão hereditário (salvo se a obrigação for indivisível); mas todos reunidos serão considerados como um devedor solidário em relação aos demais devedores (art. 276);

5.ª) O pagamento parcial feito por um dos devedores e a remissão por ele obtida não aproveitam aos outros devedores, senão até à concorrência da quantia paga ou relevada (art. 277);

6.ª) Qualquer cláusula, condição ou obrigação adicional, estipulada entre um dos devedores solidários e o credor, não poderá agravar a posição dos outros sem consentimento destes (art. 278);

7.ª) Impossibilitando-se a prestação por culpa de um dos devedores solidários, subsiste para todos o encargo de pagar o equivalente – mas pelas perdas e danos só responde o culpado (art. 279);

8.ª) Todos os devedores respondem pelos juros da mora, ainda que a ação tenha sido proposta somente contra um – mas o culpado responde aos outros pela obrigação acrescida (art. 280);

9.ª) O devedor demandado pode opor ao credor as exceções que lhe forem pessoais e as comuns a todos, não lhe aproveitando as exceções pessoais a outro codevedor (art. 281);

10.ª) O credor pode renunciar à solidariedade em favor de um, de alguns ou de todos os devedores (art. 282);

11.ª) Se o credor exonerar da solidariedade um ou mais devedores, subsistirá a dos demais (art. 282, parágrafo único);

12.ª) O devedor que satisfez a dívida por inteiro tem direito a exigir de cada um dos codevedores a sua quota, dividindo-se igualmente por todos a do insolvente, se o houver, presumindo-se iguais, no débito, as partes de todos os codevedores (art. 283);

13.ª) No caso de rateio entre os codevedores, contribuirão também os exonerados da solidariedade pelo credor, pela parte que na obrigação incumbia ao insolvente (art. 284);

14.ª) Se a dívida solidária interessar exclusivamente a um dos devedores, responderá este por toda ela para com aquele que pagar (art. 285).

2.3 ADIMPLEMENTO E EXTINÇÃO DAS OBRIGAÇÕES

2.3.1 Pagamento: regras gerais

Pagar é cumprir a obrigação. Suas principais regras podem ser expressas no seguinte quadro:

<table>
<tr><th colspan="4">Adimplemento das obrigações: pagamento</th></tr>
<tr><td rowspan="4">Quem pode pagar?</td><td colspan="3">O devedor (solvens)</td></tr>
<tr><td colspan="3">Qualquer interessado na extinção da dívida</td></tr>
<tr><td colspan="3">Terceiro não interessado em nome e por conta do devedor, sem direito a qualquer reembolso</td></tr>
<tr><td colspan="3">Terceiro não interessado em nome próprio: com direito de reembolsar o valor pago, mas não de se sub-rogar no lugar do credor.</td></tr>
<tr><td rowspan="4">Para quem se paga?</td><td colspan="3">Ao credor (accipiens)</td></tr>
<tr><td colspan="3">Ao seu representante de direito</td></tr>
<tr><td colspan="3">O pagamento feito de boa fé ao credor putativo é valido, ainda que provado depois que não era o credor</td></tr>
<tr><td colspan="3">Fora desses casos, pagando-se a outrem vale o brocardo "quem paga mal, paga duas vezes". Exceção: valerá o pagamento se o credor ratificar o recebimento ou o devedor provar que ele reverteu em seu proveito</td></tr>
<tr><td rowspan="2">Quanto se paga?</td><td colspan="3">O valor combinado: o credor não é obrigado a receber por partes, se assim não se ajustou</td></tr>
<tr><td colspan="3">São nulas as convenções de pagamento em ouro ou em moeda estrangeira (excetuados os casos previstos na legislação especial)</td></tr>
<tr><td rowspan="3">Como se paga?</td><td colspan="3">Mediante a entrega de recibo: o devedor que paga tem direito a quitação regular e pode reter o pagamento enquanto não lhe seja dado o recibo</td></tr>
<tr><td colspan="3">A entrega do título ao devedor firma a presunção do pagamento. Mas ficará sem efeito a quitação assim operada se o credor provar, em sessenta dias, a falta do pagamento</td></tr>
<tr><td colspan="3">Presumem-se a cargo do devedor as despesas com o pagamento e a quitação; se ocorrer aumento por fato do credor, suportará este a despesa acrescida</td></tr>
<tr><td rowspan="4">Onde se paga?</td><td>No domicílio do devedor – como regra, as dívidas são consideradas quesíveis (quérable)</td><td colspan="2">exceções: as dívidas serão portáveis (portable), devendo ser pagas no domicílio do credor:
– se as partes assim convencionarem;
– se tal resultar da lei;
– se tal resultar da natureza da obrigação ou das circunstâncias</td></tr>
<tr><td colspan="3">O pagamento reiteradamente feito em outro local faz presumir renúncia do credor relativamente ao previsto no contrato</td></tr>
<tr><td colspan="3">Se o pagamento consistir na tradição de um imóvel, ou em prestações relativas a imóvel, far-se-á no lugar onde situado o bem</td></tr>
<tr><td colspan="3">Se ocorrer motivo grave para que se não efetue o pagamento no lugar determinado, poderá o devedor fazê-lo em outro, sem prejuízo para o credor</td></tr>
<tr><td rowspan="3">Quando se paga?</td><td colspan="3">No vencimento, na época ajustada para o pagamento</td></tr>
<tr><td colspan="3">As obrigações condicionais cumprem-se na data do implemento da condição, cabendo ao credor a prova de que deste teve ciência o devedor</td></tr>
<tr><td colspan="3">Se não foi determinada a data, o credor pode exigir imediatamente o pagamento (a não ser que haja disposição legal em sentido contrário)</td></tr>
<tr><td rowspan="2">Exceções: caberá cobrança antes do vencimento</td><td>No caso de falência do devedor, ou de concurso de credores</td><td>Se os bens, hipotecados ou empenhados, forem penhorados em execução por outro credor</td><td>Se cessarem, ou se se tornarem insuficientes, as garantias (fidejussórias, ou reais), do débito e o devedor, intimado, se negar a reforçá-las</td></tr>
<tr><td colspan="3">Nesses três casos, se houver, no débito, solidariedade passiva, não se reputará vencido quanto aos outros devedores solventes</td></tr>
</table>

2.3.2 Pagamento: formas

O ordenamento prevê formas indiretas de se adimplir uma obrigação; são formas de pagamento indireto o pagamento em consignação, o pagamento com sub-rogação, a imputação do pagamento, a dação em pagamento, a novação, a compensação, a transação, o compromisso, a confusão e a remissão. Faremos uma breve análise dos institutos e de suas características mais relevantes para efeito de exame.

No ***pagamento por consignação***, o devedor promove o depósito de uma coisa para se liberar dos efeitos do descumprimento de sua obrigação; poderá ser objeto de depósito tanto um bem móvel quanto um bem imóvel. Tratando-se de dinheiro, a consignação não necessariamente precisará ser judicial; será possível realizar uma consignação extrajudicial do valor pecuniário numa instituição bancária, O procedimento da consignação em pagamento encontra previsão no art. 890 do CPC.

Segue quadro com características importantes:

Pagamento por consignação (depósito do bem pelo devedor) – art. 334, CC	
Cabimento	Se o credor não puder, ou, sem justa causa, recusar receber o pagamento, ou dar quitação na devida forma
	Se o credor não for, nem mandar receber a coisa no lugar, tempo e condição devidos
	Se o credor for incapaz de receber, for desconhecido, declarado ausente, ou residir em lugar incerto ou de acesso perigoso ou difícil
	Se ocorrer dúvida sobre quem deva legitimamente receber o objeto do pagamento
	Se pender litígio sobre o objeto do pagamento

No ***pagamento com sub-rogação***, ocorre uma substituição na relação obrigacional. Poderá ser substituído o devedor, por exemplo, quando alguém assumir o seu lugar. O caso mais comum, porém, é aquele em que o credor recebe o valor do débito e transfere a quem lhe pagou a condição de nova credora. O devedor continua obrigado; todavia, agora deverá pagar a outrem. Há, assim, uma extinção parcial da obrigação, que acaba apenas para o credor original, que se satisfez. Segue quadro com as hipóteses e o regramento legal da matéria:

Pagamento com sub-rogação (substituição) – art. 346, CC	
Sub-rogação legal, automática, de pleno direito: sub-roga-se no lugar do credor originário:	I – o credor que paga a dívida do devedor comum
	II – o adquirente do imóvel hipotecado que paga a credor hipotecário ou o terceiro que efetiva o pagamento para não ser privado de direito sobre imóvel;
	III – o terceiro interessado que paga a dívida pela qual era ou podia ser obrigado, no todo ou em parte.
Sub-rogação convencional (por acordo entre as partes)	quando o credor recebe o pagamento de terceiro e expressamente lhe transfere todos os seus direitos;
	quando terceira pessoa empresta ao devedor a quantia precisa para solver a dívida, sob a condição expressa de ficar o mutuante sub-rogado nos direitos do credor satisfeito

Na ***imputação do pagamento*** a pessoa obrigada por dois ou mais débitos da mesma natureza, líquidos e vencidos, a um só credor, tem o direito de indicar a qual deles oferece pagamento.

Pela ***dação em pagamento*** as partes celebram um acordo para substituir o objeto da prestação devida por um outro.

A ***novação*** implica na extinção da obrigação original com a criação de uma nova obrigação, em que poderá haver como elemento diferenciado uma nova dívida (novação objetiva ou real) ou uma nova pessoa (novação subjetiva ou pessoal). Segue quadro elucidativo:

<table>
<tr><th colspan="2">Novação (criação de nova obrigação) – art. 360, CC</th></tr>
<tr><td>Novação objetiva</td><td>O devedor contrai com o credor nova dívida para extinguir e substituir a anterior</td></tr>
<tr><td rowspan="2">Novação subjetiva</td><td>Ativa: em virtude de obrigação nova, outro credor é substituído ao antigo, ficando o devedor quite com este</td></tr>
<tr><td>Passiva: novo devedor sucede ao antigo, ficando este quite com o credor
– por expromissão: o antigo devedor é simplesmente excluído da relação obrigacional, independentemente de seu consentimento;
– por delegação: o antigo devedor consente com sua exclusão da relação obrigacional.</td></tr>
<tr><td>Novação mista</td><td>Na nova obrigação consta uma nova dívida e um novo sujeito (ativo ou passivo)</td></tr>
</table>

Atenção para a regra do art. 366 do CC: importa exoneração do fiador a novação feita sem seu consenso com o devedor principal.

Pela compensação, há um encontro de dívidas entre pessoas que são, ao mesmo tempo, credora e devedora umas das outras, nos seguintes termos:

<table>
<tr><th colspan="2">Compensação (encontro de dívidas) – art. 368, CC</th></tr>
<tr><td rowspan="3">Requisitos: as dívidas devem ser</td><td>Líquidas</td></tr>
<tr><td>Vencidas</td></tr>
<tr><td>Com prestações fungíveis entre si (homogêneas e da mesma natureza)</td></tr>
<tr><td rowspan="3">Não cabe compensação se uma das dívidas</td><td>Originar-se de comodato, depósito ou alimentos</td></tr>
<tr><td>Provier de esbulho, furto ou roubo</td></tr>
<tr><td>For de coisa não suscetível de penhora</td></tr>
<tr><td colspan="2">Não se admite a compensação em prejuízo de direito de terceiro</td></tr>
</table>

Pela ***confusão*** extingue-se a obrigação porque na mesma pessoa se confundiram as qualidades de credor e devedor. É o que ocorre, por exemplo, quando o credor herda do devedor.

A ***remissão das dívidas*** implica no perdão por parte do credor. É ato bilateral, que exige a expressa anuência de seu beneficiado, o devedor. Segue tabela com os principais aspectos de seu regramento legal:

Remissão das dívidas (perdão) – art. 385, CC	
Efeitos	A remissão da dívida, aceita pelo devedor, extingue a obrigação, mas sem prejuízo de terceiro
	A remissão concedida a um dos codevedores extingue a dívida na parte a ele correspondente. Se ainda houver solidariedade entre os devedores restantes o credor deverá cobrar o débito com dedução da parte remitida (perdoada)

Com a ***transação***, as partes celebram um acordo extintivo da obrigação por mútuas concessões, com vistas a evitar o risco de uma futura demanda ou para extinguir uma ação já em curso. O tema, a partir do atual Código Civil, passou a ser tratado dentre os contratos em espécie, no art. 840 e seguintes.

2.3.3 Inadimplemento

Sobre o inadimplemento das obrigações e a responsabilidade do devedor, valem as seguintes regras:

Descumprida a obrigação, o devedor responde, com bens de seu patrimônio, por	Perdas e danos
	Juros
	Atualização monetária segundo índices oficiais
	Honorários de advogado
Responsabilidade do contratante	Nos contratos benéficos (gratuitos): responde o contratante - por simples culpa a quem o contrato aproveita; - por dolo a quem não favoreça
	Nos contratos onerosos: cada parte responde por culpa (salvo exceções previstas em lei)
	Por caso fortuito ou força maior: não há responsabilidade do devedor, a não ser que expressamente por eles se tenha responsabilizado

Em termos de descumprimento obrigacional, merecem relevo os seguintes institutos: mora, perdas e danos e cláusula penal.

2.3.4 Mora

Conforme dispõe o art. 394 do CC, consideram-se em mora tanto o devedor que não efetuar o pagamento como o credor que não quiser recebê-lo no tempo, lugar e forma que a lei ou a convenção estabelecer.

Todavia, se a causa do inadimplemento não constituir fato ou omissão imputável ao devedor, ele não incorre em mora.

Os quadros seguintes trazem as principais regras aplicáveis:

Tipo de obrigação	Necessidade de comunicação
Com termo (tempo fixado), positiva e líquida	Não há: o inadimplente já está em mora automaticamente ("dies interpellat pro homine", o dia interpela o homem). Trata-se da denominada mora *ex re*.
Sem termo (tempo não fixado)	Há necessidade de interpelação judicial ou extrajudicial para constituir em mora. É denominada mora *ex persona*.

Parte em mora	Efeitos
Devedor em mora	Responde por impossibilidade da prestação, mesmo que resulte de caso fortuito ou de força maior, se estes ocorrerem durante o atraso
	Exceção: não responderá se provar isenção de culpa, ou que o dano sobreviria ainda quando a obrigação fosse oportunamente desempenhada
Credor em mora	Tira do devedor isento de dolo a responsabilidade pela conservação da coisa
	Obriga-se o credor a ressarcir as despesas empregadas em conservá-la
	Sujeita-se o credor a receber a coisa pela estimação mais favorável ao devedor, se o seu valor oscilar entre o dia estabelecido para o pagamento e o da sua efetivação

Ambos os contratantes podem purgar (neutralizar) os efeitos da mora. Tal ocorrerá, segundo o art. 401: I – por parte do devedor, oferecendo este a prestação mais a importância dos prejuízos gerados desde o dia da oferta; II – por parte do credor, oferecendo-se este a receber o pagamento e sujeitando-se aos efeitos da mora até a mesma data.

2.3.5 Perdas e danos

Conforme dispõe o art. 402 do CC, ressalvadas as exceções expressamente previstas em lei, as perdas e danos devidos ao credor abrangem, além do que ele efetivamente perdeu (danos emergentes), o que ele razoavelmente deixou de lucrar (lucros cessantes).

Quando se tratar de obrigação de pagamento em dinheiro, as perdas e danos serão pagas com atualização monetária segundo índices oficiais regularmente estabelecidos e abrangerão juros, custas e honorários de advogado, sem prejuízo da pena convencional.

Segundo o art. 405 do CC, contam-se os juros de mora desde a citação inicial.

2.3.6 Juros legais

O atual Código Civil trata do tema em dois artigos. O art. 406 prevê a fixação dos juros moratórios (quando não convencionados, ou o forem sem taxa estipulada, ou quando provierem de determinação da lei), de acordo com a taxa que estiver em vigor para a mora do pagamento de impostos devidos à Fazenda Nacional.

Segundo o art. 407, os juros serão devidos mesmo que não se alegue prejuízo, tanto nas dívidas em dinheiro como nas prestações de outra natureza (em que tenha sido fixado um valor pecuniário por sentença judicial, arbitramento ou acordo entre as partes).

2.3.7 Cláusula penal

Como indica seu próprio nome, a cláusula penal implica em uma sanção a ser aplicada a um dos contratantes se ocorrer um determinado fato. Quando houver cominação de pena pela inexecução total ou parcial da obrigação, teremos uma cláusula penal compensatória. Quando, porém, houver mora no cumprimento da obrigação ou a necessidade de assegurar a segurança de uma outra cláusula pactuada pelas partes, haverá cláusula penal moratória.

Estamos, assim, no campo da multa contratual, que constitui uma obrigação acessória instituída para garantir o cumprimento da obrigação principal, mediante a pré-fixação de perdas e danos caso ocorra um descumprimento.

Acerca do tema, valem as seguintes regras:

<table>
<tr><th colspan="3">Cláusula penal</th></tr>
<tr><td rowspan="2">Incidência</td><td colspan="2">Ocorrerá quando o devedor, culposamente</td></tr>
<tr><td>Deixar de cumprir a obrigação</td><td>Ou se constituir em mora</td></tr>
<tr><td>Cláusula penal compensatória</td><td colspan="2">Para o caso de total inadimplemento da obrigação: converte-se em alternativa a benefício do credor</td></tr>
<tr><td>Cláusula penal moratória/ para segurança de outra cláusula</td><td colspan="2">O credor tem o arbítrio de exigir a satisfação da pena cominada, juntamente com o desempenho da obrigação principal.</td></tr>
<tr><td rowspan="3">Limite máximo</td><td colspan="2">O valor da cominação imposta na cláusula penal não pode exceder o da obrigação principal</td></tr>
<tr><td rowspan="2">O juiz DEVE reduzir equitativamente a penalidade</td><td>se a obrigação principal tiver sido cumprida em parte</td></tr>
<tr><td>se seu valor for manifestamente excessivo, tendo-se em vista a natureza e a finalidade do negócio.</td></tr>
<tr><td rowspan="2">Na obrigação indivisível</td><td colspan="2">Se um devedor incorrer na falta, todos os devedores incorrerão na pena</td></tr>
<tr><td colspan="2">Mas esta só se poderá demandar integralmente do culpado, respondendo cada um dos outros somente pela sua quota (aos não culpados fica reservada a ação regressiva contra aquele que deu causa à aplicação da pena)</td></tr>
<tr><td>Na obrigação divisível</td><td colspan="2">Só incorre na pena o devedor ou o herdeiro do devedor que a infringir, e proporcionalmente à sua parte na obrigação</td></tr>
</table>

Segundo o art. 416, para exigir a pena convencional, não é necessário que o credor alegue prejuízo. E se o montante do prejuízo sofrido for maior do que o valor prefixado na cláusula? Não poderá o credor exigir indenização suplementar se assim não foi convencionado! Mas se o tiver sido, a pena vale como mínimo da indenização, competindo ao credor provar o prejuízo excedente.

2.3.8 Arras ou sinal

Pode ser estipulado pelas partes que seja dado um sinal (em dinheiro ou outro bem móvel), assegurando que se vá futuramente contratar em definitivo; trata-se do instituto das arras.

Conforme a redação da cláusula contratual e a intenção das partes, o sinal poderá ser tal que não permita às partes arrepender-se de executar o contrato (arras confirmatórias) ou poderá possibilitar o arrependimento (arras penitenciais).

Seguem os quadros esquemáticos com as regras aplicáveis:

Arras confirmatórias: não cabe arrependimento	
Se o contrato for cumprido	O sinal vale como início de pagamento
Inexecução do contrato por quem deu as arras	Poderá a outra tê-lo por desfeito, retendo-as (quem deu o sinal o perde)
Inexecução do contrato por quem recebeu o sinal	Quem as deu pode considerar o contrato desfeito e exigir o dobro do valor mais atualização monetária (segundo índices oficiais), juros e honorários de advogado
Opções da parte inocente	Pedir indenização suplementar, se provar maior prejuízo, valendo as arras como taxa mínima
	Exigir a execução do contrato, com as perdas e danos, valendo as arras como o mínimo da indenização

Arras penitenciais: cabe arrependimento	
O sinal tem função unicamente indenizatória	
Quem deu as arras	As perde em benefício da outra parte
Quem recebeu	As devolve em dobro
Não haverá direito à indenização suplementar	

2.4 QUESTÕES

1. **(OAB 2010.2 – FVG) Com relação ao regime da solidariedade passiva, é correto afirmar que:**

   a) cada herdeiro pode ser demandado pela dívida toda do devedor solidário falecido.

   b) com a perda do objeto por culpa de um dos devedores solidários, a solidariedade subsiste no pagamento do equivalente pecuniário, mas pelas perdas e danos somente poderá ser demandado o culpado.

   c) se houver atraso injustificado no cumprimento da obrigação por culpa de um dos devedores solidários, a solidariedade subsiste no pagamento do valor principal, mas pelos juros da mora somente poderá ser demandado o culpado.

   d) as exceções podem ser aproveitadas por qualquer dos devedores solidários, ainda que sejam pessoais apenas a um deles.

2. **(OAB 2010.2 – FVG) João prometeu transferir a propriedade de uma coisa certa, mas antes disso, sem culpa sua, o bem foi deteriorado. Segundo o Código Civil, ao caso de João aplica-se o seguinte regime jurídico:**

   a) a obrigação fica resolvida, com a devolução de valores eventualmente pagos.

   b) a obrigação subsiste, com a entrega da coisa no estado em que se encontra.

   c) a obrigação subsiste, com a entrega da coisa no estado em que se encontra e abatimento no preço proporcional à deterioração.

   d) a obrigação poderá ser resolvida, com a devolução de valores eventualmente pagos, ou subsistir, com a entrega da coisa no estado em que se encontra e abatimento no preço proporcional à deterioração, cabendo ao credor a escolha de uma dentre as duas soluções.

3. **(OAB/NACIONAL 2008.I) Ainda no que concerne ao direito das obrigações, assinale a opção correta.**

   a) Caso o devedor inadimplente de obrigação decida purgar a mora oferecendo ao credor a prestação vencida, acrescida da indenização dos danos causados ao credor pela mora, não poderá o credor rejeitar a prestação, transformando a mora em inadimplemento definitivo, e pleitear a resolução do contrato.

   b) O acordo extrajudicial firmado entre credor e devedor principal, para mera prorrogação do pagamento da dívida, implica novação, desonerando, assim, os coobrigados que nela não intervieram.

   c) No caso de obrigação de restituir coisa certa, vindo esta a perecer, sem culpa do devedor, a obrigação resolve-se automaticamente, sem qualquer direito ao credor de receber indenização ou de exigir a restituição da coisa.

   d) Se houver pluralidade de sujeitos, sendo a obrigação indivisível, pode haver o cumprimento fracionado da obrigação, quando a indivisibilidade é proveniente da vontade das partes, ou seja, tratando-se de indivisibilidade legal.

4. **(OAB/GO Ago/2006) Quanto à cláusula penal, prevista em negócio jurídico para o caso de inadimplemento de obrigações, é correto afirmar:**

   a) A cláusula penal estipulada conjuntamente com a obrigação, ou em ato posterior, referir-se-á, sempre, à inexecução completa da obrigação.

   b) O valor da cominação imposta na cláusula penal pode exceder o da obrigação principal.

   c) Para exigir a pena convencional, é necessário que o credor alegue e prove ter havido prejuízo.

   d) Incorre de pleno direito o devedor na cláusula penal, desde que, culposamente, deixe de cumprir a obrigação ou se constitua em mora.

5. **(VIII Exame de Ordem Unificado – FGV) Utilizando-se das regras afetas ao direito das obrigações, assinale a alternativa correta.**

a) Quando o pagamento de boa-fé for efetuado ao credor putativo, somente será inválido se, em seguida, ficar demonstrado que não era credor.

b) Levando em consideração os elementos contidos na lei para o reconhecimento da onerosidade excessiva, é admissível assegurar que a regra se aplica às relações obrigacionais de execução diferida ou continuada.

c) Possui a quitação determinados requisitos que devem ser obrigatoriamente observados, tais como o valor da dívida, o nome do pagador, o tempo e o lugar do adimplemento, além da assinatura da parte credora, exigindo-se também que a forma da quitação seja igual à forma do contrato.

d) O terceiro, interessado ou não, poderá efetuar o pagamento da dívida em seu próprio nome, ficando sempre sub-rogado nos direitos da parte credora.

6. **(OAB/MG Ago/2006) Um dos credores solidários terá direito preferencial de recebimento da dívida, em relação aos demais, caso**

a) notifique o devedor de sua intenção.

b) efetue o protesto do título no cartório competente.

c) interrompa a prescrição da dívida.

d) ajuíze uma ação de cobrança contra o devedor.

7. **(OAB/MG Ago/2006) O pagamento feito a credor putativo por devedor de boa-fé é**

a) válido, ainda que fique provado depois que quem recebeu não era credor.

b) válido, desde que não fique provado depois que quem recebeu não era credor.

c) nulo.

d) inexistente.

8. **(OAB/CESPE 2006.III) Em conformidade com o direito das obrigações, assinale a opção incorreta.**

a) A obrigação alternativa ou facultativa tem natureza complexa porque possui prestações e objetos múltiplos, exigíveis cumulativamente, em que o devedor se libera prestando integralmente todas as prestações pactuadas, salvo em razão do perecimento de uma ou de algumas das prestações em razão de caso fortuito ou por força maior.

b) Se a obrigação for solidária, e houver novação entre credor e um dos devedores solidários, somente sobre os bens do que contraiu a nova obrigação remanescem todas as garantias do crédito novado, ficando, por esse fato, exonerados os outros devedores.

c) Nas obrigações de meio, o devedor satisfaz a obrigação desde que demonstre que todas as possibilidades foram utilizadas para atingir o objetivo pretendido, mas não necessário.

d) O credor de coisa certa não pode ser obrigado a receber outra, mesmo sendo mais valiosa. O devedor só se desonera da obrigação após entregar ao credor exatamente a coisa que prometeu dar. Do contrário, a obrigação converte-se em perdas e danos.

9. **(OAB/CESPE 2006.I) A respeito do direito das obrigações, assinale a opção correta.**

a) Na hipótese de o devedor firmar contrato de renegociação de dívida prescrita, constituindo nova – com a peculiaridade de fornecer nova garantia do pagamento da dívida –, qual seja: ao título de crédito no valor integral da dívida, não ocorrerá novação, pois a obrigação assumida pelo devedor é originária de dívida prescrita.

b) A obrigação de não fazer é aquela em que o devedor assume o compromisso de se abster de algum fato que poderia praticar livremente se não se tivesse obrigado, para atender interesse jurídico do credor ou de terceiro. Entretanto, se essa obrigação se impossibilitar, sem culpa do devedor, que não poderá abster-se do ato, em razão de força maior ou de caso fortuito, o devedor será exonerado do cumprimento desta, considerando-a resolvida.

c) Na assunção de dívida, ocorre a substituição do sujeito passivo da relação de crédito, extinguindo-se o vínculo obrigacional, os acessórios e as garantias do débito, exceto as garantias do crédito que tiverem sido prestadas por terceiro.

d) Se ocorrer a confusão, ou seja, a reunião, na mesma pessoa, das qualidades de credor e devedor de uma mesma relação obrigacional, extingue-se totalmente a obrigação, sendo irrelevante tratar-se de obrigação solidária ou obrigação em que ocorra a confusão de parte da dívida.

10. (OAB/RS 2007.II) Assinale a assertiva correta.

a) A cessão do crédito de honorários por advogado casado pelo regime de comunhão de bens exige o consentimento do cônjuge.

b) Quando o bem for naturalmente divisível, não será aceita cláusula de indivisibilidade.

c) Sendo o bem indivisível e havendo pluralidade de devedores, cada um será obrigado pela dívida toda.

d) Aplica-se às pertenças a máxima segundo a qual o acessório segue o principal.

11. (OAB/RS 2007.II) Assinale a assertiva correta.

a) O Código Civil contém a regra geral de admissão do pagamento em moeda estrangeira.

b) Se o contrato for firmado por instrumento público, a quitação deve obedecer a essa forma.

c) Em princípio, a novação do credor com o devedor sem o consentimento do fiador não importa exoneração deste.

d) Em relação ao lugar do pagamento, se não houver determinação em contrário, a presunção é que as dívidas sejam pagas no domicílio do devedor.

12. (OAB/NACIONAL 2008.II) Fátima era credora de Pedro, Fábio e Júlio, que contraíram com ela, de forma solidária e no interesse exclusivo de Pedro, dívida a ser por ele quitada no prazo máximo de 60 dias. Como Pedro não realizou o pagamento, Fátima ajuizou ação contra Fábio, que terminou por pagar o débito com os juros da mora. Considerando a situação hipotética apresentada e as disposições do Código Civil acerca de solidariedade, assinale a opção correta.

a) Fábio deverá cobrar dos outros dois devedores a quantia que pagou a Fátima.

b) Mesmo tendo efetuado o pagamento, Fábio não tem o direito de cobrar algo dos demais devedores, já que, nesse caso, cada um deles tem a obrigação pelo total da dívida.

c) Como a dívida solidária foi contraída no interesse exclusivo de Pedro, cabe a ele responder por toda ela perante Fábio.

d) Por não ter sido parte no processo judicial, Pedro não será obrigado a responder pelos juros da mora.

13. (OAB Nacional 2009 – II) No que se refere às modalidades de obrigações, assinale a opção correta.

a) Nas obrigações solidárias passivas, se a prestação se perder, convertendo-se em perdas e danos, o credor perderá o direito de exigir de um só devedor o pagamento da totalidade das perdas e danos.

b) A obrigação de dar coisa certa confere ao credor simples direito pessoal, e não real, havendo, contudo, no âmbito do direito, medidas destinadas a persuadir o devedor a cumprir a obrigação.

c) O compromisso de compra e venda configura obrigação de dar quando o promitente vendedor se obriga a emitir declaração de vontade para a celebração do contrato definitivo, outorgando a escritura pública ao compromissário comprador, depois de pagas todas as prestações.

d) Caracteriza obrigação de meio o ato de o advogado assumir defender os interesses dos clientes, empregando seus conhecimentos para obtenção de determinado resultado; nesse tipo de obrigação, o advogado não fará jus aos honorários advocatícios quando não vencer a causa.

GABARITO: As respostas destes testes encontram-se no final do livro.

Obs.: Mais questões sobre este capítulo estão disponíveis para *download* gratuito no *site* www.editorametodo.com.br.

3 CONTRATOS

3.1 NOÇÕES GERAIS E CLASSIFICAÇÃO

O contrato, por muitos denominado pacto ou convenção, constitui o acordo de vontades celebrado para criar, modificar ou extinguir direitos e obrigações de índole patrimonial entre as partes.

O contrato é o negócio jurídico por excelência e, como tal, tem por elementos essenciais a capacidade das partes, seu consentimento, um objeto lícito, possível, certo e apreciável em dinheiro e, finalmente, a forma prescrita ou não defesa em lei. Especificamente no que tange ao objeto, dispõe o art. 426 do CC que "não pode ser objeto de contrato a herança de pessoa viva"; proíbe-se, assim, o ***pacta corvina*** (pacto sucessório).

São princípios contratuais relevantes apontados pela doutrina a autonomia privada, a observância das normas de ordem pública, a obrigatoriedade das convenções (pacta sunt servanda) e a relatividade dos efeitos do negócio jurídico.

Com o novo Código Civil, alguns outros princípios passaram a ser também consagrados, como a função social do contrato ("art. 421. A liberdade de contratar será exercida em razão e nos limites da função social do contrato"), a boa-fé objetiva ("art. 422. Os contratantes são obrigados a guardar, assim na conclusão do contrato, como em sua execução, os princípios de probidade e boa-fé") e a justiça contratual (revelada por institutos como o estado de perigo, a lesão e resolução por onerosidade excessiva, em que se busca dar equilíbrio às partes e ao pacto celebrado).

Os contratos podem ser classificados segundo diversos critérios.

Conforme as obrigações assumidas, os contratos podem ser unilaterais (se apenas uma das partes tem obrigações, não havendo necessária contraprestação da outra parte; ex.: doação pura) ou bilaterais ("sinalagmáticos", quando as duas partes assumem obrigações contratuais recíprocas; ex.: compra e venda).

Segundo a existência de um modelo prévio no ordenamento quanto ao regramento do contrato, ele pode ser típico (nominado) ou atípico (inominado). Dispõe o art. 425 ser lícito às partes estipular contratos atípicos, observadas as normas gerais fixadas no Código Civil.

Quanto às vantagens patrimoniais auferidas, os contratos podem ser onerosos (quando ambas as partes têm proveito; ex.: locação) ou gratuitos (também denominados benéficos, quando apenas uma delas experimenta ganhos materiais; ex.: comodato). Há regras importantes sobre ambos os contratos, merecendo destaque, quanto aos negócios benéficos em geral, que sua interpretação deve ser feita de modo restritivo.

Quanto ao conhecimento sobre as prestações e sua extensão, temos contratos comutativos (em que as prestações são conhecidas e têm uma relação de equivalência; ex.: compra e venda) e aleatórios (ou de risco, nos quais a prestação de uma das partes é desconhecida quando da celebração; ex.: seguro).

Conforme a liberdade de convencionar os termos do pacto, os contratos poderão ser paritários (negociados pelas partes livremente e em igualdade de condições; ex.: compra e venda entre particulares) ou de adesão (uma das partes impõe os termos contratuais, restando à outra parte apenas aderir ao esquema traçado; ex.: seguro). No que tange à adesão, há duas normas básicas: quando houver no contrato de adesão cláusulas ambíguas ou contraditórias, dever-se-á adotar a interpretação mais favorável ao aderente; além disso, em tais contratos são nulas as cláusulas que estipulam a renúncia antecipada do aderente a direito resultante da natureza do negócio.

Quanto à forma, os contratos podem ser consensuais (não solenes, em que basta o acordo de vontades para que se estabeleça o negócio; ex.: compra e venda de bens móveis); solenes (formais, exigindo, além do acordo, uma forma de exteriorização determinada pela lei; ex.: compra e venda de imóvel) ou reais (exigem, além do acordo, a entrega do bem contratado, para que o contrato se repute formado;

antes da tradição, há apenas promessa de contratar; ex.: comodato, mútuo e depósito).

Finalmente, os contratos poderão ser principais (quando existam independentemente de qualquer outro; ex.: locação) ou acessórios (quando sua existência pressupor a do principal; ex.: fiança).

3.2 FORMAÇÃO

A formação do contrato enseja a ocorrência de alguns momentos específicos.

Logo de início pode ocorrer a fase das tratativas, das negociações preliminares (ou puntuação), na qual as partes começam a considerar a possibilidade de contratar. Não costuma gerar obrigatoriedade para as partes.

Evolui-se então para a proposta, também chamada de oferta, *policitação* ou *oblação*. Uma vez formulada, a proposta vincula o proponente (a não ser que o contrário resulte dos seus termos, da natureza do negócio, ou das circunstâncias do caso, segundo o art. 427). Fora dessas três hipóteses, se não observada a proposta, quem a formulou fica obrigado a reparar as perdas e os danos gerados. Há, todavia, exceções a tal regra, de forma que não haverá obrigação de pagar perdas e danos conforme o seguinte esquema:

Deixa de ser obrigatória a proposta	
Proposta sem prazo	Se, formulada a uma pessoa presente (que contrata diretamente), esta não a aceita imediatamente (contrato com declarações consecutivas)
	Se, feita a uma pessoa ausente (que contrata por um intermediário), decorreu prazo suficiente sem chegar resposta ao proponente (contrato com declarações intervaladas)
Proposta com prazo	Se a pessoa ausente não expediu a resposta dentro do prazo dado
	Se antes dela, ou simultaneamente, chegar ao conhecimento da outra parte a retratação do proponente

Segundo o art. 429 do Código Civil, a oferta ao público equivale a uma proposta quando encerra os requisitos essenciais ao contrato; tal apenas não ocorrerá se o contrário resultar das circunstâncias ou dos usos. Pode-se revogar a oferta pela mesma via de sua divulgação, desde que seja ressalvada esta faculdade na oferta realizada.

No que tange à aceitação, vigem as seguintes regras:

– entre presentes (sem intermediários) é imediata e entre ausentes (feita mediante intermediação de um terceiro) deve ser expressa no prazo. Se chegar depois, o aceitante deve ser avisado (art. 428);

- em negócios que não exigem aceitação expressa ou em que esta for dispensada, considera-se concluído o contrato se a recusa não chegou a tempo (art. 432);
- considera-se inexistente a aceitação se, antes dela ou com ela, chegar ao proponente a retratação do aceitante (art. 433).

Se a aceitação, por alguma circunstância imprevista, chegar tarde ao conhecimento do proponente, este deverá comunicar tal ocorrência imediatamente ao aceitante, sob pena de responder por perdas e danos (art. 430).

A aceitação fora do prazo, com adições, restrições, ou modificações, não implica em aceitação propriamente dita, mas importa em uma nova proposta (art. 431).

Os contratos epistolares (celebrados por carta, *e-mails* ou outro meio de comunicação escrito) são considerados contratos entre ausentes e tornam-se perfeitos a partir do momento em que a aceitação é expedida. A teoria adotada por nosso sistema, portanto, é a da declaração (ou agnição) na modalidade da expedição. Há, porém, exceções; tal não ocorrerá, segundo o art. 434: I – se antes da aceitação ou com ela chegar ao proponente a retratação do aceitante; II – se o proponente se houver comprometido a esperar resposta; III – se ela não chegar no prazo convencionado.

Quanto ao local, reputa-se celebrado o contrato no lugar em que foi proposto.

3.3 REGRAS ESPECIAIS: VÍCIOS REDIBITÓRIOS, EVICÇÃO E EXCEÇÃO DO CONTRATO NÃO CUMPRIDO

Os contratos bilaterais, por ensejarem a necessária contraprestação de ambos os contratantes, contam com certos institutos relevantes, cujos principais pontos serão objeto de nossa análise.

Os ***vícios redibitórios*** (ou ***ocultos***), segundo o art. 441, são defeitos que diminuem a qualidade ou quantidade de um bem, tornando-o impróprio ao uso a que é destinado ou diminuindo o seu valor.

Caso o contrato firmado seja comutativo (marcado pela presença de prestações conhecidas e equivalentes a serem prestadas por ambas as partes), o contratante poderá rejeitar a coisa defeituosa ou pedir abatimento de preço (art. 442). O mesmo ocorrerá tratando-se de doação onerosa (com encargo). Dispõe ainda a lei, no art. 503, que, nas coisas vendidas conjuntamente, o defeito oculto de uma não autoriza a rejeição de todas.

Se o alienante conhecia o defeito da coisa, restituirá o que recebeu com perdas e danos; se não o conhecia, tão somente restituirá o valor recebido mais as despesas do contrato (art. 443).

A responsabilidade do alienante subsiste ainda que a coisa pereça em poder do alienatário (comprador), se perecer por vício oculto já existente ao tempo da tradição (art. 444).

Há, todavia, prazos para que se obtenha o valor de volta ou o abatimento, que variam conforme a natureza do bem e o tempo da constatação do defeito. Tais prazos são decadenciais, de forma que, se não observados, a parte perderá o direito em questão:

Prazos DECADENCIAIS para os direitos de redibição ou abatimento		
Vício e prazo	***Bem***	
Vício constatável desde logo (aparente): prazo contado da entrega efetiva	Móvel – 30 dias	Imóvel – 1 ano (se adquirente já na posse, 6 meses contados da alienação)
Vício, por sua natureza, constatável só mais tarde (oculto): prazo contado da ciência do defeito	Móvel – até 180 dias	Imóvel – 1 ano
Não correrão tais prazos na constância de cláusula de garantia – mas o adquirente deve denunciar o defeito ao alienante nos trinta dias seguintes ao seu descobrimento, sob pena de decadência		

A ***evicção*** consiste na perda da posse ou propriedade de um bem em virtude de uma decisão judicial que o atribui a outrem. Nos contratos onerosos, o alienante (vendedor) responde pela evicção, subsistindo tal garantia ainda que a aquisição se tenha realizado em hasta pública (art. 447). Também subsiste para o alienante tal obrigação mesmo que a coisa alienada esteja deteriorada (a não ser que haja dolo do adquirente, segundo o art. 451).

As partes podem, por cláusula expressa, reforçar, diminuir ou excluir a responsabilidade pela evicção (art. 448). Todavia, nos termos do art. 449, embora exista cláusula excluindo a garantia contra a evicção, se esta vier a ocorrer, o evicto ainda assim terá o direito de receber o preço que pagou pela coisa evicta em duas circunstâncias: se não soube do risco da evicção ou se, dele informado, não o assumiu.

Salvo estipulação em contrário, estabelece o art. 450 que o evicto tem direito:

a) à restituição integral do preço ou das quantias que pagou;

b) à indenização dos frutos que tiver sido obrigado a restituir;

c) à indenização pelas despesas dos contratos e pelos prejuízos que diretamente resultarem da evicção;

d) às custas judiciais e aos honorários do advogado por ele constituído.

Quanto ao preço, dispõe o art. 451 que, seja a evicção total ou parcial, será o do valor da coisa, na época em que se evenceu, sendo proporcional ao desfalque sofrido, no caso de evicção parcial.

Dispõe o art. 453, no tocante às benfeitorias realizadas no bem que, se forem necessárias ou úteis e não abonadas ao que sofreu a evicção, serão pagas pelo alienante. Mas se as benfeitorias abonadas ao que sofreu a evicção tiverem sido feitas pelo alienante, o valor delas será levado em conta na restituição devida (art. 454).

Para poder exercitar o direito que da evicção lhe resulta, o adquirente notificará do litígio o alienante imediato, ou qualquer dos anteriores, quando e como lhe determinarem as leis do processo (art. 456). Em princípio, o adquirente deve responder aos termos da ação de evicção. Não precisará, porém, fazê-lo (deixando de oferecer contestação ou usar de recursos) se o alienante não atender à denunciação da lide e se for manifesta a procedência da evicção (art. 456, parágrafo único).

Por fim, dispõe nossa lei civil no art. 457 que o adquirente não pode demandar pela evicção se sabia que a coisa era alheia ou litigiosa.

Pela regra da ***exceção de contrato não cumprido***, nos contratos bilaterais nenhum dos contratantes, antes de cumprida a sua obrigação, pode exigir o implemento da do outro (art. 476).

Se, depois de concluído o contrato, sobrevier a um dos contratantes uma diminuição em seu patrimônio capaz de comprometer ou tornar duvidosa a prestação pela qual se obrigou, pode a outra parte recusar-se à prestação que lhe incumbe, até que aquele satisfaça a que lhe compete ou dê garantia bastante de satisfazê-la.

3.4 CONTRATO PRELIMINAR

Quando não se revelar conveniente às partes celebrar desde logo o contrato, elas poderão firmar um contrato-promessa (*pactum in contrahendo*), em que se comprometerão a celebrar o contrato definitivo. Exemplo corrente é o da celebração do compromisso de compra e venda.

O contrato preliminar é um negócio jurídico e, como tal, pressupõe os mesmos elementos deste. O art. 462 do CC, porém, ressalva que quanto à forma não se exige que seja observada exatamente aquela do contrato definitivo. Todavia, o art. 463 do mesmo Codex afirma a necessidade de se levar ao registro competente o contrato preliminar.

Quais os efeitos decorrentes de sua celebração?

Concluído tal contrato e cumprido o compromisso, se não constar cláusula de arrependimento, qualquer das partes terá o direito de exigir a celebração do contrato definitivo, assinalando prazo para que a outra parte o efetive. Esgotado o prazo sem o adimplemento, o juiz poderá, a pedido do interessado, suprir a vontade da parte inadimplente, conferindo caráter definitivo ao contrato preliminar (a não ser que a isto se opuser a natureza da obrigação).

Percebe-se, assim, que se prioriza a execução específica do contrato, tal como avençado. A solução em perdas e danos, que resolve o descumprimento por meio de indenização, só será aplicada quando não houver mais interesse do credor na celebração do contrato ou quando tal não for possível pela natureza da obrigação.

3.5 EXTINÇÃO: DISTRATO, RESILIÇÃO E RESOLUÇÃO

O contrato pode ser extinto de diversas formas. Usa-se a expressão "rescisão" para designar o gênero, sendo suas espécies duas formas específicas: a resilição (extinção pela vontade de uma ou ambas as partes) e a resolução (extinção em virtude do descumprimento por um dos contratantes).

A resilição bilateral, em que ambas as partes concordam com o fim do pacto, é denominada distrato e faz-se pela mesma forma exigida para o contrato.

A resilição unilateral, em que apenas uma das partes manifesta sua vontade de romper a convenção, ocorre nos casos em que a lei expressa ou implicitamente o permite e se opera mediante denúncia notificada à outra parte. Além da denúncia, pode-se dar também com a revogação ou a renúncia, quando admitidas.

Se, porém, dada a natureza do contrato, uma das partes tiver feito investimentos consideráveis para a sua execução, a denúncia unilateral só produzirá efeito depois de transcorrido prazo compatível com a natureza e o vulto dos investimentos (art. 473, parágrafo único).

No que tange à resolução, extinção decorrente do descumprimento contratual, nosso ordenamento prevê a incidência da cláusula resolutiva.

A parte lesada pelo inadimplemento pode pedir a resolução do contrato, se não preferir exigir-lhe o cumprimento, cabendo, em qualquer dos casos, indenização por perdas e danos. Segundo o art. 474, a cláusula resolutiva expressa opera de pleno direito; já a tácita depende de interpelação judicial.

Finalmente, a lei civil prevê no art. 478 hipótese especial de resolução, que considera a alteração das circunstâncias contratuais originalmente pactuadas: trata-se da resolução por onerosidade excessiva. Poderá o devedor pedir a resolução do contrato:

- se se tratar de contrato de execução continuada ou diferida;
- em que a prestação de uma das partes se tornar excessivamente onerosa;
- com extrema vantagem para a outra;
- em virtude de acontecimentos extraordinários e imprevisíveis.

Os efeitos da sentença que decretar a resolução retroagirão à data da citação.

A resolução poderá ser evitada, por uma conduta do réu: ele pode se oferecer para modificar equitativamente as condições do contrato (art. 479).

Se no contrato as obrigações couberem a apenas uma das partes, poderá ela pleitear que a sua prestação seja reduzida, ou alterado o modo de executá-la, a fim de evitar a onerosidade excessiva (art. 480).

3.6 CONTRATOS EM ESPÉCIE

O atual Código Civil prevê os seguintes contratos típicos: compra e venda, troca (ou permuta), contrato estimatório, doação, locação de coisas, empréstimo (que abrange o comodato e o mútuo), prestação de serviço, empreitada, depósito (voluntário e necessário), mandato, comissão, agência e distribuição, corretagem, transporte (de pessoas e de coisas), seguro (de dano e de pessoa), constituição de renda, jogo e aposta, fiança, transação e compromisso.

Serão objeto de nossa análise alguns desses acordos de vontade em seus aspectos mais importantes para efeito de exames.

3.6.1 Compra e venda

Nos termos do art. 481, pelo contrato de compra e venda um dos contratantes se obriga a transferir o domínio de certa coisa, enquanto o outro se obriga a lhe pagar certo preço em dinheiro. Constitui, assim, contrato bilateral (com obrigações para ambas as partes) e comutativo (as prestações são conhecidas e devem ter relação de equivalência).

São elementos do contrato: a coisa, o preço e o consenso.

A compra e venda, quando pura, considera-se obrigatória e perfeita a partir do momento em que as partes acordam quanto ao objeto e ao preço (art. 482). Trata-se, em regra, de contrato consensual, bastando o consentimento para seu aperfeiçoamento.

Costuma ser, também, não solene, não exigindo forma especial. Todavia, poderá a lei determinar sua realização por certa forma prescrita, conforme o seu objeto (ex.: se de bem imóvel, deve ocorrer por escritura pública).

Seu objeto pode ser uma coisa atual ou futura. Neste último caso, ficará sem efeito o contrato se esta não vier a existir (a não ser que a intenção das partes tenha sido a de concluir contrato aleatório).

Quando a venda se realiza à vista de amostras, protótipos ou modelos, entende-se que o vendedor assegura que a coisa possui as qualidades que a elas correspondem (art. 484). Havendo contradição ou diferença com a maneira pela qual se descreveu a coisa no contrato, prevalece a amostra, o protótipo ou o modelo.

Quanto ao preço, não sendo a venda a crédito, o vendedor não é obrigado a entregar a coisa antes de recebê-lo (art. 491). Sua fixação pode ser deixada ao arbítrio de um terceiro (que os contratantes logo designarem ou prometerem designar, segundo o art. 485). Se o terceiro não aceitar a incumbência, ficará sem efeito o contrato – a não ser que acordem os contratantes em designar outra pessoa. Também se poderá deixar a fixação do preço à taxa de mercado ou de bolsa (em certo e determinado dia e lugar), ou em função de índices ou parâmetros (desde que suscetíveis de objetiva determinação). Atenção: a compra e venda deve ser consensual! Assim, nulo é tal contrato quando se deixa a fixação do preço ao arbítrio exclusivo de uma das partes a fixação do preço (art. 489).

Há ainda algumas regras importantes acerca de riscos e responsabilidade, a saber:

Salvo cláusula em contrário, ficarão as despesas	
De escritura e registro	A cargo do comprador
Da tradição (entrega)	A cargo do vendedor

<table>
<tr><th colspan="3">Responsabilidade até a tradição (entrega)</th></tr>
<tr><td rowspan="2">Quanto aos riscos da coisa</td><td colspan="2">Correm por conta do vendedor</td></tr>
<tr><td>Exceções: correm por conta do comprador</td><td>1) quando o bem já tiver sido posto à disposição do comprador;
2) quando ele estiver em mora de receber, estando posto à sua disposição no tempo, lugar e pelo modo ajustados</td></tr>
<tr><td>Quanto aos riscos do preço</td><td colspan="2">Correm por conta do comprador</td></tr>
<tr><td>Quanto aos débitos que gravam a coisa</td><td colspan="2">Do vendedor, salvo convenção em contrário</td></tr>
</table>

A tradição da coisa vendida, na falta de estipulação expressa, dar-se-á no lugar onde ela se encontrava no momento da venda (art. 493). Sendo a coisa expedida para um lugar diverso por ordem do comprador, por sua conta correrão os riscos uma vez entregue a quem haja de transportá-la (salvo se das instruções dele se afastar o vendedor) (art. 494).

Não obstante o prazo ajustado para o pagamento, se antes da tradição o comprador cair em insolvência, poderá o vendedor sobrestar (suspender) a entrega da coisa, até que o comprador lhe dê caução de pagar no tempo ajustado (art. 495).

Em termos de invalidade, algumas regras merecem destaque:

<table>
<tr><th>Proibição de venda de bem</th><th>Sob pena de nulidade relativa</th></tr>
<tr><td>De ascendente a descendente</td><td>Anulabilidade – salvo se os outros descendentes e o cônjuge do alienante expressamente houverem consentido</td></tr>
<tr><td colspan="2">Em ambos os casos dispensa-se o consentimento do cônjuge
se o regime de bens for o da separação obrigatória</td></tr>
<tr><td>Proibição de compra de bens (ainda que em hasta pública)</td><td>Sob pena de nulidade absoluta</td></tr>
<tr><td colspan="2">1) por tutores, curadores, testamenteiros e administradores quanto aos bens confiados à sua guarda ou administração</td></tr>
<tr><td colspan="2">2) por servidores públicos, em geral, quanto aos bens ou direitos da pessoa jurídica a que servirem, ou que estejam sob sua administração direta ou indireta</td></tr>
<tr><td colspan="2">3) por juízes, secretários de tribunais, arbitradores, peritos e outros serventuários ou auxiliares da justiça, quanto aos bens ou direitos sobre que se litigar em tribunal, juízo ou conselho, no lugar onde servirem, ou a que se estender a sua autoridade (tal proibição não compreende os casos de compra e venda ou cessão entre coerdeiros, ou em pagamento de dívida, ou para garantia de bens já pertencentes a tais pessoas)</td></tr>
<tr><td colspan="2">4) por leiloeiros e seus prepostos, quanto aos bens de cuja venda estejam encarregados</td></tr>
<tr><td colspan="2">Tais proibições estendem-se à cessão de crédito</td></tr>
</table>

Dispõe ainda a lei ser lícita a compra e venda entre cônjuges, com relação a bens excluídos da comunhão.

Além de tais regras gerais, as partes podem convencionar cláusulas especiais à compra e venda, dentre as quais se destacam, por seu regramento legal: a retrovenda; as vendas a contento e sujeitas à prova; a preferência e a venda com reserva de domínio.

Pela cláusula de ***retrovenda***, o vendedor de um imóvel reserva-se o direito de readquiri-lo do comprador, restituindo o preço recebido e reembolsando suas despesas (art. 505). O prazo máximo de resgate é decadencial, de três anos. Se o comprador se recusar a receber as quantias a que faz jus, o vendedor, para exercer o direito de resgate, poderá depositá-las judicialmente.

O direito de retrato, que é cessível e transmissível a herdeiros e legatários, poderá ser exercido contra o terceiro adquirente. Se a duas ou mais pessoas couber o direito de retrato sobre o mesmo imóvel, e só uma o exercer, poderá o comprador intimar as outras para nele acordarem, prevalecendo o pacto em favor de quem haja efetuado o depósito, contanto que seja integral.

Já a ***venda feita a contento*** do comprador é aquela realizada sob condição suspensiva segundo a qual ainda que a coisa lhe tenha sido entregue, não se reputará perfeita enquanto o adquirente não manifestar seu agrado (art. 508). Também a ***venda sujeita à prova*** presume-se feita sob a condição suspensiva, mas agora se exige que a coisa tenha as qualidades asseguradas pelo vendedor e seja idônea para o fim a que se destina (art. 510). Nos dois casos, enquanto o comprador não manifestar que aceita a coisa, o negócio vale como um empréstimo, tendo o comprador obrigações de um mero comodatário (de zelar pela coisa como se fosse sua e restituí-la quando exigido). Se não houver prazo estipulado para a declaração do comprador, o vendedor terá direito de intimá-lo, judicial ou extrajudicialmente, para que o faça em prazo improrrogável (art. 512).

A cláusula de ***preferência*** (*preempção* ou *prelação*) é a que impõe ao comprador a obrigação de, se resolver vender ou dar em pagamento a coisa, oferecê-la pelo mesmo valor e pelas mesmas condições ao vendedor (art. 513).

O direito de preferência não pode ser cedido nem passa aos herdeiros; é considerado, por força do art. 520, personalíssimo. Ademais, há prazos decadenciais para o seu exercício. O máximo a ser estipulado será:

a) de 180 (cento e oitenta) dias, se a coisa for móvel;

b) de 2 (dois) anos, se imóvel.

Inexistindo prazo estipulado, o direito de preempção caducará:

- se a coisa for móvel, não se exercendo nos 3 dias;
- se imóvel, não se exercendo nos 60 dias subsequentes à data em que o comprador tiver notificado o vendedor.

Se o comprador vender a coisa sem ter dado ao vendedor ciência dos dados de tal operação, ele responderá por perdas e danos; o adquirente do bem responderá junto com ele, solidariamente, se tiver agido de má-fé.

Importa salientar que, em algumas circunstâncias, é a lei que prevê o direito de preferência a certas pessoas; assim, têm prelação legal o dono do bem desapropriado (pelo direito de retrocessão), o condômino de bem indivisível e o locatário em relação ao bem locado.

Quanto ao direito de retrocessão, dispõe o art. 519 do CC que, se a coisa expropriada para fins de necessidade ou utilidade pública, ou por interesse social, não tiver o destino para que se desapropriou, ou não for utilizada em obras ou serviços públicos, caberá ao expropriado direito de preferência, pelo preço atual da coisa.

Também não pode um condômino em coisa indivisível vender a sua parte a estranhos se outro condômino a quiser nas mesmas condições. O condômino a quem não se der conhecimento da venda poderá, depositando o preço, requerer para si a parte vendida a estranhos, se o fizer no prazo (decadencial) de 180 (cento e oitenta) dias.

No que tange à locação, o art. 27 da Lei 8.245/1991 prevê que o locatário tem preferência para adquirir o imóvel locado, em igualdade de condições com terceiros, nos casos de venda, promessa de venda, cessão ou promessa de cessão de direitos ou dação em pagamento. Deverá ser exercido tal direito pela aceitação integral à proposta no prazo decadencial de 30 (trinta) dias, de maneira inequívoca. Caso o locador não respeite tal direito, há duas opções ao locatário preterido: reclamar as perdas e danos ou, depositando o preço e as demais despesas do ato de transferência, haver para si o imóvel locado (caso assim o requeira no prazo de seis meses, a contar do registro do ato no cartório de imóveis, e desde que o contrato de locação esteja averbado pelo menos trinta dias antes da alienação junto à matrícula do imóvel).

Pela cláusula de ***venda com reserva de domínio***, o vendedor de coisa móvel reserva para si a propriedade, até que o preço esteja integralmente pago (art. 521). Tal cláusula deve ser estipulada por escrito e depende de registro no domicílio do comprador para valer contra terceiros.

A transferência de propriedade ao comprador dá-se no momento em que o preço esteja integralmente pago. Todavia, o comprador responde pelos riscos da coisa a partir de quando lhe foi entregue.

Para que seja executada tal cláusula, o vendedor deverá constituir em mora o comprador; estando este em mora, cabe ação de cobrança dos valores devidos ou demanda para a recuperação da posse da coisa vendida.

3.6.2 Contrato estimatório

Por tal avença, é feita a entrega de bens móveis para que sejam vendidos por um certo preço em um prazo determinado, findo o qual deve ser pago o preço recebido ou, se não alienados, devem ser restituídos ao dono (consignante) (art. 534). Pela necessidade de entrega do objeto do contrato, caracteriza-se como contrato real.

O dono da coisa, enquanto consignante, não pode dela dispor antes de lhe ser restituída ou de lhe ser comunicada a restituição.

O consignatário (contratante que recebe o bem) não se exonera da obrigação de pagar o preço se a restituição da coisa, em sua integridade, tornar-se impossível, ainda que por fato a ele não imputável.

Ademais, enquanto não for pago totalmente o preço, a coisa consignada não pode ser objeto de penhora ou sequestro pelos credores do consignatário.

3.6.3 Doação

Por tal pacto, alguém transfere, por liberalidade, bens de seu patrimônio a outrem. Tratando-se de doação pura e simples classifica-se como gratuito (há benefício a apenas uma das partes, o donatário); eventualmente poderá ser onerosa, quando prever um encargo ao donatário e um respectivo benefício ao doador. É ainda um contrato solene, que deve ser feito por escritura pública ou instrumento particular; como exceção, pode ser feito verbalmente se, versando sobre bens móveis de pequeno valor, ocorrer imediatamente sua entrega; assim, tal doação manual tem natureza real.

Trata-se ainda de contrato unilateral, por haver obrigações apenas para uma das partes, o doador. Assim, via de regra o doador não é obrigado a pagar juros moratórios nem fica sujeito às consequências da evicção ou do vício redibitório.

Todavia, poderá a doação prever um encargo ao donatário; em tal caso, como o doador está exigindo uma obrigação e sendo beneficiado, deverá responder pela mora, por vícios redibitórios e pela evicção porventura ocorrentes.

Embora seja um negócio unilateral, configura-se como negócio receptício, que exige comunicação à outra parte: deverá ocorrer sua aceitação por parte do beneficiário, o donatário. Se tal declaração ocorrer no prazo fixado pelo doador, teremos a aceitação expressa. Se, ciente do prazo, o donatário não a declarar, será considerado que a aceitou, desde que não seja sujeita a encargo algum; trata-se da aceitação tácita. Sendo o donatário absolutamente incapaz, dispensa-se sua aceitação, desde que se trate de doação pura que só lhe traga benefício.

A lei e a doutrina apontam algumas espécies de doação.

Doação pura e simples é a feita como mera liberalidade, sem qualquer elemento acessório: doa-se o bem e o indivíduo o aceita ou não. Constitui uma espécie de tal contrato a *doação meritória (feita em contemplação do merecimento do donatário),* na qual se declara a razão pela qual se beneficia a pessoa.

Doação modal, com encargo ou onerosa é aquela em que o doador institui uma obrigação ao donatário, que fica vinculado a cumprir certa prestação (em proveito do doador, de terceiro ou do interesse geral; neste último caso, o Ministério Público poderá exigir sua execução, depois da morte do doador, se este o não tiver feito em vida).

Pela *doação com cláusula de reversão*, o doador estipula que, se o donatário morrer antes dele, os bens doados voltarão ao seu patrimônio (não seguindo, assim, o caminho natural rumo ao patrimônio dos sucessores). Não prevalece cláusula de reversão em favor de terceiro.

Já a *doação remuneratória* constitui a forma de doação na qual, sob a aparência de liberalidade, existe a intenção do doador de acertar as contas com o donatário que lhe prestou um serviço ou lhe forneceu uma vantagem.

Há ainda algumas doações condicionais (que só surtem efeitos a partir de certos eventos futuros e incertos). São os casos da *doação feita em contemplação de casamento futuro* (há condição suspensiva: a doação do presente só terá efeito se o casamento realizar-se; caso tal não ocorra, deverá ocorrer sua devolução, segundo o art. 546); da *doação feita ao nascituro* (que valerá, segundo o art. 542, se aceita pelo representante legal do feto, mas só se reputará perfeita caso ele nasça com vida; também há uma condição suspensiva); e da *doação em forma de subvenção periódica* (há uma condição resolutiva: o pagamento do valor cessa ao morrer o doador, a não ser que outra coisa conste no contrato; de qualquer forma, não poderá ultrapassar a vida do donatário – art. 545).

Fala-se ainda em *doação conjuntiva*, que é a feita em comum a mais de uma pessoa e entende-se dividida por igual entre elas (se não estipulado o contrário, nos termos do art. 551). Caso os beneficiários sejam marido e mulher e um deles falecer, o cônjuge sobrevivente terá direito à totalidade da doação; tal direito de acrescer à sua parte a do falecido está prevista no parágrafo único do art. 551.

Tratemos agora de algumas doações reputadas inválidas pela lei.

Doações nulas	Doações anuláveis
Doação inoficiosa (art. 549): quanto à parte que exceder aquela que o doador, no momento da liberalidade, poderia dispor em testamento	Doação do cônjuge adúltero ao seu cúmplice: cabe anulação pelo outro cônjuge, ou por seus herdeiros necessários, até dois anos após dissolvida a sociedade conjugal
Doação de todos os bens sem reserva de parte, ou renda suficiente para a subsistência do doador	

No que tange às relações familiares, há ainda regras importantes, segundo as quais a doação de ascendentes a descendentes, ou de um cônjuge a outro, importa adiantamento do que lhes cabe por herança. Assim, não se exige autorização dos outros filhos, por exemplo, para que o pai doe a um deles; afinal, não haverá prejuízo pelo fato de que tal doação haverá de ser computada (colacionada – CC, arts. 2.002 a 2.012) quando da partilha.

Por tratar-se de uma liberalidade em que o doador beneficia o donatário, cabe a revogação da avença em dois casos: por ingratidão do donatário ou por inexecução do encargo (art. 555).

No que tange à revogação por ingratidão, tal direito não pode ser renunciado antecipadamente. Assim, se o donatário proceder mal contra o doador em certas hipóteses específicas caberá a revogação: atentado contra sua vida (ou cometimento de homicídio doloso contra ele), ofensas físicas, injúria grave ou calúnia, recusa de alimentos necessários. O mesmo ocorrerá se a vítima de tais atos for cônjuge, ascendente, descendente (ainda que adotivo) ou irmão do doador. Há, porém, prazo para se requerer tal revogação: 1 ano contado do momento em que o doador souber do fato e de sua autoria pelo donatário (art. 559).

O direito de revogar a doação é personalíssimo, de forma que não se transmite aos herdeiros do doador nem prejudica os do donatário. Todavia, se a ação já foi proposta pelo doador, seus herdeiros nela poderão prosseguir, continuando-a contra os herdeiros do donatário, se este falecer depois de ajuizada a demanda. Na hipótese de homicídio doloso do doador, a ação caberá aos seus herdeiros (exceto se aquele houver perdoado).

Vale ressaltar que há proteção àqueles que estão de boa-fé: segundo o art. 563, a revogação por ingratidão não prejudica os direitos adquiridos por terceiros, nem obriga o donatário a restituir os frutos percebidos antes da citação válida; mas sujeita-o a pagar os posteriores, e, quando não possa restituir em espécie as coisas doadas, a indenizá-las pelo meio-termo do seu valor. Finalmente, dispõe a lei que não podem ser revogados por ingratidão quatro tipos de doações: as puramente remuneratórias; as oneradas com encargo já cumprido; as que se fizerem em cumprimento de obrigação natural; as feitas para determinado casamento.

A segunda forma de revogação baseia-se na inexecução do encargo e cabe na doação onerosa em que o donatário incorre em mora (art. 562). Se não houver prazo para o cumprimento da obrigação, o doador poderá notificar judicialmente o donatário, assinando-lhe prazo razoável para que cumpra o encargo assumido. Se ele continuar inadimplente quanto à sua obrigação, poderá ser desfeito o contrato.

3.6.4 Empréstimo: mútuo e comodato

Por liberalidade, alguém pode emprestar um bem a outrem. Dependendo da natureza da coisa, tal pacto poderá constituir um comodato ou um mútuo. Ambos são contratos, além de benéficos (gratuitos) e temporários (com prazo certo e determinado ou determinável), unilaterais (há obrigação apenas para uma das partes, a que recebe o bem) e reais (exigem a entrega do bem para que o contrato se repute configurado). O quadro seguinte apontará seus principais aspectos:

	Comodato (empréstimo de uso)	**Mútuo (empréstimo de consumo)**
Bem emprestado	Infungível (insubstituível) e inconsumível (não se deteriora com o uso). Ex.: carro	Fungível (substituível) e móvel (cabe transporte sem destruição). Ex.: martelo
Prazo	Convencionado pelas partes ou, se não estipulado, o necessário para o uso concedido Obs.: Retomada antes do prazo: seja ele convencional ou necessário, apenas por necessidade imprevista e urgente reconhecida pelo juiz	Convencionado pelas partes; se não houver, até a próxima colheita (se o mútuo for de produtos agrícolas); de trinta dias, pelo menos (se for de dinheiro); do espaço de tempo que declarar o mutuante (se for de qualquer outra coisa fungível)
Obrigações de quem toma emprestado	1) conservar o bem como se fosse seu 2) usá-lo segundo o contrato ou sua natureza (sob pena de responder por perdas e danos) 3) restituir o bem após o prazo (sob pena de responder pela mora e pagar aluguel enquanto não a devolver) 4) responder por despesas feitas com uso e gozo do bem (não podendo recobrá-las de quem emprestou) Obs.: tais obrigações são solidárias se há mais de um devedor (comodatário)	1) restituir ao mutuante o que dele recebeu em coisa do mesmo gênero, qualidade e quantidade 2) responder pelos riscos do bem desde a sua entrega (tradição) Obs. 1: o mutuante pode exigir garantia da restituição se, antes do vencimento, o mutuário sofrer notória mudança em sua situação econômica Obs. 2: se mútuo de dinheiro (mútuo feneratício) presumem-se devidos juros legais, permitida a capitalização anual
Proibições	De dar em comodato: administradores de bens alheios, sem autorização especial, quanto aos bens confiados à sua guarda	Realização de mútuo a menor sem prévia autorização daquele que sob cuja guarda estiver, sob pena de não poder ser reavido. Exceções: caberá devolução nas hipóteses do art. 589 do CC

3.6.5 Locação

Por tal avença o locador (senhorio) cede o uso e gozo de um bem ao locatário (inquilino), por um tempo determinado (ou indeterminado, mas jamais perpétuo), mediante o pagamento de uma certa remuneração (aluguel). Via de regra, seu objeto é um bem infungível (insubstituível); todavia, excepcionalmente poderá versar sobre bem fungível (por exemplo, na locação de bens para ornamentação, como uma cesta de frutas).

Conta, assim, com três elementos: um bem (via de regra infungível, inconsumível, suscetível de gozo, lícito e possível); um preço (combinado por ambas as partes, certo, sério, fixado em dinheiro ou bem – proibida a vinculação a salário mínimo, moeda estrangeira ou metais); e o consentimento válido das partes.

Trata-se de contrato consensual e não solene, que pode ser celebrado por qualquer forma.

Conforme seu objeto, variam as espécies de locação e seus respectivos regramentos legais.

Tratando-se de coisa móvel ou imóvel (não destinada à habitação ou ao comércio), incidirá o Código Civil.

Caso tenha por objeto um prédio urbano residencial ou comercial, incidirá a Lei 8.245/1991 (Lei de Locação).

Finalmente, se o contrato versar sobre a locação de um imóvel (prédio) rústico, incidirão o Decreto 59.566/1966 e o Estatuto da Terra.

3.6.5.1 Locação no Código Civil

As regras do Código Civil aplicam-se à locação de objetos móveis e imóveis que não se enquadrem como prédios urbanos com fins residenciais e comerciais.

A Lei 8.245/1991 (Lei de Locação), em seu art. 1.º, afirma continuarem regulados pelo Código Civil e por leis especiais o arrendamento mercantil (em qualquer de suas modalidades) e as locações: 1) de imóveis de propriedade da União, dos Estados e dos Municípios, de suas autarquias e fundações públicas; 2) de vagas autônomas de garagem ou de espaços para estacionamento de veículos; 3) de espaços destinados à publicidade; 4) em apart-hotéis, hotéis-residência ou equiparados, assim considerados aqueles que prestam serviços regulares a seus usuários e como tais sejam autorizados a funcionar.

Se o contrato tiver prazo determinado, sua extinção independe de notificação. Se o locatário continuar na posse sem oposição do locador, presume-se sua prorrogação sem prazo.

Vencido o contrato, cabe notificação para sua restituição.

E se o bem for alienado? O novo dono é obrigado a respeitar o contrato de locação? Não – a não ser que se verifique circunstância com três elementos: contrato com prazo determinado em que conste cláusula de vigência em caso de alienação e que esteja averbado na matrícula do imóvel junto ao competente órgão registral.

Na hipótese de morte de alguma das partes, o contrato será transmitido aos herdeiros.

Caso haja dúvidas na interpretação, será adotada aquela mais favorável ao locatário.

Segue quadro com os principais efeitos do contrato para as partes:

	Locatário	**Locador**
Direitos	Exigir entrega da coisa e recibo de aluguel	Receber aluguel
	Reter o bem enquanto não receber pelas benfeitorias (úteis autorizadas por escrito e necessárias)	Mover ação de despejo quando a lei permitir
	Purgar mora para evitar rescisão	Exigir garantias locatícias
	Preferência na aquisição da coisa locada	Autorizar sublocação ou cessão de locação
		Pedir revisão judicial do aluguel
Obrigações	Servir-se da coisa para fins convencionados ou presumidos	Entregar bem ao locatário, com pertenças, para o uso destinado
	Tratar a coisa alugada como se fosse sua	Manter a coisa alugada neste estado durante o tempo do contrato (salvo cláusula em contrário)
	Pagar pontualmente no prazo	Garantir ao locatário uso pacífico, durante o prazo do contrato
	Restituir a coisa, finda a locação, no estado em que a recebeu (salvo deteriorações normais do uso)	Resguardar locatário de embargos e turbação de terceiros
		Indenizar benfeitorias úteis autorizadas e necessárias feitas pelo locatário de boa-fé

3.6.5.2 Locação na Lei 8.245/1991

Em tal contrato, vale o quadro acima exposto, com alguns temperamentos. Afinal, a Lei de Locações tem claro intuito protetivo ao locatário, que padece do problema social de falta de moradia.

No que tange ao aluguel, é possibilitada sua fixação em qualquer prazo; todavia, se este for superior a 10 (dez) anos, é exigida autorização do cônjuge. Não cabe sua fixação em moeda estrangeira ou sua vinculação ao salário mínimo. Em regra, também não cabe sua cobrança antecipada, com exceções em duas hipóteses: na locação por temporada e no contrato sem garantia. Quanto aos reajustes, estes devem estar previstos em lei específica. A lei prevê ação própria, a ação revisional de aluguel, para o pleito judicial de reajuste a cada 3 (três) anos contados do último contrato ou acordo celebrado.

Como proteção ao direito de moradia do inquilino, tem-se que, durante o prazo convencionado, o locador não pode reaver o imóvel. Já o locatário pode devolvê-lo, desde que pague a multa pactuada, proporcionalmente ao período de cumprimento do contrato, ou, na sua falta, a que for judicialmente estipulada. Na hipótese do art. 54-A da Lei 8.245/1991, em contratos do tipo *built-to-suit*, "em caso de denúncia antecipada do vínculo locatício pelo locatário, compromete-se este a cumprir a multa convencionada, que não excederá, porém, a soma dos valores dos aluguéis a receber até o termo final da locação".

Se o contrato tiver prazo indeterminado, cabe sua denúncia por aviso prévio com antecedência mínima de 30 (trinta) dias.

Sobre a exigência de garantias, a lei possibilita ao locador exigir uma de quatro modalidades: caução de dinheiro ou bens (no valor de até três aluguéis), fiança, seguro de fiança locatícia ou cessão fiduciária de quotas de fundo de investimento. É vedado exigir mais que uma garantia, sob pena de nulidade.

E se o prédio for vendido no curso do contrato? O adquirente (comprador) poderá denunciar a locação, rompendo-a – a não ser que se trate de contrato por prazo determinado, com cláusula de vigência em caso de alienação e que conste no Registro de Imóveis, junto à matrícula do bem (art. 8.º da Lei 8.245/1991).

Sua extinção pode ainda ocorrer: pelo decurso do prazo sem continuidade no imóvel; por mútuo acordo ou por infração contratual (inclusive quanto ao não pagamento do aluguel). A via adequada para reaver o imóvel locado será sempre a ação de despejo.

Sobre a ***locação residencial***, quanto à continuidade ou não do contrato, variam as regras conforme o prazo contratual previsto, de acordo com o seguinte quadro:

<table>
<tr><th>Prazo contratual</th><th>Efeitos</th></tr>
<tr><td rowspan="2">Até 30 meses</td><td>Findo o prazo, a locação é prorrogada automaticamente</td></tr>
<tr><td>Para retomar o imóvel, deverá haver denúncia motivada pelo locador (para uso próprio/de descendente, para reforma...); se, porém, a locação já perdurar mais de cinco anos contínuos, cabe denúncia vazia</td></tr>
<tr><td rowspan="3">Mais de 30 meses</td><td>É rescindida no fim do prazo</td></tr>
<tr><td>Prorroga-se automaticamente, por prazo determinado, se silentes as partes por 30 dias após o fim</td></tr>
<tr><td>Cabe denúncia imotivada a qualquer tempo. Para desocupação: 30 dias na ação de despejo; se concordar o locatário, ele poderá ter até 6 meses para desocupar</td></tr>
<tr><td>Por temporada
(até 90 dias)</td><td>Findo o prazo, se silentes as partes, prorroga-se como contrato residencial por tempo indeterminado</td></tr>
</table>

Sobre a locação por temporada, tem-se que é possível sua contratação pelo período máximo de 90 (noventa) dias, visando a certos fins como lazer, tratamento de saúde, realização de obras. Por seu aspecto de permanência temporária, permite a lei a cobrança antecipada – e de uma só vez! – do valor de aluguéis e encargos.

Vale relembrar o direito de preferência do locatário para adquirir o imóvel locado, sendo-lhe assegurada igualdade de condições em relação a um terceiro. O locador deverá lhe informar sobre a venda por uma notificação ou por outro meio inequívoco, para que responda em 30 (trinta) dias. O locatário preterido poderá ou pedir perdas e danos ou obter o imóvel (neste último caso, deverá em até seis meses propor ação de preferência, na qual depositará o preço e as demais despesas do ato de transferência).

Quanto à realização de benfeitorias, há algumas despesas que são indenizáveis e geram o direito de retenção do bem até o recebimento de seus valores: benfeitorias necessárias (indispensáveis à integridade do bem, tenham elas sido autorizadas ou não) e benfeitorias úteis (que melhoram a utilidade do bem) desde que autorizadas pelo locador. As benfeitorias voluptuárias (de mero embelezamento) não são indenizáveis, podendo ser retiradas desde que sua remoção não afete a substância nem a estrutura do imóvel. É este o regramento legal em caso de omissão do contrato; vale considerar que pode haver no contrato cláusula em que haja renúncia ao direito de indenização por benfeitorias e impeça o exercício do direito de retenção. Tal cláusula é considerada válida, consoante a Súmula 335 do STJ.

Dentre as possíveis locações não residenciais, quatro modalidades merecem destaque: a locação comercial, a locação não residencial civil, a locação não residencial especial e a locação de benefício.

Na locação comercial, qualquer que seja o prazo contratual, no término, se houver silêncio das partes, será prorrogado por tempo indeterminado. Ocorrida a prorrogação, cabe denúncia vazia a qualquer tempo, com 30 (trinta) dias para desocupação pelo inquilino.

É prevista ainda a ação de renovação judicial ou compulsória, baseada no direito do locatário de continuar no imóvel se presentes alguns requisitos, expostos no quadro que segue:

Requisitos para exercício do direito de renovação compulsória
Contrato escrito com prazo determinado, vigente por mais de 5 (cinco) anos ininterruptos
Exercício pelo locatário do mesmo ramo de atividade há pelo menos 3 (três) anos também ininterruptos
Propositura da ação renovatória no prazo (decadencial) de um ano até 6 (seis) meses antes do fim do prazo contratual

Em termos de locação não residencial civil, temos sua destinação para atividades civis do locatário, para a instalação de suas sedes e escritórios. É regida pelos princípios da locação comercial, cabendo a denúncia vazia.

A locação não residencial especial é a que versa sobre imóveis utilizados como escolas, hospitais, asilos. O art. 53 da Lei 8.245/1991 traz uma sistemática própria, que exclui a denúncia vazia e prevê alto prazo de desocupação: de 6 (seis) meses até 1 (um) ano.

Finalmente, tem previsão legal a locação de benefício (ou vantagem profissional indireta), em que o locatário é uma pessoa jurídica que destina o imóvel para seus dirigentes ou empregados. Incidem as regras da locação comercial, cabendo denúncia vazia.

3.6.6 Empreitada

Por tal contrato, um empreiteiro se obriga a realizar (pessoalmente ou por terceiros) uma obra, recebendo em troca uma remuneração do dono da obra (comitente), que lhe dará as instruções. Não há entre ambos relação de subordinação, já que é o empreiteiro quem dirige a execução da obra.

Trata-se de contrato bilateral (há obrigações para ambas as partes), oneroso (com prestação e contraprestação), comutativo (as prestações têm relação de equivalência) e consensual (não exige forma solene, bastando o acordo de vontades).

Há algumas modalidades de empreitada. Quanto ao objeto da empreitada, temos a empreitada de mão de obra (de lavor), em que o empreiteiro contribui com seu trabalho, e a empreitada mista, em que emprega sua mão de obra e também materiais. A obrigação de fornecer os materiais não se presume; advém da lei ou da vontade das partes. Quanto à remuneração, há: empreitada de preço fixo (em que a retribuição é fixada pela obra inteira; se invariável o valor, fala-se em preço fixo absoluto; se permitir variações conforme algumas alterações verificadas, trata-se de empreitada em preço fixo relativo); empreitada por medida (estipulando-se o preço por fração realizada); empreitada de valor reajustável (se houver cláusula permitindo a variação conforme certo critério); empreitada por preço máximo (se fixar valor que não possa ser superado pelo empreiteiro); empreitada por preço de custo (se o empreiteiro tiver sob sua responsabilidade o fornecimento dos materiais e o pagamento da mão de obra, mediante o reembolso do valor gasto, acrescido do lucro convencionado).

A regra básica sobre os riscos é que, se a obra perecer, responderá o empreiteiro. Há exceção a tal regra? Sim: se o dono da obra estiver em mora quanto a recebê-la, ambos responderão por tais riscos.

Executada a obra pelo empreiteiro, caberá a verificação e o seu recebimento pelo dono da obra. Quando este a recebe e paga por ela, presume-se ter sido executada em ordem; se, porém, o dono percebe que o empreiteiro afastou-se de regras técnicas e das instruções fornecidas, cabe enjeitá-la ou recebê-la com abatimento do valor pactuado.

É de responsabilidade do empreiteiro a perfeição da obra.

Segundo a lei, o prazo de garantia quanto à segurança e à solidez da obra relativa a edifícios ou outras construções consideráveis é de 5 (cinco) anos. Aparecendo o defeito nesse prazo, o empreiteiro responde, desde que a ação tenha sido proposta em até 180 (cento e oitenta) dias contados do aparecimento do vício; tal prazo é decadencial.

3.6.7 Depósito

O contrato de depósito é aquele pelo qual o depositário recebe um objeto móvel, obrigando-se a guardá-lo e conservá-lo até que o depositante o reclame.

Trata-se de contrato, em regra, **unilateral** e **gratuito**, pois, na sua estrutura, só gera prestações típicas para o depositário, não havendo contraprestação por parte do depositante. Muito comum, no entanto, que o contrato seja **bilateral** ou **sinalagmático** e **oneroso**, quando o depositante tem a contraprestação de remunerar o depositário, o que se dá quando as partes assim convencionarem, ou quando o contrato resulta de atividade negocial ou se o depositário o praticar por profissão.

O contrato também é classificado como **real**, pois só se aperfeiçoa com a entrega da coisa, **não solene**, porquanto não exige forma especial, e **personalíssimo**.

Não se pode confundir o depósito com o comodato. Nesse último, o comodatário recebe a coisa para usá-la. No depósito, ao contrário, não se permite que o depositário use a coisa, salvo se há licença expressa do depositante. O depositário, assim, recebe a coisa e fica obrigado a simplesmente guardá-la e conservá-la até que o depositante a reclame.

Quanto à origem, há duas modalidades de depósito: o **convencional** ou **voluntário** e o **necessário**, também chamado **obrigatório**.

3.6.7.1 *Depósito convencional ou voluntário*

O depósito convencional decorre da autonomia privada. Apesar de a lei não exigir forma expressa para sua celebração, nos termos do art. 646 do Código Civil, deve ser provado por escrito.

O depósito voluntário, em regra, tem por objeto coisa infungível. A doutrina denomina-o como depósito **regular**. Quando tem por objeto coisa fungível, o depósito é chamado **irregular**. Nesse caso, em que o depositário obriga-se a restituir objetos do mesmo gênero, qualidade e quantidade, o contrato é regulado pelas regras do contrato de mútuo (art. 645 do CC).

No depósito voluntário, o depositário assume as seguintes obrigações:

a) **guardar a coisa** – como afirmado, o depositário não pode se servir da coisa, nem dá-la em depósito a terceiro, salvo autorização expressa. Ainda que haja dita autorização, se confiar a coisa a terceiro, será responsável se agiu com culpa na escolha deste. Antes do prazo do contrato, pode a obrigação de guardar ser extinta quando, por motivo plausível, o depositário não possa mais guardá-la. Nesse caso, recusando-se o depositante a recebê-la, o depositário poderá requerer o depósito judicial (art. 635 do CC).

b) **conservar a coisa** – de acordo com o art. 629 do CC, exige-se que o depositário conserve a coisa com o cuidado e diligência que costuma com o que lhe pertence. Se o depósito se entregou fechado, colado, selado ou lacrado, nesse mesmo estado se manterá. A perda ou deterioração da coisa na posse do depositário implica descumprimento do contrato e o depositário só não será responsabilizado em caso de força maior.

c) **restituir a coisa** – quando reclamada pelo depositante, o depositário deve restituir a coisa acrescida de todos os frutos no lugar em que tiver de ser guardada, salvo estipulação diversa. Ainda que o contrato tenha prazo determinado, a coisa deve ser restituída quando exigida. Sendo dois ou mais depositantes, e divisível a coisa, o depositário entregará a cada um a respectiva parte, salvo se houver solidariedade. Se a coisa foi depositada no interesse de terceiro, a este deve ser restituída a coisa. Não se exonera, assim, o depositário entregando-a ao depositante, salvo se houve consentimento do terceiro. Não pode, ainda, o depositário negar-se a devolver a coisa sob a alegação de que ela não pertence ao depositante, ou ainda opor compensação, exceto se noutro depósito se fundar.

Em alguns casos, o depositário pode recusar-se a devolver a coisa:

- se o objeto for judicialmente embargado;
- se sobre ele pender execução, notificada ao depositário;
- se houver motivo razoável de suspeitar que a coisa foi dolosamente obtida, caso em que o depositário, expondo o fundamento da suspeita, requererá que se recolha o objeto ao Depósito Público;
- se o depositante não pagar a remuneração devida ou as despesas ou os prejuízos decorrentes da guarda e conservação da coisa, que deverão ser imediatamente provados.

O depositante, por sua vez, está obrigado a reembolsar o depositante das despesas de conservação e guarda, bem como pagar os prejuízos decorrentes do contrato. Insta salientar que tal obrigação, por si só, não torna o depósito oneroso e bilateral, pois não se trata de contraprestação à obrigação de guarda.

Caso o depósito seja oneroso, o depositante também se obriga a pagar a remuneração devida. Esta, se não foi previamente estipulada, será determinada pelos usos do lugar ou, na falta destes, por arbitramento.

3.6.7.2 Depósito necessário ou obrigatório

O depósito necessário ou obrigatório independe da vontade das partes. A doutrina menciona três modalidades: o **legal**, o **miserável** e o do **hospedeiro**.

O **depósito legal** é aquele que se faz em virtude de obrigação legal. Como exemplo, pode-se citar o previsto no art. 641 do CC, que trata do depósito feito pelo administrador do depositário, quando este tenha se tornado incapaz.

O **depósito miserável** resulta de sua situação de calamidade, como incêndio, inundação, naufrágio, saque.

O **depósito do hospedeiro** refere-se às bagagens dos viajantes e hóspedes.

Importante mencionar que o depósito necessário, ao contrário do voluntário, não se presume gratuito. No caso do hospedeiro, todavia, a remuneração do depositário está incluída no preço da hospedagem.

3.6.7.3 O depositário infiel – a impossibilidade da prisão

O art. 652 do CC estabelece que "seja o depósito voluntário ou necessário, o depositário que não o restituir quando exigido será compelido a fazê-lo mediante prisão não excedente a um ano, e ressarcir os prejuízos". Além deste dispositivo, há outras hipóteses de prisão do depositário infiel previstas no ordenamento jurídico, como, por exemplo, na Lei 8.866/1994, que trata do depositário infiel de valores pertencentes à Fazenda Pública.

A própria Constituição Federal, em seu art. 5.º, LXVII, prevê a possibilidade da prisão civil por dívidas no caso de descumprimento de obrigação alimentar e de depositário infiel.

Todavia, no ano de 1992, o Brasil ratificou o Pacto Internacional de Direitos Civis e Políticos, aprovado na Convenção de Direitos Humanos de São José da Costa Rica, que, entre outros, prevê a impossibilidade da prisão por dívidas. Em razão disso, parte da doutrina passou a defender a tese de que não seria mais possível a prisão do depositário infiel.

A tese foi finalmente acolhida pelo STF. No julgamento do RE 466343, o Pleno do Excelso Pretório decidiu que os diplomas internacionais sobre Direitos Humanos, como o Pacto de São José, integram o nosso ordenamento jurídico, situados hierarquicamente abaixo da Constituição Federal, mas acima da legislação ordinária. Assim, a regra do Pacto que não permite a prisão por dívidas, invalida toda a legislação ordinária que a autoriza. O STF firmou entendimento, então, no sentido de que a única hipótese de prisão civil no Brasil é a do devedor inadimplente de alimentos.

Assim, em razão da recente decisão de nossa Corte máxima, o art. 652 do CC, bem como qualquer outro que tenha previsão sobre a prisão do depositário infiel, não tem aplicação.

3.6.8 Mandato

O mandatário (procurador) recebe de outrem poderes para, em seu nome, praticar atos ou administrar interesses. Tais poderes devem constar da procuração, que é o instrumento do mandato e deve conter os dados básicos das partes, os objetivos e a extensão do mandato, bem como sua assinatura. Conforme o disposto no art. 685 do Código Civil, é possível o mandato "em causa própria".

As normas a seguir referem-se ao mandato *ad negotia*, incidindo apenas supletivamente no mandato judicial, já que este fica subordinado às respectivas normas processuais (art. 692 do CC).

Para que possa passar procuração para alguém atuar em seu nome, a pessoa deverá ser capaz; bastará, nesse caso, que constitua o mandato por instrumento particular. O reconhecimento de firma não é essencial ao se passar uma procuração; todavia, o terceiro que tratar com o procurador poderá exigir que a procuração traga a firma reconhecida.

Quanto à manifestação de vontade, o mandato pode ser expresso ou tácito e quanto à forma poderá ser verbal ou escrito. É a lei que determinará a forma, conforme o ato a ser praticado. Não se admite, porém, mandato verbal quando o ato deva ser realizado por escrito.

No que tange à aceitação do mandato, ela poderá ser expressa (declarando o mandatário que aceita a incumbência) ou tácita (resultante do começo de execução dos termos do contrato).

A lei destaca ainda a importância do mandato afirmando, no art. 662, que os atos praticados por quem não tenha mandato, ou o tenha sem poderes suficientes, são ineficazes em relação àquele em cujo nome foram praticados – a não ser que este os ratifique expressamente ou por um ato inequívoco.

No que tange às vantagens produzidas para as partes, o mandato tende a ser gratuito, já que assim ele é presumido quando não houver sido estipulada retribuição. Todavia, será entendido como oneroso se o seu objeto corresponder a um daqueles que o mandatário trata por ofício ou profissão lucrativa.

No que tange ao seu conteúdo, dispõe o art. 661 do CC que "o mandato em termos gerais só confere poderes de administração". Para que haja outras possibilidades, como alienar, hipotecar, transigir, ou praticar outros quaisquer atos que exorbitem da administração ordinária, deverão constar na procuração poderes especiais e expressos.

E se o terceiro, depois de conhecer os poderes do mandatário, com ele celebrar negócio jurídico exorbitante do mandato? Ora, ele não terá ação contra o mandatário, a não ser que este lhe tenha prometido a ratificação do mandante ou se responsabilizado pessoalmente.

Afinal, quem pode ser mandatário? Apenas a pessoa maior e capaz? Não. É possível constituir como procurador um indivíduo relativamente incapaz, maior de dezesseis e menor de dezoito anos não emancipado. Mas o mandante não terá ação contra ele, a não ser em conformidade com as regras gerais aplicáveis às obrigações contraídas por menores, conforme dispõe o art. 666 do CC.

E se houver mais de dois procuradores, como ficará o exercício dos poderes? Se forem dois ou mais os mandatários nomeados no mesmo instrumento, qualquer deles poderá exercer os poderes outorgados (se não forem expressamente declarados conjuntos, nem especificamente designados para atos diferentes, ou subordinados a atos sucessivos). Todavia, caso os mandatários sejam declarados conjuntos, todos deverão praticar o ato juntos, sob pena de não produzir efeitos (ressalvada a ocorrência de ratificação, que retroagirá à data do ato).

Sobre direitos e obrigações das partes, vale o seguinte esquema:

	Mandatário	**Mandante**
Obrigações	Aplicar toda sua diligência habitual na execução do mandato	Adiantar a importância das despesas necessárias à execução dele, quando o mandatário lho pedir
	Indenizar qualquer prejuízo causado por culpa sua ou daquele a quem substabelecer: – se não havia poderes para substabelecer, em qualquer caso; – se havia poderes para substabelecer, responder por danos causados pelo substabelecido, se tiver agido com culpa na escolha deste ou nas instruções dadas a ele	Cumprir as obrigações assumidas pelo mandatário, ainda que este tenha contrariado suas instruções (desde que não excedidos os limites do mandato); mas terá contra ele ação pelas perdas e danos resultantes da inobservância das instruções
	Dar contas de sua gerência ao mandante, transferindo-lhe as vantagens provenientes do mandato, por qualquer título que seja	Pagar ao mandatário a remuneração ajustada e as despesas da execução do mandato, ainda que o negócio não surta o esperado efeito (salvo tendo o mandatário culpa)
	Não compensar os prejuízos a que deu causa com os proveitos que, por outro lado, tenha granjeado ao seu constituinte	Ressarcir ao mandatário as perdas que este sofrer com a execução do mandato, sempre que não resultem de culpa sua ou de excesso de poderes
	O mandatário deverá pagar juros, desde o momento em que abusou, pelo valor que devia entregar ao mandante ou recebeu para despesa, mas empregou em proveito seu.	Obs.: se o mandato for outorgado por duas ou mais pessoas, e para negócio comum, cada uma ficará solidariamente responsável ao mandatário por todos os compromissos e efeitos do mandato, salvo direito regressivo, pelas quantias que pagar, contra os outros mandantes
Direitos	Reter, do objeto da operação que lhe foi cometida, quanto baste para pagamento de tudo que lhe for devido em consequência do mandato	Reclamar do mandatário prestação de contas
	De retenção sobre a coisa de que tenha a posse em virtude do mandato, até se reembolsar do que gastou no desempenho do encargo	Propor ação de perdas e danos pela inobservância das instruções

Em que casos cessará o mandato? Segundo o art. 682, nas seguintes hipóteses:

I – pela revogação ou pela renúncia;

II – pela morte ou interdição de uma das partes;

III – pela mudança de estado que inabilite o mandante a conferir os poderes, ou o mandatário para os exercer (nestes casos, embora ciente da morte, interdição ou mudança de estado do mandante, deve o mandatário concluir o negócio já começado, se houver perigo na demora);

IV – pelo término do prazo ou pela conclusão do negócio.

Importa salientar que a lei procura proteger o terceiro de boa-fé, que contrata sem saber das circunstâncias prejudiciais ao mandato.

O art. 686 prevê que a revogação do mandato, notificada somente ao mandatário, não pode ser oposta aos terceiros que, ignorando-a, de boa-fé com ele trataram – mas ficam ressalvadas ao constituinte as ações que no caso lhe possam caber contra o procurador. No mais, segundo o art. 689, "são válidos, a respeito dos contratantes de boa-fé, os atos com estes ajustados em nome do mandante pelo mandatário, enquanto este ignorar a morte daquele ou a extinção do mandato, por qualquer outra causa".

3.6.9 Fiança

Por tal contrato de garantia, uma pessoa afirma que, caso o devedor não cumpra sua obrigação perante o credor, ela o fará.

Trata-se de contrato unilateral (que gera obrigações apenas ao fiador), gratuito (em regra o fiador não recebe remuneração alguma) e subsidiário (por ser acessório em relação a um contrato principal, só será executado se descumprida a obrigação principal). Quanto à forma, é contrato solene, que exige a forma escrita.

No que tange ao objeto garantido, diz a lei que a fiança não admite interpretação extensiva. Não sendo, porém, limitada contratualmente, a fiança compreenderá todos os acessórios da dívida principal (inclusive as despesas judiciais, desde a citação do fiador).

Dispõe o art. 825 do CC que, quando alguém houver de oferecer fiador, o credor não pode ser obrigado a aceitá-lo se não for pessoa idônea, domiciliada no município onde tenha de prestar a fiança e não possua bens suficientes para cumprir a obrigação. Ademais, caso o fiador se torne insolvente ou incapaz, poderá o credor exigir sua substituição.

A lei prevê que, uma vez demandado pelo pagamento da dívida que garante, o fiador possa requerer o benefício de ordem, no sentido de que sejam executados primeiro os bens do devedor. Para tanto, deverá nomear bens livres do devedor principal localizados no mesmo município. Tal benefício, porém, não aproveita ao fiador em três casos: I – se ele o renunciou expressamente; II – se ele se obrigou como principal pagador ou devedor solidário; III – se o devedor for insolvente ou falido.

No que tange à exoneração da fiança, valem as seguintes regras:

Se assinou fiança sem limitação de tempo, o fiador dela poderá se exonerar sempre que lhe convier, ficando obrigado por todos os efeitos da fiança, durante 60 (sessenta) dias após a notificação do credor.
O fiador, ainda que solidário, ficará desobrigado: – se, sem consentimento seu, o credor conceder moratória ao devedor; – se, por fato do credor, for impossível a sub-rogação nos seus direitos e preferências; – se o credor, em pagamento da dívida, aceitar amigavelmente do devedor objeto diverso do que este era obrigado a lhe dar, ainda que depois venha a perdê-lo por evicção.

Com relação à fiança prestada em contrato de locação de imóveis urbanos, a Lei 12.119/2009 fez importantes alterações na Lei 8.245/1991. Primeiramente, o art. 39, com a redação dada pela nova lei, estabelece que salvo disposição do contrato em contrário, qualquer das garantias da locação se estende até a efetiva devolução do imóvel, ainda que prorrogada a locação por prazo indeterminado. O art. 40, X, por sua vez, dispõe que, após a prorrogação da locação por prazo indeterminado, o fiador pode exonerar-se notificando o locador da sua intenção e ficando obrigado pelos efeitos da fiança durante o prazo de 120 dias.

Assim, concluindo, quando a fiança estiver vigorando por prazo indeterminado, o fiador sempre poderá exonerar-se desde que notifique o credor acerca de sua intenção. Se a fiança relacionar-se a contrato de locação regido pela Lei 8.245/1991, o fiador permanece obrigado pelos efeitos ainda por 120 dias. Caso a fiança esteja relacionada a outro negócio jurídico, nos termos do art. 835 do CC, os efeitos permanecerão por mais 60 dias.

Finalmente, no que tange aos sucessores, tem-se que a obrigação do fiador passa aos herdeiros; todavia, a responsabilidade pela fiança se limita ao tempo decorrido até a morte do fiador e não pode ultrapassar as forças da herança.

3.6.10 Seguro

Por tal avença, a parte seguradora (entidade legalmente autorizada para tal fim) obriga-se, mediante o pagamento de um prêmio pelo segurado, a lhe garantir um interesse legítimo atinente a sua pessoa ou a uma coisa, diante de determinados riscos. Pode ainda ser dividida tal responsabilidade: por meio do contrato de resseguro, o segurador transfere uma parte ou a totalidade de sua responsabilidade para um ressegurador.

Trata-se de contrato formal que exige a forma escrita; para sua prova, é necessária a exibição da apólice ou do bilhete do seguro e, na falta deles, de um documento comprobatório do pagamento do respectivo prêmio. Sobre a apólice, a lei aduz algumas características importantes:

1) sua emissão será precedida de proposta escrita, com a declaração dos elementos essenciais do interesse a ser garantido e do risco;
2) a apólice ou o bilhete de seguro serão nominativos, à ordem ou ao portador. Deverão mencionar os riscos assumidos, o início e o fim de sua validade, o limite da garantia e o prêmio devido e, quando for o caso, o nome do segurado e o do beneficiário. Atenção: no seguro de pessoas, a apólice ou o bilhete não podem ser ao portador;
3) quando houver cosseguro assumindo o risco, a apólice indicará o segurador que administrará o contrato e representará os demais para todos os seus efeitos.

Em termos gerais, vigem as seguintes regras:

<table>
<tr><th></th><th>Segurado</th><th>Segurador</th></tr>
<tr><td rowspan="2">Obrigação principal</td><td colspan="2">Agir, tanto na conclusão como na execução do contrato, com a mais estrita boa-fé e veracidade, tanto a respeito do objeto como das circunstâncias e declarações a ele concernentes</td></tr>
<tr><td colspan="2">Se o segurado mentir ou omitir:
• estando de má-fé: paga o prêmio vencido e perde o direito à garantia;
• se sem má-fé: o segurador pode resolver o contrato ou cobrar, mesmo após o sinistro, a diferença do prêmio.
O segurado perderá o direito à garantia se agravar intencionalmente o risco objeto do contrato</td></tr>
<tr><td rowspan="2">Outras obrigações</td><td>– comunicar ao segurador, logo que saiba, todo incidente suscetível de agravar o risco coberto consideravelmente (sob pena de perder o direito à garantia, se provar que silenciou de má-fé)</td><td>– pagar em dinheiro o prejuízo resultante do risco assumido (salvo se convencionada a reposição da coisa)</td></tr>
<tr><td>– participar o sinistro ao segurador, logo que o saiba, e tomará as providências imediatas para minorar-lhe as consequências</td><td>– pagar o sinistro em dia, sob pena de atualização monetária da indenização devida segundo índices oficiais regularmente estabelecidos, sem prejuízo dos juros moratórios</td></tr>
<tr><td>Direitos</td><td>– receber a indenização, se em dia com o pagamento do prêmio</td><td>– receber o prêmio
– até quinze dias após receber aviso da agravação do risco sem culpa do segurado, poderá dar-lhe ciência, por escrito, de sua decisão de resolver o contrato</td></tr>
</table>

A lei traz normas sobre dois tipos básicos de seguro: de dano e de pessoas.

No seguro de dano, a garantia (cobertura de riscos) prometida não pode ultrapassar o valor do interesse segurado quando da conclusão do contrato; assim, não é o seguro instrumento para a obtenção de lucros, mas sim de garantia contra eventuais prejuízos em caso de sinistros.

O risco do seguro compreenderá todos os prejuízos resultantes ou consequentes de atos praticados para evitar o sinistro, minorar o dano ou salvar a coisa. Poderá haver transferência do contrato a um terceiro, com a alienação ou cessão do interesse segurado (a não ser que o contrato disponha o contrário). Ademais, no seguro de responsabilidade civil, o segurador garantirá o pagamento de perdas e danos devidos pelo segurado a terceiro.

Quando o segurador paga a indenização, ele se sub-roga, nos limites do valor pago, nos direitos e ações que competirem ao segurado contra o autor do dano.

Quanto ao seguro de pessoa, este objetiva beneficiar a vida e as faculdades humanas. É gênero que inclui as espécies: seguro de vida, contra acidentes pessoais; de natalidade; de pensão; de aposentadoria; de invalidez (há ainda o seguro-saúde, expressamente excluído da incidência do Código Civil pelo art. 802). Seu valor não é limitado, variando conforme a vontade e a condição financeira do segurado.

No que tange ao seguro de vida, o segurador se obriga a pagar ao beneficiário um capital ou uma renda em virtude da morte do segurado ou caso sobreviva por um prazo determinado. Caso não haja indicação do beneficiário ou se, por qualquer motivo, não prevalecer a que foi feita, o capital segurado será pago pela metade ao cônjuge (não separado judicialmente) e o restante aos herdeiros do segurado, obedecida a ordem da vocação hereditária. Faltando tais pessoas, serão beneficiários os que provarem que a morte do segurado os privou dos meios necessários à subsistência.

Vale considerar que, nos termos do art. 794 do CC, no seguro de vida ou de acidentes pessoais para o caso de morte o capital estipulado não está sujeito às dívidas do segurado, nem se considera herança para todos os efeitos de direito.

Prossegue o art. 798 afirmando que o beneficiário não tem direito ao capital estipulado quando o segurado se suicida nos primeiros dois anos de vigência inicial do contrato, ou da sua recondução depois de suspenso. Ressalvada tal hipótese, é nula a cláusula contratual que exclui o pagamento do capital por suicídio do segurado. Consta no seguinte art. 799 que o segurador não pode eximir-se ao pagamento do seguro, ainda que da apólice conste a restrição, se a morte ou a incapacidade do segurado provier da utilização de meio de transporte mais arriscado, da prestação de serviço militar, da prática de esporte ou de atos de humanidade em auxílio de outrem.

Cabe ainda o seguro de vida em grupo ou coletivo, que é aquele estipulado por uma pessoa natural ou jurídica em proveito de grupo que a ela, de qualquer modo, se vincule. Comporta, assim, três figuras: o estipulante, o segurador e os segurados.

Geralmente é celebrado entre uma seguradora e uma pessoa jurídica de grandes proporções, em benefício de seus funcionários ou colaboradores; estes desfrutarão das vantagens da estipulação, mediante uma determinada contribuição paga pela estipulante. Segundo a lei, aquele que celebrou o contrato (o estipulante) não representa o segurador perante o grupo segurado; é, porém, o único responsável, para com o segurador, pelo cumprimento de todas as obrigações contratuais. Para haver estabilidade na relação jurídica, a lei prevê que a modificação da apólice em vigor dependerá da anuência expressa de segurados que representem três quartos do grupo.

3.6.11 Constituição de renda

Por meio de tal pacto alguém se obriga para com outrem a lhe fornecer uma prestação periódica, a título gratuito ou oneroso. Deverá ser feito a prazo certo ou por vida, podendo ultrapassar a vida do devedor, mas não a do credor (seja ele o contratante, seja terceiro). Tal contrato é solene, requerendo escritura pública.

A renda constituída por título gratuito pode, por ato de seu instituidor, ficar isenta de todas as execuções pendentes e futuras, prevalecendo tal isenção de pleno direito em favor dos montepios e pensões alimentícias.

Padece de nulidade absoluta a constituição de renda em favor de pessoa já falecida ou que, nos trinta dias seguintes, vier a falecer de doença de que já sofria quando foi celebrado o contrato.

Segundo o art. 809 do CC, os bens dados em compensação da renda caem, desde a tradição, no domínio da pessoa que por aquela se obrigou.

Constituída a renda em favor de duas ou mais pessoas, sem determinação da parte de cada uma, considera-se que seus direitos são iguais e, salvo estipulação diversa, não adquirirão os sobrevivos direito à parte dos que morrerem.

3.7 QUESTÕES

1. **(OAB 2010.2 – FVG) Durante dez anos, empregados de uma fabricante de extrato de tomate distribuíram, gratuitamente, sementes de tomate entre agricultores de uma certa região. A cada ano, os empregados da fabricante procuravam os agricultores, na época da colheita, para adquirir a safra produzida. No ano de 2009, a fabricante distribuiu as sementes, como sempre fazia, mas não retornou para adquirir a safra. Procurada pelos agricultores, a fabricante recusou-se a efetuar a compra. O tribunal competente entendeu que havia responsabilidade pré-contratual da fabricante. A responsabilidade pré-contratual é aquela que:**

   * a) deriva da violação à boa-fé objetiva na fase das negociações preliminares à formação do contrato.

   b) deriva da ruptura de um pré-contrato, também chamado contrato preliminar.

   c) surgiu, como instituto jurídico, em momento histórico anterior à responsabilidade contratual.

   d) segue o destino da responsabilidade contratual, como o acessório segue o principal.

2. **(IX Exame de Ordem Unificado – FGV) Marcelo firmou com Augusto contrato de compra e venda de imóvel, tendo sido instituindo no contrato o pacto de preempção. Acerca do instituto da preempção, assinale a afirmativa correta.**

   a) Trata-se de pacto adjeto ao contrato de compra e venda em que Marcelo se reserva ao direito de recobrar o imóvel vendido a Augusto no prazo máximo de 3 anos, restituindo o preço recebido e reembolsando as despesas do comprador.

   b) Trata-se de pacto adjeto ao contrato de compra e venda em que Marcelo impõe a Augusto a obrigação de oferecer a coisa quando vender, ou dar em pagamento, para que use de seu direito de prelação na compra, tanto por tanto.

   c) Trata-se de pacto adjeto ao contrato de compra e venda em que Marcelo reserva para si a propriedade do imóvel até o momento em que Augusto realize o pagamento integral do preço.

   d) Trata-se de pacto adjeto ao contrato de compra e venda em que Marcelo, enquanto constituir faculdade de exercício, poderá ceder ou transferir por ato *inter vivos.*

3. **(IX Exame de Ordem Unificado – FGV) Em 12.09.12, Sílvio adquiriu de Maurício, por contrato particular de compra e venda, um automóvel, ano 2011, por R$ 34.000,00 (trinta e quatro mil reais). Vinte dias após a celebração do negócio, Sílvio tomou conhecimento que o veículo apresentava avarias na suspensão dianteira, tornando seu uso impróprio pela ausência de segurança. Considerando que o vício apontado existia ao tempo da contratação, de acordo com a hipótese acima e as regras de direito civil, assinale a afirmativa correta.**

   a) Sílvio terá o prazo de doze meses, após o conhecimento do defeito, para reclamar a Maurício o abatimento do preço pago ou desfazimento do negócio jurídico em virtude do vício oculto.

   b) Maurício deverá restituir o valor recebido e as despesas decorrentes do contrato se, no momento da venda, desconhecesse o defeito na suspensão dianteira do veículo.

   c) Caso Silvio e Maurício estabeleçam no contrato cláusula de garantia pelo prazo de 90 dias, o prazo decadencial legal para reclamação do vício oculto correrá independentemente do prazo da garantia estipulada.

   d) Caso Silvio e Maurício tenham inserido no contrato de compra e venda cláusula que exclui a responsabilidade de Maurício pelo vício oculto, persistirá a irresponsabilidade de Maurício mesmo que este tenha agido com dolo positivo.

4. **(IX Exame de Ordem Unificado – FGV) Tiago celebrou com Ronaldo contrato de compra e venda de dez máquinas de costura importadas da China. Restou acordado que o pagamento se daria em trinta e seis prestações mensais e consecutivas com reajuste a cada doze meses conforme taxa Selic, a ser efetuado no domicílio**

do credor. O contrato estabeleceu, ainda, a incidência de juros moratórios, no importe de 2% (dois por cento) do valor da parcela em atraso, e cláusula penal, fixada em 10% (dez por cento) do valor do contrato, em caso de inadimplência. Após o pagamento de nove parcelas, Tiago foi surpreendido com a notificação extrajudicial enviada por Ronaldo, em que se comunicava um reajuste de 30% (trinta por cento) sobre o valor da última parcela paga sob o argumento de que ocorreu elevada desvalorização no câmbio. Tiago não concordou com o reajuste e ao tentar efetuar o pagamento da décima parcela com base no valor inicialmente ajustado teve o pagamento recusado por Ronaldo. Considerando o caso acima e as regras previstas no Código Civil, assinale a afirmativa correta.

a) Caso Tiago consigne o valor da décima parcela por meio de depósito judicial, poderá levantá-lo enquanto Ronaldo não informar o aceite ou não o impugnar, desde que pague todas as despesas.
b) Na hipótese de Tiago consignar judicialmente duas máquinas de costura com a finalidade de afastar a incidência dos encargos moratórios e da cláusula penal, este depósito será apto a liberá-lo da obrigação assumida.
c) O depósito consignatório realizado por Tiago em seu domicílio terá o poder liberatório do vínculo obrigacional, isentando-o do pagamento dos juros moratórios e da cláusula penal.
d) Tiago poderá depositar o valor referente à décima parcela sob o fundamento de injusta recusa, porém não poderá discutir, no âmbito da ação consignatória, a abusividade ou ilegalidade das cláusulas contratuais.

5. **(VIII Exame de Ordem Unificado – FGV) Embora sujeito às constantes mutações e às diferenças de contexto em que é aplicado, o conceito tradicional de contrato sugere que ele representa o acordo de vontades estabelecido com a finalidade de produzir efeitos jurídicos. Tomando por base a teoria geral dos contratos, assinale a afirmativa correta.**

a) A celebração de contrato atípico, fora do rol contido na legislação, não é lícita, pois as partes não dispõem da liberdade de celebrar negócios não expressamente regulamentados por lei.
b) A atipicidade contratual é possível, mas, de outro lado, há regra específica prevendo não ser lícita a contratação que tenha por objeto a herança de pessoa viva, seja por meio de contrato típico ou não.
c) A liberdade de contratar é limitada pela função social do contrato e os contratantes deverão guardar, assim na conclusão, como em sua execução, os princípios da probidade e da boa-fé subjetiva, princípios esses ligados ao voluntarismo e ao individualismo que informam o nosso Código Civil.
d) Será obrigatoriamente declarado nulo o contrato de adesão que contiver cláusulas ambíguas ou contraditórias.

6. **(OAB 2011.3 – FGV) Marcelo, brasileiro, solteiro, advogado, sem que tenha qualquer impedimento para doar a casa de campo de sua livre propriedade, resolve fazê-lo, sem quaisquer ônus ou encargos, em benefício de Marina, sua amiga, também absolutamente capaz. Todavia, no âmbito do contrato de doação, Marcelo estipula cláusula de reversão por meio da qual o bem doado deverá se destinar ao patrimônio de Rômulo, irmão de Marcelo, caso Rômulo sobreviva à donatária. A respeito dessa situação, é correto afirmar que**

a) diante de expressa previsão legal, não prevalece a cláusula de reversão estipulada em favor de Rômulo.
b) no caso, em razão de o contrato de doação, por ser gratuito, comportar interpretação extensiva, a cláusula de reversão em favor de terceiro é válida.
c) a cláusula em exame não é válida em razão da relação de parentesco entre o doador, Marcelo, e o terceiro beneficiário, Rômulo.

d) diante de expressa previsão legal, a cláusula de reversão pode ser estipulada em favor do próprio doador ou de terceiro beneficiário por aquele designado, caso qualquer deles, nessa ordem, sobreviva ao donatário.

7. (OAB/MG – AGOSTO/2008) Considerando que as assertivas abaixo se referem ao MANDATO, assinale a opção CORRETA:

a) Todas as pessoas, capazes ou incapazes, são aptas para dar diretamente procuração mediante instrumento particular.
b) Admite-se substabelecimento por instrumento particular ainda que o mandato tenha sido constituído por instrumento público.
c) O instrumento particular deverá conter todos os poderes outorgados e ninguém poderá exigir o reconhecimento da firma reconhecida do outorgante.
d) O mandato poderá ser expresso ou tácito, mas sempre por escrito.

8. (OAB/MG – AGOSTO/2008) Aponte a alternativa CORRETA:

a) A fiança dar-se-á apenas por escrito e não admite interpretação extensiva.
b) A fiança somente poderá ser estipulada mediante o consentimento do devedor.
c) Havendo mais de um fiador não se admite a delimitação no contrato da parte da dívida que cada um toma sob sua responsabilidade, respondendo todos de forma solidária.
d) O fiador aproveita o benefício de ordem ainda que sobrevenha a falência do afiançado.

9. (OAB/NACIONAL 2008_1) Assinale a opção correta com relação aos contratos.

a) No contrato de empreitada global a preço fixo, não poderá o empreiteiro exigir alteração do valor do preço pelo serviço extraordinário executado às claras, inclusive sob a supervisão do dono da obra.
b) Na doação com cláusula de reversão, o bem doado não volta ao patrimônio do doador se este sobreviver ao donatário, salvo quando tenha ocorrido a alienação da coisa doada.
c) O contrato preliminar gera uma obrigação de fazer, no entanto não comporta a execução específica, resolvendo-se o seu descumprimento em perdas e danos.
d) No contrato de transporte cumulativo, em que vários transportadores efetuam, sucessivamente, o deslocamento de coisas, cada transportador se obriga a cumprir o contrato relativamente ao respectivo percurso; se, em tal percurso, a coisa transportada for danificada, o transportador deverá responder pelo dano.

10. (OAB/RS 2007.II) Assinale a assertiva correta.

a) A resilição unilateral de contrato, nos casos permitidos em lei, exige a notificação formal da outra parte.
b) A resolução por onerosidade excessiva está prevista somente para os contratos de execução instantânea.
c) A cláusula resolutiva tácita incide independentemente de interpelação judicial.
d) Tendo sido o contrato firmado por instrumento público, seu distrato poderá ocorrer por instrumento particular.

11. (OAB/RS 2007.II) Assinale a assertiva correta.

a) O mútuo, para fins econômicos, presume-se oneroso.
b) O credor não poderá, em qualquer hipótese, exigir a substituição do fiador.
c) No seguro de vida para o caso de morte, é nula a cláusula que estipula prazo de carência para o pagamento do benefício.
d) O mandato exige, sempre, a forma escrita.

12. (OAB/RS 2007.II) Acerca de locação de prédio urbano, assinale a assertiva correta.

a) Ocorrendo pluralidade de locadores, a presunção é de solidariedade.

b) Morrendo o locatário, cessa inexoravelmente a locação.
c) A cessão da locação independe do consentimento do locador.
d) As benfeitorias necessárias feitas pelo locatário serão sempre indenizáveis, sendo nula estipulação em contrário.

13. (OAB/NACIONAL 2009.1) De acordo com o que dispõe o Código Civil a respeito dos contratos, assinale a opção correta.

a) O evicto pode demandar pela evicção, por meio de ação contra o transmitente, mesmo sabendo que a coisa adquirida era alheia ou litigiosa.
b) A resilição bilateral não se submete à forma exigida para o contrato.
c) A onerosidade excessiva, oriunda de acontecimento extraordinário e imprevisível, ainda que dificulte extremamente o adimplemento da obrigação de uma das partes em contrato de execução continuada, não enseja a revisão contratual, visto que as partes ficam vinculadas ao que foi originariamente pactuado.
d) Considere que um indivíduo ofereça ao seu credor, com o consenso deste, um terreno em substituição à dívida no valor de R$ 30 mil, a título de dação em pagamento. Nessa situação, se o credor for evicto do terreno recebido, será restabelecida a obrigação primitiva com o devedor, ficando sem efeito a quitação dada, ressalvados os direitos de terceiros.

14. (OAB/NACIONAL 2008_3) A respeito do mandato, assinale a opção correta.

a) Por ser contrato, a aceitação do mandato não poderá ser tácita.
b) O mandato outorgado por instrumento público pode ser objeto de substabelecimento por instrumento particular.
c) Apesar de a lei exigir forma escrita para a celebração de contrato, tal exigência não alcança o mandato, cuja outorga pode ser verbal.
d) O poder de transigir estabelecido no mandato importará o de firmar compromisso.

15. (OAB/NACIONAL 2008_3) Considerando o que dispõe o Código Civil a respeito da doação, assinale a opção correta.

a) Pode-se renunciar antecipadamente ao direito de revogar a doação por ingratidão do donatário.
b) No contrato de doação com encargo, o doador ficará sujeito à responsabilidade pelo vício redibitório, no que concerne à parte correspondente ao serviço prestado ou à incumbência cometida.
c) Na doação sob cláusula resolutiva, pode o doador, se sobreviver ao donatário, estipular que o bem doado seja revertido em favor de terceiro.
d) A doação do cônjuge adúltero ao seu cúmplice pode ser anulada pelo herdeiro colateral.

16. (OAB/NACIONAL 2008_3) A respeito da disciplina dos contratos, segundo o Código Civil, assinale a opção correta.

a) Se resolverem estipular contrato atípico, as partes deverão redigir as cláusulas contratuais de comum acordo e não estarão obrigadas a observar as normas gerais fixadas pelo Código.
b) O alienante responde pela evicção nos contratos onerosos, mas essa garantia não subsiste caso a aquisição tenha sido realizada em hasta pública.
c) O contrato preliminar deve conter todos os requisitos essenciais ao contrato a ser celebrado, mesmo quanto à forma.
d) A disciplina dos vícios redibitórios é aplicável às doações onerosas, de forma que poderá ser enjeitada a coisa recebida em doação em razão de vícios ou defeitos ocultos que a tornem imprópria ao uso a que é destinada, ou lhe diminuam o valor.

GABARITO: As respostas destes testes encontram-se no final do livro.

Obs.: Mais questões sobre este capítulo estão disponíveis para *download* gratuito no *site* www.editorametodo.com.br.

4 RESPONSABILIDADE CIVIL

4.1 OBRIGAÇÃO DE INDENIZAR

Como regra geral, aquele que, por ato ilícito, causa dano a outrem, fica obrigado a repará-lo.

O ato ilícito consiste na violação ao direito alheio e na provocação de prejuízo, ainda que apenas moral, por meio de uma ação ou omissão voluntária, negligência ou imprudência. Também comete ato ilícito o titular de um direito que, ao exercê-lo, excede manifestamente os limites impostos pelo seu fim econômico ou social, pela boa-fé ou pelos bons costumes; trata-se do ***abuso de direito*** previsto no art. 187 do CC.

É importante considerar que não constituem atos ilícitos, segundo o art. 188:

I – os praticados em legítima defesa ou no exercício regular de um direito reconhecido;

II – a deterioração ou destruição da coisa alheia, ou a lesão a pessoa, a fim de remover perigo iminente. Neste último caso, o ato só será legítimo quando as circunstâncias o tornarem absolutamente necessário, não excedendo os limites do indispensável para a remoção do perigo. Se a pessoa lesada, ou o

> dono da coisa, não forem culpados do perigo, terão direito à indenização do prejuízo que sofreram (art. 929). Se o perigo ocorreu por culpa de terceiro, contra este terá o autor do dano ação regressiva para haver a importância que tiver ressarcido ao lesado (art. 930). Tal também competirá, segundo o parágrafo único do art. 930, no caso de legítima defesa, contra aquele em defesa de quem se causou o dano.

Conforme a origem da violação, estaremos diante da responsabilidade contratual (quando o acordo de vontades for descumprido, total ou parcialmente, por um dos negociantes) ou da responsabilidade extracontratual (quando violado o dever geral de abstenção de causar danos a outrem). A responsabilidade extracontratual também é denominada aquiliana.

São elementos básicos da responsabilidade civil: a conduta humana (ação ou omissão voluntária), o dano, e, ligando ambos, o nexo causal, o vínculo entre a ação humana e o prejuízo causado.

Adota-se, quanto ao nexo de causalidade, a teoria da causalidade adequada. Assim, só haverá nexo causal quando o dano for causado direta e imediatamente pela conduta, ou seja, quando o dano for uma consequência normalmente previsível em razão da conduta.

Como regra geral, há ainda um quarto elemento: a culpa em sentido amplo, que pode consistir na culpa em sentido estrito (enquanto violação do dever objetivo de cuidado, geradora de imprudência, imperícia ou negligência) ou então no dolo (intenção deliberada de provocar o ato). Eis a regra em nosso sistema: a responsabilidade é subjetiva, exigindo-se a comprovação da culpa do causador do dano.

Todavia, haverá obrigação de reparar o dano, independentemente de culpa, nos casos especificados em lei ou quando a atividade normalmente desenvolvida pelo autor do dano implicar, por sua natureza, risco para os direitos de outrem (art. 927, parágrafo único). Estamos, então, no campo da responsabilidade objetiva, sem culpa, que se embasa na ideia de risco inerente a algumas situações. Se o indivíduo está envolvido em uma circunstância potencialmente causadora de danos, ele deve arcar com os possíveis prejuízos que porventura surjam, independentemente de culpa. Passemos à descrição dos casos de responsabilidade objetiva previstos no Código Civil:

Responsabilidade objetiva	Danos causados
De empresários individuais e empresas	Pelos danos causados pelos produtos postos em circulação
Do dono ou detentor do animal	Pelo dano causado pelo animal (se não provar culpa da vítima ou força maior)
Do dono de edifício ou construção	Pelos danos que resultarem de sua ruína, se esta provier de falta de reparos, cuja necessidade fosse manifesta
Do habitante de prédio (ou parte dele)	Pelo dano proveniente das coisas que dele caírem ou forem lançadas em lugar indevido
Responsabilidade por ato de outrem – objetiva e solidária	
Dos pais	Pelos filhos menores que estiverem sob sua autoridade e em sua companhia
Do tutor e do curador	Pelos pupilos e curatelados, que se acharem nas mesmas condições
O incapaz responde pelos prejuízos que causar, se as pessoas por ele responsáveis não tiverem obrigação de fazê-lo ou não dispuserem de meios suficientes. Mas tal indenização, que deverá ser equitativa, não terá lugar se privar do necessário o incapaz ou as pessoas que dele dependem	
Do empregador ou do comitente	Por seus empregados, serviçais e prepostos, no exercício do trabalho que lhes competir, ou em razão dele
Dos donos de hotéis, hospedarias, casas ou estabelecimentos onde se albergue por dinheiro, mesmo para fins de educação	Pelos seus hóspedes, moradores e educandos
Dos que gratuitamente houverem participado nos produtos do crime	Até a concorrente quantia
Em tais casos, o que paga por outrem pode reaver o que houver pago daquele por quem pagou. Exceção: se o causador do dano for descendente seu, absoluta ou relativamente incapaz, não haverá direito de regresso	

Importa considerar que as pessoas acima indicadas responderão ainda que não tenham concorrido com culpa para o prejuízo. Aquele que indenizar o prejuízo causado por outrem, porém, poderá reaver deste o valor pago à vítima. Tal apenas não será possível em um caso: se o causador do dano for descendente seu, absoluta ou relativamente incapaz.

Há ainda outros casos de responsabilidade civil objetiva previstos em normas especiais, dentre os quais merecem destaque a responsabilidade objetiva do Estado (art. 37, § 6.º, da CF) e a responsabilidade dos fornecedores de produtos e serviços nas relações de consumo (arts. 12 e 14 do CDC). Como exceção, porém, merece destaque o fato de que, em se tratando de profissional liberal prestando serviço a um consumidor, sua responsabilidade não será objetiva, mas subjetiva, devendo o cliente demonstrar sua culpa na provocação do dano (art. 14, § 4.º, do CDC).

Há que se lembrar, também, das causas que excluem a responsabilidade civil: o caso fortuito, a força maior, a culpa exclusiva da vítima e o fato de terceiro. **Atenção:** a legítima defesa e o estado de necessidade são excludentes da ilicitude, mas nem sempre da obrigação de indenizar. Como afirmado acima, nos termos do art. 930 do CC, ainda que o ato tenha sido praticado em estado de necessidade ou legítima defesa, haverá responsabilidade civil se a vítima não foi culpada pela situação de perigo.

Como nosso sistema contempla a responsabilidade patrimonial, são os bens do responsável pela ofensa ou violação do direito de outrem que ficam sujeitos à reparação do dano causado. Se a ofensa tiver mais de um autor, todos responderão solidariamente pela reparação.

No entanto, se a conduta foi praticada pelo incapaz, sua responsabilidade é subsidiária. Como visto na tabela acima, nos termos do art. 928 do CC, o incapaz só responde pelos danos que causar se as pessoas por ele responsáveis não tiverem obrigação de fazê-lo ou não dispuserem de meios suficientes, com a ressalva de que a indenização será fixada de forma equitativa e não terá lugar se privar o incapaz do necessário para a sua subsistência ou das pessoas que dele dependem.

Quanto à cobrança de dívidas, há algumas regras específicas:

1) O credor que demandar o devedor antes de vencida a dívida, fora dos casos em que a lei o permita, ficará obrigado a esperar o tempo que faltava para o vencimento, a descontar os juros correspondentes, embora estipulados, e a pagar as custas em dobro (art. 939);
2) Aquele que demandar por dívida já paga, no todo ou em parte, sem ressalvar as quantias recebidas ou pedir mais do que for devido, ficará obrigado a pagar ao devedor, no primeiro caso, o dobro do que houver cobrado e, no segundo, o equivalente do que dele exigir, salvo se houver prescrição (art. 940);
3) As duas penas anteriores não se aplicarão quando o autor desistir da ação antes de contestada a lide, ressalvado ao réu o direito de haver indenização por algum prejuízo que prove ter sofrido (art. 941).

Em princípio, há independência entre as esferas civil e penal. Assim, a responsabilidade civil é independente da criminal; todavia, tal regra não é absoluta. Entre nós vige o sistema da independência relativa entre as esferas civil e criminal. Nos termos do art. 935, não mais se poderá questionar sobre a existência do fato, ou sobre quem seja o seu autor, quando estas questões tiverem sido decididas no juízo criminal. Percebe-se, assim, que deve ser analisado o mérito da questão da absolvição para saber se há ou não vedação de discussão no juízo cível. Não haverá tal proibição, por exemplo, se a decisão criminal absolveu o réu por insuficiência de provas, já que estas poderão ser obtidas no juízo cível.

Em termos sucessórios, dispõe a lei que o direito de exigir reparação e a obrigação de prestá-la transmitem-se com a herança.

4.2 INDENIZAÇÃO

Como regra geral, a indenização mede-se pela extensão do dano. Assim, é preciso olhar para os prejuízos sofridos pela vítima para que se fixar o valor apto a compensá-la.

O dano resulta do prejuízo causado em razão da destruição ou deterioração da coisa alheia ou da lesão à pessoa. No primeiro caso, há o dano patrimonial ou material. No caso de dano decorrente de lesão à pessoa, o dano pode ser patrimonial, mas também extrapatrimonial ou moral.

O Código Civil traz, nos arts. 402 a 406, alguns dispositivos sobre perdas e danos. Como regra, estes abrangem, além do que efetivamente a vítima do ato danoso perdeu (os danos emergentes), aquilo que ele razoavelmente deixou de lucrar (lucros cessantes).

Quanto aos danos morais, estes sempre decorrem da violação de um dos direitos da personalidade, como a vida, a integridade física, a honra, a intimidade, a privacidade, a imagem etc. O dano moral é caracterizado pelos seus efeitos: sofrimento, angústia, dor, humilhação. Os meros dissabores, aborrecimentos, normais na vida de qualquer ser humano, não caracterizam dano moral.

Os danos morais devem ser arbitrados pelo juiz tendo em consideração às condições econômicas do ofensor e da vítima, não podendo gerar enriquecimento sem causa.

De acordo com a Súmula 37 do STJ, são cumuláveis os danos morais e materiais. A Súmula 387, também do STJ, por sua vez, estabelece que é lícita a cumulação das indenizações por dano estético e moral.

Importante lembrar ainda que, conforme entendimento do STJ, a pessoa jurídica pode sofrer dano moral (Súmula 227).

Tratando-se da obrigação de pagar em dinheiro, tais perdas e danos deverão ser pagos com atualização monetária, juros, custas e honorários advocatícios, sem prejuízo de alguma multa que tenha sido convencionada entre as partes. Os juros de mora deverão ser computados desde a citação inicial.

Há casos, todavia, em que a indenização não será paga em sua integralidade, podendo o juiz reduzir o valor a ser pago pelo causador do dano.

Na primeira hipótese, se houver excessiva desproporção entre a gravidade da culpa e o dano, poderá o juiz reduzir, equitativamente, a indenização. Assim, em uma circunstância peculiar em que o causador do dano agiu com culpa reduzida e mesmo assim prejudicou muito a vítima, de maneira desproporcional à sua conduta, o juiz poderá condená-lo a pagar um valor menor do que o que seria devido inicialmente.

O segundo caso considera a participação da vítima. Se ela tiver concorrido culposamente para o evento danoso, a sua indenização será fixada tendo-se em conta a gravidade de sua culpa em confronto com a do autor do dano. Poderá haver, assim, distribuição proporcional entre ambos para a definição sobre quem arcará com os prejuízos. Vale lembrar que se a culpa for exclusiva da vítima, não havendo culpa do ofensor, este não será condenado a pagar indenização alguma.

Definida a obrigação de indenizar, o princípio vigente em nosso sistema é o da reparação integral. Assim, todos os danos sofridos e provados deverão ser pagos pelo seu causador. O Código Civil traz algumas verbas exemplificativas:

<table>
<tr><th>Fato Danoso</th><th>Verbas devidas</th></tr>
<tr><td>Homicídio</td><td>Despesas com o tratamento da vítima, seu funeral e o luto da família + alimentos aos dependentes do morto (considerando-se a duração provável da vida da vítima) + outras reparações (ex.: dano moral)</td></tr>
<tr><td>Lesão ou outra ofensa à saúde</td><td>Despesas do tratamento + lucros cessantes até o fim da convalescença + outro prejuízo que o ofendido prove haver sofrido</td></tr>
<tr><td>Ofensa prejudicial ao exercício do ofício ou profissão</td><td>Despesas do tratamento + lucros cessantes até o fim da convalescença + pensão correspondente à importância do trabalho para que se inabilitou, ou da depreciação que ele sofreu (+ outros prejuízos provados). O prejudicado, se preferir, poderá exigir que a indenização seja arbitrada e paga de uma só vez</td></tr>
<tr><td colspan="2">Tais regras aplicam-se ainda no caso de indenização devida por aquele que, no exercício de atividade profissional, por negligência, imprudência ou imperícia, causar a morte do paciente, agravar-lhe o mal, causar-lhe lesão, ou inabilitá-lo para o trabalho</td></tr>
<tr><td>Usurpação ou esbulho de coisa alheia</td><td>Restituição da coisa + valor das suas deteriorações + lucros cessantes (faltando a coisa, dever-se-á reembolsar o seu equivalente)</td></tr>
<tr><td>Injúria, difamação ou calúnia</td><td>Reparação dos danos resultantes ao ofendido (materiais e morais)</td></tr>
<tr><td>Ofensa à liberdade pessoal (cárcere privado; prisões por queixa/denúncia falsa e de má-fé; prisão ilegal)</td><td>Perdas e danos sofridos (materiais e morais)</td></tr>
</table>

4.3 QUESTÕES

1. **(OAB 2010.2 – FVG) Por meio de uma promessa de compra e venda, celebrada por instrumento particular registrada no cartório de Registro de Imóveis e na qual não se pactuou arrependimento, Juvenal foi residir no imóvel objeto do contrato e, quando quitou o pagamento, deparou-se com a recusa do promitente-vendedor em outorgar-lhe a escritura definitiva do imóvel. Diante do impasse, Juvenal poderá**

   a) requerer ao juiz a adjudicação do imóvel, a despeito de a promessa de compra e venda ter sido celebrada por instrumento particular.
   b) usucapir o imóvel, já que não faria jus à adjudicação compulsória na hipótese.
   c) desistir do negócio e pedir o dinheiro de volta.
   d) exigir a substituição do imóvel prometido à venda por outro, muito embora inexistisse previsão expressa a esse respeito no contrato preliminar.

2. **(OAB 2010.2 – FVG) Sobre o constituto possessório, assinale a alternativa correta.**

   a) Trata-se de modo originário de aquisição da propriedade.
   b) Trata-se de modo originário de aquisição da posse.
   c) Representa uma tradição ficta.
   d) É imprescindível para que se opere a transferência da posse aos herdeiros na sucessão universal.

3. **(OAB 2010.2 – FVG) Passando por dificuldades financeiras, Alexandre instituiu uma hipoteca sobre imóvel de sua propriedade, onde reside com sua família. Posteriormente, foi procurado por Amanda, que estaria disposta a adquirir o referido imóvel por um valor bem acima do mercado. Consultando seu advogado, Alexandre ouviu dele que não poderia alienar o imóvel, já que havia uma cláusula na escritura de instituição da hipoteca que o proibia de alienar o bem hipotecado. A opinião do advogado de Alexandre**

   a) está incorreta, porque a hipoteca instituída não produz efeitos, pois, na hipótese, o direito real em garantia a ser instituído deveria ser o penhor.
   b) está incorreta, porque Alexandre está livre para alienar o imóvel, pois a cláusula que proíbe o proprietário de alienar o bem hipotecado é nula.
   c) está incorreta, uma vez que a hipoteca é nula, pois não é possível instituir hipoteca sobre bem de família do devedor hipotecário.
   d) está correta, porque em virtude da proibição contratual, Alexandre não poderia alienar o imóvel enquanto recaísse sobre ele a garantia hipotecária.

4. **(OAB 2011.3 – FGV) Mirtes gosta de decorar a janela de sua sala com vasos de plantas. A síndica do prédio em que Mirtes mora já advertiu a moradora do risco de queda dos vasos e de possível dano aos transeuntes e moradores do prédio. Num dia de forte ventania, os vasos de Mirtes caíram sobre os carros estacionados na rua, causando sérios prejuízos. Nesse caso, é correto afirmar que Mirtes**

   a) poderá alegar motivo de força maior e não deverá indenizar os lesados.
   b) está isenta de responsabilidade, pois não teve a intenção de causar prejuízo.
   c) somente deverá indenizar os lesados se tiver agido dolosamente.
   d) deverá indenizar os lesados, pois é responsável pelo dano causado.

5. (IX Exame de Ordem Unificado – FGV) No dia 23 de junho de 2012, Alfredo, produtor rural, contratou a sociedade Simões Aviação Agrícola Ltda., com a finalidade de pulverizar, por via aérea, sua plantação de soja. Ocorre que a pulverização se deu de forma incorreta, ocasionando a perda integral da safra de abóbora pertencente a Nilson, vizinho lindeiro de Alfredo. Considerando a situação hipotética e as regras de responsabilidade civil, assinale a afirmativa correta.

a) Com base no direito brasileiro, Alfredo responderá subjetivamente pelos danos causados a Nilson e a sociedade Simões Aviação Agrícola Ltda. será responsabilizada de forma subsidiária.

b) Alfredo e a sociedade Simões Aviação Agrícola Ltda. responderão objetiva e solidariamente pelos danos causados a Nilson.

c) Não há lugar para a responsabilidade civil solidária entre Alfredo e a sociedade Simões Aviação Agrícola Ltda. pelos danos causados a Nilson, dada a inexistência da relação de preposição.

d) Trata-se de responsabilidade civil objetiva, em que a sociedade Simões Aviação Agrícola Ltda. é o responsável principal pela reparação dos danos, enquanto Alfredo é responsável subsidiário.

6. (VIII Exame de Ordem Unificado – FGV) A partir do caso apresentado, assinale a afirmativa correta.

a) Houve responsabilidade civil, devendo João ser considerado culpado por sua conduta.

b) Faltou um dos elementos da responsabilidade civil, qual seja, a conduta humana, não ficando configurada a responsabilidade civil.

c) Inexistiu um dos requisitos essenciais para caracterizar a responsabilidade civil: o dano indenizável e, por isso, não deve ser responsabilizado.

d) Houve rompimento do nexo de causalidade, em razão da conduta da vítima, não restando configurada a responsabilidade civil.

7. (OAB/Nacional 2008.II) Maria, menor com 14 anos de idade, filha de Henrique e Mônica, pintou flores coloridas em um carro da Polícia Rodoviária Federal que estava estacionado em frente à sua casa. O reparo do dano causado ao veículo custou R$ 5.000,00 aos cofres públicos. Considerando a situação hipotética apresentada, assinale a opção correta acerca da responsabilidade quanto ao prejuízo causado.

a) Maria não poderá ser responsabilizada pelo prejuízo porquanto é incapaz de deveres na ordem civil.

b) A responsabilidade civil é inafastável, por isso Maria será responsável pelo prejuízo ainda que tenha de se privar do necessário a sua sobrevivência.

c) Os pais de Maria somente poderão ser responsabilizados pelo prejuízo caso seja provado que tiveram culpa pelo dano.

d) Os pais de Maria responderão objetivamente pelo prejuízo se dispuserem de meios suficientes para tanto.

8. (OAB/RJ 33.º – CESPE) Acerca da responsabilidade civil, assinale a opção correta.

a) A responsabilidade dos pais pelos atos dos filhos menores, que estiverem sob sua autoridade e em sua companhia, é considerada subjetiva, embora se presuma a culpa daqueles.

b) No regime do Código Civil, a responsabilidade do empresário e da sociedade empresária pelos danos causados por produtos postos em circulação é subjetiva, ao contrário do que se observa, no regime do Código de Defesa do Consumidor, em relação aos fornecedores, que respondem objetivamente pelos mesmos danos.

c) Na hipótese de homicídio, o autor do fato somente será obrigado a indenizar o cônjuge sobrevivente, mas não os eventuais credores de alimentos do falecido, pois esta seria uma hipótese de reparação de dano indireto, o que é vedado pelo direito brasileiro.

d) O Código Civil impõe uma responsabilidade civil objetiva ao empregador pelo ato culposo de seu empregado, se o dano foi causado no exercício do trabalho que lhe competia ou em razão dele.

9. (OAB/MG – Abril/2008) Exemplo de ato ilícito em sentido amplo, em que pode haver consequências independentemente de culpa é:

a) o abuso de direito e o enriquecimento sem causa.

b) todo caso de responsabilidade objetiva.

c) todo caso em que ocorra força maior ou caso fortuito.

d) a hipótese de estado de necessidade.

10. (OAB/MG – Abril/2008) Exemplo de ato ilícito em sentido amplo, em que pode haver consequências independentemente de culpa é:

a) o abuso de direito e o enriquecimento sem causa.

b) todo caso de responsabilidade objetiva.

c) todo caso em que ocorra força maior ou caso fortuito.

d) a hipótese de estado de necessidade.

11. (OAB/MG – Agosto/2008) Sobre a OBRIGAÇÃO DE INDENIZAR assinale a opção INCORRETA:

a) A responsabilidade civil é independente da criminal.

b) O detentor de animal ressarcirá o dano por este causado mesmo que a vítima tenha culpa exclusiva no evento.

c) A cobrança de dívida já paga gera o direito de indenização equivalente ao dobro do valor exigido, salvo se houve prescrição.

d) O direito de exigir reparação pelo dano causado transmite-se com a herança.

12. (OAB/RS 2007.II) Assinale a assertiva correta.

a) Tendo em vista que a responsabilidade civil e a criminal são independentes, a sentença proferida no juízo criminal não afeta o juízo civil.

b) Para fins de responsabilidade civil, há solidariedade dos pais com os filhos menores, por atos praticados por estes.

c) Em nosso ordenamento jurídico, não há hipótese de responsabilização civil do incapaz.

d) Em caso de dano, a demonstração do valor da indenização incumbe ao ofendido, não existindo hipótese de fixação da mesma pelo juiz.

13. (OAB Nacional 2009 – II) De acordo com o que dispõe o Código Civil a respeito da responsabilidade civil, assinale a opção correta.

a) Somente há responsabilidade do empregador pelos danos que seus empregados, no exercício de suas funções, causarem a terceiros, se ficar demonstrado que o empregador infringiu o dever de vigilância.

b) O Código Civil consagra a responsabilidade civil objetiva das empresas pelos danos causados pelos produtos postos em circulação.

c) O dono de edifício responderá pelos danos causados pela ruína do prédio, estando o lesado dispensado de provar que a ruína decorreu de falta de reparos e que a necessidade dessas reparações é manifesta.

d) No caso de responsabilidade civil em virtude de ofensa à saúde, o ofendido não tem direito de ser indenizado das despesas dos lucros cessantes.

14. (OAB Nacional 2009 – I) Em virtude de acidente de trânsito ocorrido em 10/1/2006, um indivíduo foi condenado a pena privativa de liberdade, tendo a sentença penal transitado em julgado em 15/2/2009. Nessa situação hipotética,

I – é possível a vítima cumular as indenizações por danos morais e materiais, conforme jurisprudência do STJ.

II – a vítima do acidente pode ajuizar ação reparatória civil pelos danos sofridos, visto que sua pretensão ainda não está prescrita.

III – a pretensão de reparação civil prescreve em três anos.

IV – o indivíduo culpado pelo acidente e a vítima podem, antes de decorrida a prescrição, pactuar que o prazo prescricional para a pretensão civil seja de cinco anos.

Estão certos apenas os itens

a) I, II e III.

b) I, II e IV.

c) I, III e IV.

d) II, III e IV.

GABARITO: As respostas destes testes encontram-se no final do livro.

Obs.: Mais questões sobre este capítulo estão disponíveis para *download* gratuito no *site* www.editorametodo.com.br.

5

DIREITO DAS COISAS

5.1 POSSE: AQUISIÇÃO, CLASSIFICAÇÃO E EFEITOS

O ordenamento jurídico trata não apenas da propriedade e dos demais direitos reais, como também da posse.

Duas são as teorias mais conhecidas a respeito da posse: subjetiva e a objetiva.

Pela teoria subjetiva, cujo defensor mais conhecido foi o jurista *Savigny*, considera-se possuidor aquele que tem o poder físico sobre a coisa com a intenção de dono. Assim, exigem-se dois elementos para a caracterização do possuidor: o *corpus* e o *animus*.

Pela teoria objetiva, cujo defensor mais ilustre foi *Ihering*, considera-se possuidor aquele que tem conduta de dono, não importando o *animus*.

O ordenamento jurídico brasileiro, consoante se infere do art. 1.196 do CC, acolheu a teoria objetiva. Assim, considera-se possuidor todo aquele que tem o exercício, pleno ou não, de um dos poderes inerentes à propriedade (usar, gozar, dispor e reivindicar). Por isso, afirma-se que a posse se dá quando há exteriorização de uma das faculdades da propriedade.

Em razão de ter sido acolhida a teoria objetiva, é possível que várias pessoas, sob títulos diversos, exerçam a posse sobre um mesmo bem. Afirma-se, então, que a posse pode ser desdobrada em *posse direta e posse indireta.*

A posse direta é exercida por aquele que tem a coisa em seu poder. É possuidor indireto aquele que tem um dos poderes inerentes à propriedade, mas não está com a coisa em seu poder. Assim, por exemplo, o proprietário de um bem que o aluga transfere a posse direta ao locatário, conservando para si a posse indireta, pois pode dispor da mesma ou reivindicá-la.

Quando a posse tem um título que a embasa, fala-se em *jus possidendi*. É a chamada posse causal. Tem *jus possidendi* o proprietário, pois sua posse é fundada no direito de propriedade. O mesmo ocorre com o locatário, o comodatário e o usufrutuário, pois sua posse é embasada no contrato de locação, no contrato de comodato e no direito real de usufruto. Quando a posse não tiver qualquer título que a fundamente, fala-se no *jus possessionis*. É a posse sem causa, a posse por ela mesma, a posse como mera situação de fato. Convém lembrar que o ordenamento jurídico atribui efeitos ao *jus possessionis*, conferindo ao possuidor o direito de defender tal situação de fato contra terceiros e até mesmo a aquisição da propriedade pela usucapião se esta situação de fato perdurar por um determinado período e estiver aliada a outros requisitos legais.

Importante ainda não confundir a posse com a mera *detenção*. É detentor aquele que, achando-se em relação de dependência para com outro, conserva a posse em nome deste e em cumprimento de ordens ou instruções suas. O detentor também é chamado de servo da posse ou ainda fâmulo da posse. Exemplo clássico de detentor é o caseiro de um sítio. Considera-se detentor, também, o soldado em relação à arma que carrega.

Quando duas pessoas têm a posse de um bem sob o mesmo título, está-se diante da denominada *composse*. São compossuidores, por exemplo, os irmãos que alugam um imóvel de veraneio para passar um feriado com suas famílias.

A composse pode ser *pro indiviso* ou *pro diviso*. A primeira ocorre quando todos os compossuidores exercem a posse ao mesmo tempo e sobre todo o bem. A outra ocorre quando há divisão no exercício do direito, sendo a posse exercida apenas sobre uma parte definida da coisa. Por exemplo, duas pessoas recebem por herança um terreno e resolvem que cada um usará uma metade (posse *pro diviso*).

A posse ainda pode ser classificada em *justa e injusta.*

Será injusta quando for clandestina, violenta ou precária.

A posse clandestina é obtida por meio oculto, escondido, como aquela que se adquire mediante furto. A posse violenta é aquela adquirida mediante força, como a que decorre de roubo. Já a precária verifica-se quando a pessoa nega-se a devolver a coisa depois do término do contrato; trata-se de abuso de confiança, como ocorre no delito de apropriação indébita.

Importante notar que tanto a posse clandestina como a violenta são viciadas desde a origem, nascem injustas. Já a posse precária, em sua origem, quando foi adquirida, era justa, como, por exemplo, a posse do comodatário; no entanto, como após o término do contrato não foi devolvida a coisa, a posse passou a ser precária, e, portanto, injusta.

A posse ainda é classificada em *posse de boa-fé e de má-fé.*

A posse é de boa-fé quando o possuidor ignora o vício ou o obstáculo que impede a aquisição da coisa. Há presunção relativa de que a posse obtida mediante justo título é de boa-fé. A posse só perde este caráter no caso e desde o momento em que as circunstâncias façam presumir que o possuidor não ignora que possui indevidamente. O fato de a posse ser de boa-fé ou má-fé gera uma série de efeitos que serão expostos no quadro abaixo.

Ainda se classifica a posse em *ad interdicta* e *ad usucapionem.* A primeira é aquela que confere ao possuidor valer-se dos interditos (meios de defesa) quando sua posse for esbulhada, turbada ou ameaçada. A segunda é a posse que se prolonga no tempo podendo gerar a aquisição do domínio pela usucapião.

A posse é adquirida a partir do momento em que a pessoa exerce um dos poderes inerentes à propriedade. A posse pode ser adquirida pela própria pessoa que a pretende ou por seu representante, e também por terceiro, sem mandato, dependendo neste caso de ratificação.

Entretanto, não induzem posse os atos de mera permissão ou tolerância. Da mesma forma não se adquire a posse por meios violentos ou clandestinos, senão depois de cessar a violência ou a clandestinidade.

A posse é transmitida aos sucessores do possuidor, entendendo-se manter o mesmo caráter com que foi adquirida.

A perda da posse ocorre quando o possuidor, ainda que contra a sua vontade, perde o exercício de um dos poderes inerentes ao direito de propriedade. Só se considera perdida a posse para quem não presenciou o esbulho, quando, tendo notícia dele, se abstém de retomar a coisa, ou, tentando recuperá-la, é violentamente repelido.

Quando o possuidor for turbado ou esbulhado, poderá manter-se ou restituir-se por sua própria força, desde que o faça logo. Não se pode esquecer que os atos de defesa ou desforço não podem ir além do indispensável à manutenção ou restituição da posse.

Não sendo possível a manutenção ou a restituição pela própria força, ou no caso de ameaça à posse, o possuidor terá que se valer dos interditos possessórios.

No caso de esbulho, ou seja, quando o possuidor perde a posse contra a sua vontade por atos violentos, clandestinos ou quando terceiro se nega a devolver o bem findo o contrato (precariedade), o possuidor deverá ajuizar ação de reintegração de posse.

No caso de turbação, ou seja, quando o possuidor tiver a sua posse molestada, perturbada, deverá ajuizar a ação de manutenção de posse.

Por fim, na hipótese de ameaça, deverá propor o interdito proibitório.

Posse - art. 1.196 e ss, CC	
Possuidor é quem tem de fato o exercício, pleno ou não, de algum dos poderes inerentes à propriedade	
Difere do detentor que, achando-se em relação de dependência para com outro, conserva a posse em nome deste e em cumprimento de ordens ou instruções suas	
Classificação	Posse direta e indireta
	Posse justa e injusta
	Posse de boa fé e má-fé
	Posse *ad interdicta* e *ad usucapionem*
Efeitos	1) Proteção possessória: – legítima defesa da posse – desforço imediato – ações possessórias Obs.: Não obsta à manutenção ou reintegração na posse a alegação de propriedade (exceção de domínio) ou de outro direito sobre a coisa
	2) Posse de boa fé: – direito de perceber os frutos enquanto perdurar a posse de boa fé; – direito de indenização e retenção quanto às benfeitorias necessárias e úteis, bem como quanto às voluptuárias, se não lhe forem pagas, a levantá-las, quando o puder sem detrimento da coisa
	3) Posse de má-fé – responsabilidade: – por todos os frutos colhidos e percebidos, bem como pelos que, por culpa sua, deixou de perceber, desde o momento em que se constituiu de má-fé (mas com direito às despesas da produção e custeio) – pela perda ou deterioração da coisa, ainda que acidentais, salvo se provar que de igual modo se teriam dado, estando ela na posse do reivindicante – ressarcimento somente das benfeitorias necessárias; não lhe assiste o direito de retenção pela importância destas, nem o de levantar as voluptuárias

5.2 DIREITOS REAIS

Os direitos reais constam de um rol taxativo estabelecido no art. 1.225 do CC. São direitos reais:

- a propriedade;
- a superfície;

– as servidões;
– o usufruto;
– o uso;
– a habitação;
– o direito do promitente comprador;
– o penhor;
– a hipoteca;
– a anticrese;
– a concessão de uso especial para fins de moradia;
– a concessão de direito real de uso.

A concessão de uso especial para fins de moradia e a concessão de direito real de uso previstas nos incisos XI e XII do art. 1.225 do CC são direitos reais introduzidos pela Lei 11.481/2007.

Os direitos reais são classificados em direitos reais de gozo ou fruição e direitos reais de garantia.

Direitos reais de gozo ou fruição:	Direitos reais de garantia:
– propriedade – superfície – servidões – usufruto – uso – habitação – direito do promitente comprador – a concessão de uso especial para fins de moradia – a concessão de direito real de uso	– penhor – hipoteca – anticrese

Com relação ao direito do promitente comprador, a Professora Maria Helena Diniz afirma não se tratar de um direito real de gozo ou fruição, mas sim de uma nova modalidade, que denomina "direito real de aquisição".

O direito real pode recair sobre a própria coisa ou sobre a coisa alheia. O único direito real sobre a própria coisa é a propriedade, todos os demais são direitos reais sobre coisa de outrem (ou alheia).

Podem ser objeto de direitos reais tanto os bens imóveis como os móveis.

A forma principal de aquisição ou transmissão por ato *inter vivos* de direito real sobre bem imóvel dá-se por meio do registro no Cartório de Registro de Imóveis.

Já com relação aos bens móveis, a forma clássica de sua aquisição e transmissão por ato *inter vivos* ocorre com a tradição.

5.3 PROPRIEDADE

A propriedade é o mais amplo, o mais completo dos direitos reais. O direito de propriedade é garantido na Constituição Federal, no art. 5.º, XXII.

Conforme previsto no art. 1.228, *caput,* do CC, o proprietário tem o direito de usar, gozar e dispor da coisa, bem como o direito de reavê-la do poder de quem injustamente a possua ou detenha. Assim, são atributos da propriedade:

– o direito de gozar, fruir – *jus fruendi*
– o direito de reivindicar – *rei vindicatio*
– o direito de usar – *jus utendi*
– o direito de dispor – *jus abutendi*

Quando o proprietário mantém consigo todos os poderes acima mencionados, diz-se que a propriedade é plena e irrestrita.

Quando transmite a outrem um ou alguns destes direitos, como no caso do usufruto, afirma-se que a propriedade é limitada e restrita.

A propriedade ainda pode ser resolúvel, quando o direito estiver adstrito a uma condição resolutiva ou a um termo como, por exemplo, a propriedade fiduciária (que é a propriedade resolúvel de coisa móvel infungível que o devedor transfere ao credor, com escopo de garantia).

Embora seja um direito absoluto, o proprietário não pode usar da coisa da forma como bem entender. É relevante lembrar que, ao mesmo tempo em que a Constituição Federal garante o direito de propriedade, estabelece que ela deve cumprir sua função social (art. 5.º, XXIII).

Assim, o art. 1.228, § 1.º, do CC dispõe que o direito de propriedade deve ser exercido em consonância com as suas finalidades econômicas e sociais e de modo que sejam preservados, de conformidade com o estabelecido em lei especial, a flora, a fauna, as belezas naturais, o equilíbrio ecológico e o patrimônio histórico e artístico, bem como seja evitada a poluição do ar e das águas.

São proibidos ainda os atos que não tragam ao proprietário qualquer vantagem, praticados apenas com o intuito de prejudicar terceiros (atos emulativos – teoria do abuso de direito).

O proprietário só pode ser privado compulsoriamente da coisa por duas formas: pelo confisco ou pela desapropriação.

Com relação ao confisco, só é admitido na forma prevista na Constituição Federal, ou seja, no caso de culturas ilegais de plantas psicotrópicas (art. 243, CF). Nessa hipótese, o proprietário é privado da coisa sem nada receber em troca.

Na desapropriação, o proprietário é compulsoriamente privado da coisa, mediante prévia e justa indenização. A desapropriação é ato cuja iniciativa compete ao Poder Executivo nos casos de necessidade ou utilidade pública ou interesse social. A desapropriação tem previsão constitucional no art. 5.º, XXXIV, e também no Código Civil, no art. 1.228, § 3.º.

O Código Civil, no § 4.º do art. 1.228, trata de uma nova possibilidade de desapropriação, que vem sendo denominada desapropriação judicial fundada na posse-trabalho. Interessa notar que o procedimento expropriatório é realizado pelo Poder Judiciário. Dispõe o referido dispositivo legal: "O proprietário também pode ser privado da coisa se o imóvel reivindicado consistir em extensa área, na posse ininterrupta e de boa-fé por mais de cinco anos, de considerável número de pessoas, e estes nela houverem realizado, em conjunto ou separadamente, obras e serviços considerados pelo juiz de interesse social e econômico relevante". Neste caso, o juiz deverá fixar a justa indenização, valendo a sentença como título aquisitivo.

O direito de propriedade abrange o subsolo e o espaço aéreo até a extensão em que for útil ao proprietário. Por isso, não pode o proprietário se opor a atividades que sejam realizadas por terceiro a uma altura ou profundidade tais que não tenha ele legítimo interesse em impedi-las.

Convém ressaltar que a propriedade do solo não abrange as jazidas, minas e demais recursos minerais, os potenciais de energia hidráulica, os monumentos arqueológicos e os outros bens referidos em leis especiais.

5.4 DAS FORMAS DE AQUISIÇÃO DA PROPRIEDADE

5.4.1 Da aquisição da propriedade imóvel

A propriedade imóvel pode ser adquirida por quatro formas:

- pela usucapião;
- pelo registro;

– pela acessão; e
– pela transmissão hereditária.

A usucapião e a acessão são formas originárias, enquanto o registro e a transmissão hereditária são formas derivadas de aquisição da propriedade imóvel.

5.4.1.1 Da usucapião

A usucapião também é chamada de prescrição aquisitiva. É uma forma de aquisição originária da propriedade imóvel.

Há diversas modalidades de usucapião previstas no Código Civil:

– a usucapião extraordinária;
– a usucapião ordinária;
– a usucapião especial, também chamada constitucional;
– a usucapião familiar.

Há, ainda, a usucapião coletiva de imóveis urbanos, prevista no art. 10 do Estatuto da Cidade (Lei 10.257/2001).

Requisitos comuns a todas as modalidades de usucapião:
– imóvel passível de usucapião (os bens públicos não estão sujeitos a usucapião - art. 102 CC)
– posse ininterrupta
– posse sem oposição

Usucapião extraordinária

Requisitos específicos da usucapião extraordinária (art. 1.238, CC)
– possuir como seu bem imóvel por 15 anos
– a posse independe de boa-fé ou justo título
– a sentença é declaratória do direito, servindo de título para registro no Cartório de Registro Imobiliário

Atenção: o prazo da posse será reduzido para 10 anos se o possuidor houver realizado no imóvel obras ou serviços de caráter produtivo.

Usucapião ordinária

Requisitos específicos da usucapião ordinária (art. 1.242, CC)
– posse por 10 anos
– a posse é de boa-fé, com justo título.

Atenção: o prazo da posse será reduzido para cinco anos se o imóvel houver sido adquirido onerosamente, com base no registro constante do respectivo cartório, cancelada posteriormente, desde que os possuidores nele tiverem estabelecido a sua moradia ou realizado investimentos de interesse social e econômico.

Usucapião especial ou constitucional

A usucapião especial também é denominada constitucional, na medida em que se encontra prevista na Constituição Federal.

A usucapião especial pode ser sobre imóvel urbano ou rural.

A usucapião urbana, prevista no art. 183, *caput*, §§ 1.º e 2.º, da CF e no art. 1.240 do CC, é também denominada usucapião *pro moradia* ou *pro misero*.

Já a usucapião rural, prevista no art. 191, *caput*, da CF e no art. 1.239 do CC também é chamada usucapião *pro labore*.

Além dos requisitos comuns a todas as modalidades de usucapião, há ainda requisitos que lhes são específicos:

Requisitos específicos da usucapião especial urbana (*pro misero* ou *pro moradia*)
– posse por pelo menos **5** anos
– a área do imóvel não pode ser superior a 250 m^2
– a posse ***independe*** de boa-fé ou justo título
– o possuidor não pode ser proprietário de nenhum imóvel urbano ou rural
– o possuidor deve ter estabelecido no imóvel sua moradia habitual ou de sua família
– o possuidor só pode adquirir o domínio pela usucapião especial urbana por uma vez
– a sentença é declaratória, constituindo título hábil para o registro no Cartório de Registro de Imóveis. O domínio é conferido ao homem ou à mulher, ou a ambos, independente do estado civil.

Requisitos específicos da usucapião especial rural (*pro labore*)
– posse por pelo menos **5** anos
– a área de terra não pode ser superior a 50 hectares
– a posse ***independe*** de boa-fé ou justo título
– o possuidor não pode ser proprietário de nenhum imóvel urbano ou rural
– o possuidor deve ter tornado a terra produtiva por seu trabalho ou de sua família, e ali haver estabelecido a sua moradia.

Usucapião familiar

Trata-se de nova modalidade de usucapião previsto no artigo 1.240-A do Código Civil, introduzido pela Lei 12.424/2011, que a doutrina vem denominando como usucapião familiar.

Assim,

aquele que exercer, por 2 (dois) anos ininterruptamente e sem oposição, posse direta, com exclusividade, sobre imóvel urbano de até 250m² cuja propriedade divida com ex-cônjuge ou ex-companheiro que abandonou o lar, utilizando-o para sua moradia ou de sua família, adquirir-lhe-á o domínio integral, desde que não seja proprietário de outro imóvel urbano ou rural.

De se ressaltar o exíguo prazo para que a prescrição aquisitiva se consume, o menor prazo previsto no ordenamento jurídico.

Por fim, ainda quanto à usucapião, cabe ressaltar que o possuidor pode, para o fim de contar os prazos exigidos, somar à sua posse a dos seus antecessores, desde que todas sejam contínuas e pacíficas, e que, no caso da usucapião ordinária, conte com justo título e boa-fé.

Aplicam-se ainda ao possuidor as causas impeditivas, suspensivas e interruptivas da prescrição.

5.4.1.2 Da aquisição pelo registro do título

A propriedade imobiliária transmite-se por ato *inter vivos* mediante o registro do título no Cartório de Registro de Imóveis.

O registro é meio derivado de aquisição da propriedade. Portanto, o imóvel continua a possuir as mesmas características.

Importante frisar que o simples contrato, como, por exemplo, a compra e venda, a doação, não transmitem o domínio. A propriedade em si só será adquirida quando a escritura (o título) for devidamente registrada na matrícula do bem. Por isso, o art. 1.245, § 1.º, afirma taxativamente que enquanto não se registrar o título translativo (por exemplo, o contrato), o alienante continua a ser havido como dono do imóvel.

A eficácia do registro inicia-se quando ele for apresentado perante o cartório e o oficial o prenotar no protocolo.

O registro pode ser retificado ou anulado caso não exprima a verdade.

5.4.1.3 Da aquisição pela acessão

A acessão é meio originário de aquisição da propriedade.

A acessão dá-se pela formas apontadas na tabela abaixo:

– por **formação de ilhas**	As ilhas que se formarem em correntes comuns ou particulares pertencem aos proprietários ribeirinhos fronteiros, de acordo com as seguintes regras: – as que se formarem no meio do rio consideram-se acréscimos sobrevindos aos terrenos ribeirinhos fronteiros de ambas as margens, na proporção de suas testadas, até a linha que dividir o álveo em duas partes iguais; – as que se formarem entre a linha divisória e uma das margens consideram-se acréscimos aos terrenos ribeirinhos do mesmo lado; – as que se formarem pelo desdobramento de um novo braço do rio continuam a pertencer aos proprietários dos terrenos à custa dos quais se constituíram.
– por **aluvião**	São os acréscimos de terra formados sucessiva e imperceptivelmente nas margens pela força das águas. Esses acréscimos pertencem aos donos dos terrenos marginais.
– por **avulsão**	Ocorre quando, por força natural abrupta e violenta, uma parte de terra se desprende de um prédio, indo juntar-se a outro. O dono deste adquire a propriedade desde que indenize o dono do primeiro ou se, dentro de um ano, ninguém houver reclamado.
– por **abandono de álveo**	O álveo é o leito do rio. Se o rio desviar o seu leito, ou caso ele seque, o álveo pertence aos donos dos terrenos por onde passava.
– por **construções e plantações**	Toda construção ou plantação existente em um terreno presume-se feita pelo proprietário e à sua custa, até que se prove o contrário.

5.4.1.4 Da aquisição pela transmissão hereditária

A propriedade imóvel ainda pode ser adquirida pela transmissão hereditária. Consoante estabelece o art. 1.784 do CC, com a abertura da sucessão a herança se transmite desde logo aos herdeiros. Trata-se de meio derivado de aquisição de propriedade.

5.4.2 Da aquisição da propriedade móvel

A propriedade móvel pode ser adquirida pelas seguintes formas:

- pela usucapião;
- pela ocupação;
- pelo achado de tesouro;
- pela tradição;
- pela especificação;
- pela confusão, pela comistão e pela adjunção.

A usucapião de bem móvel pode ser ordinária ou extraordinária.

Pela usucapião ordinária, adquire a propriedade móvel aquele que possui a coisa como se sua fosse, contínua e incontestadamente, por três anos.

Na usucapião extraordinária não é necessário justo título nem boa--fé, mas a posse deve se prolongar por pelo menos cinco anos.

A **ocupação** é meio de aquisição que ocorre quando alguém se assenhora de coisa sem dono, desde que não haja vedação legal. A coisa sem dono é a coisa de ninguém (*res nullius*) e a coisa abandonada (*res derelicta*).

O tesouro é o depósito antigo de coisas preciosas, oculto e de cujo dono não haja memória. Se quem achar o tesouro for o proprietário do prédio, adquirirá a propriedade pelo **achado de tesouro**. Se quem o achou não for o proprietário, o tesouro será dividido entre quem o achou e o proprietário do terreno.

A **especificação** ocorre quando alguém, trabalhando em matéria-prima alheia, obtém espécie nova. Assim ocorre, por exemplo, quando uma pessoa, trabalhando numa folha de papel em branco pertencente a terceiro, faz um desenho e obtém espécie nova.

Se a matéria-prima for somente em parte alheia, o especificador será dono da coisa se não se puder restituir à forma anterior.

Se toda a matéria for alheia e não se puder restituir à forma anterior, será do especificador de boa-fé a espécie nova. Se possível a redução, ou em havendo má-fé do especificador, a coisa pertence ao dono da matéria-prima.

No entanto, em qualquer caso (como por exemplo a pintura em relação à tela, escultura, escritura e outro qualquer trabalho gráfico em relação à matéria-prima), independentemente da boa-fé do especificador, será deste a coisa quando o seu valor exceder consideravelmente o da matéria-prima.

O especificador, quando for considerado dono, deverá indenizar o dono da matéria-prima do dano que sofreu.

A propriedade do bem móvel ainda pode ser adquirida no caso da mistura de substâncias, quando for impossível a separação ou esta exigir dispêndio excessivo. A mistura de coisas líquidas é chamada **confusão**. A mistura de coisas sólidas denomina-se **comistão** e a justaposição de uma coisa a outra é a **adjunção**.

A coisa formada pela mistura pertencerá proporcionalmente a cada um dos donos dos quinhões. No entanto, se uma das substâncias puder ser considerada como principal, a coisa nova pertencerá ao seu dono, que deverá indenizar os outros.

Por fim, a principal forma de aquisição da coisa móvel dá-se pela **tradição**, pela entrega da coisa.

A tradição pode ser real ou ficta.

A tradição ficta dá-se pelo constituto possessório, pela *traditio longa manu, traditio brevi manu* e pela tradição simbólica.

O constituto possessório verifica-se quando o transmitente continua com a posse direta da coisa sob outro título. É o que ocorre quando o alienante aliena a coisa, mas continua possuindo-a em razão de um contrato de locação ou comodato.

Já na *traditio longa manu*, a coisa negociada não é entregue, pois se encontra com terceiro. Assim, subentende-se a tradição quando o alienante transfere ao adquirente o direito à restituição da coisa.

Na *traditio brevi manu*, não ocorre fisicamente a tradição, pois na ocasião do negócio o adquirente já se encontra na posse da coisa. É o que ocorre quando o locatário ou o comodatário adquire a coisa alugada ou emprestada.

Na tradição simbólica, há a entrega de uma outra coisa que simboliza o objeto do negócio. É o caso da entrega das chaves na aquisição de um veículo.

5.4.3 Da perda da propriedade

Afirma-se que a propriedade é perpétua, porquanto o não uso não acarreta a sua perda.

A perda da propriedade ocorre:

- pela alienação;
- pela renúncia;
- pelo abandono;
- pelo perecimento da coisa; e
- pela desapropriação.

No que tange ao abandono, inova o atual Código Civil estabelecendo presunção absoluta de abandono caso, durante três anos, cessem os atos de posse e deixe o proprietário de pagar os ônus fiscais (art. 1.276, § 2.º, do CC). Em tal situação, o imóvel passará à propriedade do respectivo Município ou do Distrito Federal.

5.5 DIREITOS DE VIZINHANÇA

As regras do direito de vizinhança são previstas para evitar ou para solucionar eventuais litígios entre pessoas vizinhas. São regras que versam sobre:

– o uso anormal da propriedade;
– as árvores limítrofes;
– a passagem forçada;
– a passagem de cabos e tubulações;
– as águas;
– os limites entre prédios e o direito de tapagem;
– o direito de construir.

Com relação ao uso anormal da propriedade, como já se disse a propriedade não pode ser utilizada indiscriminadamente. Se o seu uso indevido prejudicar a segurança, a saúde ou o sossego de vizinho, este poderá, de acordo com a lei, fazer cessar tais interferências.

A ilicitude das interferências será verificada de acordo com a localização do prédio, a natureza da sua utilização, as normas de edificação e os limites ordinários de tolerância dos moradores da vizinhança.

Ainda sobre o direito de vizinhança, há dois institutos do direito das coisas que costumam ser objeto de questionamento nos exames, especialmente no que tange às suas diferenças, cujos principais aspectos são revelados pelo quadro abaixo:

	Passagem forçada	**Servidões**
Previsão legal	Art. 1.285, CC: "o dono do prédio que não tiver acesso à via pública, nascente ou porto pode, mediante pagamento de indenização cabal, constranger o vizinho a lhe dar passagem, cujo rumo será judicialmente fixado, se necessário".	Art. 1.378, CC: "a servidão proporciona utilidade para o prédio dominante, e grava o prédio serviente, que pertence a diverso dono, e constitui-se mediante declaração expressa dos proprietários, ou por testamento, e subseqüente registro no Cartório de Registro de Imóveis".
Finalidade	Evitar que um prédio fique sem utilização econômica	Atender à conveniência e comodidade do dono de um prédio não encravado que deseja um acesso mais facilitado
Natureza	Direito de vizinhança	Direito real sobre coisa alheia
Origem	Decorre da lei	Negócio jurídico *inter vivos* ou *causa mortis*, sentença em ação de divisão, usucapião, destinação do proprietário.
Requisitos	1. Imóvel naturalmente encravado sem acesso à via pública, nascente ou porto	1. Existência de um encargo (obrigação imposta a um prédio)
	2. Pagamento de indenização ao prédio por onde se estabelece a passagem	2. Incidência em um prédio em benefício de um outro
	3. Exercício do direito por um titular legítimo (proprietário, usufrutuário, usuário...)	3. Pessoas diversas como proprietárias dos imóveis envolvidos
Extinção	Cessação das circunstâncias que geram o encravamento (ex.: abertura de uma via)	Cancelamento (art. 1.387, CC): – judicial, a pedido do dono do prédio serviente (art. 1.388: renúncia, cessação da utilidade, resgate convencionado) – reunião dos dois prédios no domínio de uma só pessoa – supressão de obras, por efeito de contrato ou outro título expresso – não uso durante dez anos contínuos (art. 1.389, CC)

5.6 CONDOMÍNIO

Ocorre o condomínio quando duas ou mais pessoas forem titulares do domínio de uma coisa.

O condomínio pode ser voluntário, eventual ou necessário.

O condomínio **voluntário** é o que decorre da vontade das partes, como, por exemplo, um casal que adquire um imóvel.

O condomínio **eventual** se estabelece pela vontade de terceiro. Em regra, é estabelecido por uma disposição testamentária ou por uma doação, em que o testador ou o doador beneficia duas ou mais pessoas.

Por fim, o condomínio **necessário** é aquele que decorre da lei. É o condomínio por meação de paredes, cercas, muros e valas.

Direitos do condômino (condomínio necessário e eventual)
– usar a coisa de acordo com a sua destinação;
– exercer todos os direitos compatíveis com a indivisão;
– defender a posse;
– alienar ou gravar a sua parte ideal.

Cada condômino tem a obrigação de contribuir, na proporção de sua fração ideal, com as despesas de conservação ou divisão da coisa, bem como suportar os ônus a que ela estiver sujeita, como uma servidão, por exemplo.

Presumem-se iguais as partes ideais de cada condômino. Trata-se de presunção relativa, que admite prova em contrário.

Com relação às dívidas, se elas foram contraídas por todos os condôminos, sem se discriminar a parte de cada um, nem se estipular a solidariedade, entende-se que cada um obrigou-se proporcionalmente ao seu quinhão. Se a dívida foi contraída por um condômino, mas em proveito da comunhão, só ele estará obrigado perante o credor, mas tem ação regressiva em face dos demais.

Quanto à administração, a maioria deverá deliberar, podendo o administrador inclusive ser entranho ao condomínio. Caso se delibere pela locação, preferir-se-á, em condições iguais, o condômino em relação ao que não o é. As deliberações serão tomadas por maioria absoluta. Caso não se alcance, o juiz deverá decidir a requerimento de qualquer condômino, ouvidos os demais. Para o cálculo da maioria absoluta, deve-se levar em consideração os quinhões e não o número de condôminos.

Ainda sobre o tema, caso um condômino administre sem oposição dos outros, presumir-se-á representante comum. Trata-se de exemplo de mandato tácito.

O condomínio pode ser desfeito a qualquer momento, devendo arcar cada um dos condôminos, de acordo com a sua proporção, com as despesas da divisão.

Podem os condôminos convencionar que a coisa ficará indivisa por prazo que não exceda cinco anos, suscetível de ser prorrogado. O mesmo ocorre quando o condomínio é estabelecido por outrem (condomínio eventual).

Mesmo quando estabelecida a indivisão, o juiz poderá determiná-la a requerimento de qualquer interessado e se as razões aconselharem.

Por fim, consoante o estabelecido no art. 1.322 do CC, quando a coisa for indivisível, e os consortes não quiserem adjudicá-la a um só, indenizando os outros, será vendida e repartido o apurado, preferindo-se na venda, em partes iguais de oferta, o condômino ao estranho, e entre os condôminos aquele que tiver na coisa benfeitorias mais valiosas, e não as havendo, o de quinhão maior.

Se nenhum dos condôminos tem benfeitorias, sendo titulares de partes iguais, a coisa será oferecida a terceiros, e antes de a coisa ser adjudicada àquele que maior preço ofereceu, proceder-se-á licitação entre os condôminos, sendo que aquele que maior lanço ofereceu ficará com a coisa, preferindo, em condições iguais, o condômino ao estranho.

Quando o bem for divisível, a extinção do condomínio dar-se-á mediante ação divisória (art. 946 e seguintes do CPC).

5.7 CONDOMÍNIO EDILÍCIO

Caracteriza-se o condomínio edilício quando houver na coisa partes privativas, objeto de propriedade exclusiva (o apartamento, o escritório, a loja, a sobreloja), como também partes comuns, objeto de propriedade comum (solo onde foi construída a edificação, telhado, elevadores, rede geral de distribuição de água, esgoto, gás e eletricidade, etc.).

Conforme o art. 1.331, § 1.º, do CC, com a redação dada pela Lei 12.607/2012, "as partes suscetíveis de utilização independente, tais como apartamentos, escritórios, salas, lojas e sobrelojas, com as respectivas frações ideais no solo e nas outras partes comuns, sujeitam-se a propriedade exclusiva, podendo ser alienadas e gravadas livremente por seus proprietários, exceto os abrigos para veículos, que não poderão ser alienados ou alugados a pessoas estranhas ao condomínio, salvo autorização expressa na convenção de condomínio".

Já as partes comuns não podem ser alienadas separadamente, ou divididas. A cada unidade caberá, como parte inseparável, uma fração ideal no solo e nas outras partes comuns, que será identificada em forma decimal ou ordinária no instrumento de instituição do condomínio (art. 1.331, § 3.º, CC, alterado pela Lei 10.931/2004).

O condomínio edilício pode ser instituído mediante ato *inter vivos*, por escritura pública, ou por ato *causa mortis*, por testamento.

O ato de instituição deve ser registrado no Cartório de Registro de Imóveis, devendo obrigatoriamente constar:

- a discriminação e a individualização das unidades de propriedade exclusiva, extremadas uma das outras e das partes comuns;
- a determinação da fração ideal atribuída a cada unidade, relativamente ao terreno e partes comuns;
- o fim que as unidades se destinam.

O condomínio edilício é constituído por convenção, que deve ser subscrita por pelo menos dois terços das frações ideais e torna-se obrigatória desde logo aos proprietários, possuidores ou detentores das unidades. Para ser oponível perante terceiros, a convenção deve ser registrada no Cartório de Registro de Imóveis.

A convenção, que pode ser feita mediante escritura pública ou instrumento particular, deve determinar:

- a quota proporcional e o modo de pagamento das contribuições dos condôminos para atender às despesas ordinárias e extraordinárias do condomínio;
- a sua forma de administração;
- a competência das assembleias, a forma de sua convocação e o quorum exigido para as deliberações;
- as sanções a que estão sujeitos os condôminos.

Os condôminos têm direitos e deveres legais em relação ao condomínio:

Direitos legais dos condôminos
– usar, fruir e livremente dispor das suas unidades;
– usar das partes comuns, conforme a sua destinação, e contanto que não exclua a utilização dos demais compossuidores; e
– votar nas deliberações da assembléia e delas participar, estando quite.

Deveres legais dos condôminos
– contribuir para as despesas do condomínio, na proporção de suas frações ideais;
– não realizar obras que comprometam a segurança da edificação;
– não alterar a forma e a cor da fachada, das partes e esquadrias externas;
– dar às suas partes a mesma destinação que tem a edificação, e não as utilizar de maneira prejudicial ao sossego, salubridade e segurança dos possuidores, ou aos bons costumes.

Os condôminos estão sujeitos a penas caso não cumpram os deveres impostos pela lei.

Caso não efetuem pontualmente o pagamento das despesas condominiais, ficam sujeitos aos juros moratórios convencionados ou, não sendo previstos, os de um por cento ao mês, além de *multa que não poderá exceder a 2% (dois por cento).*

No caso de inadimplemento dos demais deveres, os condôminos poderão ser obrigados a pagar a multa fixada na convenção ou no ato de constituição, que não poderá exceder ao quíntuplo do valor da sua contribuição, independentemente das perdas e danos que se verificarem. Se a multa não tiver sido fixada poderá, em assembleia-geral, ser deliberada por dois terços dos condôminos restantes.

Caso o condômino reiteradamente não cumpra com os deveres, poderá ser compelido a pagar multa, deliberada por pelo menos (3/4) três quartos dos condôminos e que poderá chegar a até cinco vezes o valor de sua contribuição mensal, conforme a gravidade das faltas e a sua reiteração.

Se o condômino, por seu reiterado comportamento antissocial, gerar incompatibilidade com os demais condôminos, poderá ser constrangido a pagar multa correspondente ao décuplo do valor atribuído à contribuição para as despesas condominiais, até ulterior deliberação da assembleia.

Com relação às obras no condomínio, sua realização depende:

- do voto de dois terços dos condôminos, quando voluptuários;
- do voto da maioria dos condôminos, quando úteis.

As obras necessárias podem ser realizadas independentemente de autorização, pelo síndico, ou, em caso de omissão ou impedimento deste, por qualquer condômino.

Se as obras forem urgentes e importarem em despesas excessivas, determinada sua realização, o síndico ou o condômino que tomou iniciativa delas dará ciência à assembleia, que deverá ser convocada imediatamente.

Se as obras necessárias não forem urgentes, só poderão ser realizadas mediante autorização dada em assembleia.

No caso de alienação de unidade autônoma, o adquirente assume responsabilidade pelos débitos anteriores, cabendo-lhe obviamente ação de regresso.

É possível ao condômino alugar vaga de garagem a terceiro, desde que antes tenha sido dada preferência aos demais condôminos.

É obrigatório o seguro de toda a edificação contra o risco de incêndio ou destruição, total ou parcial.

Com relação à administração do condomínio, a assembleia deverá escolher um síndico, que poderá ou não ser condômino e terá mandato de no máximo dois anos, que poderá ser renovado. Compete ao síndico:

– convocar a assembléia dos condôminos;
– representar, ativa e passivamente, o condomínio, praticando, em juízo ou fora dele, os atos necessários à defesa dos interesses comuns;
– dar imediato conhecimento à assembléia da existência de procedimento judicial ou administrativo, de interesse do condomínio;
– cumprir e fazer cumprir a convenção, o regimento interno e as determinações da assembleia;
– diligenciar a conservação e a guarda das partes comuns e zelar pela prestação dos serviços que interessem aos possuidores;
– elaborar o orçamento da receita e da despesa relativa a cada ano;
– cobrar dos condôminos as suas contribuições, bem como impor e cobrar multas devidas;
– prestar contas à assembleia, anualmente e quando exigidas;
– realizar o seguro da edificação.

O síndico poderá ser destituído em assembleia especificamente convocada para tal fim, por voto da maioria absoluta de seus membros, quando praticar irregularidades, negar-se a prestar contas ou não administrar corretamente o condomínio.

Anualmente deverá ser convocada assembleia para aprovar o orçamento das despesas, as contribuições condominiais e a prestação de contas, e, se for o caso, eleger o síndico e alterar o regimento interno.

A modificação da convenção só é possível mediante a aprovação de dois terços dos votos dos condôminos.

Para a alteração da finalidade do condomínio é necessária a aprovação da unanimidade dos condôminos.

Importante ressaltar que os votos serão proporcionais às frações ideais no solo e nas outras partes comuns pertencentes a cada condômino, salvo disposição diversa da convenção de constituição do condomínio.

Em segunda convocação, a assembleia poderá deliberar por maioria dos votos dos presentes, salvo quando for necessário *quorum* especial.

A assembleia só poderá deliberar se todos os condôminos forem convocados.

Assembleias extraordinárias podem ser convocadas a qualquer tempo pelo síndico ou por um quarto dos condôminos.

5.8 DA SUPERFÍCIE

O Direito de superfície não era previsto no Código Civil de 1916. Foi inicialmente previsto no Estatuto da Cidade (Lei 10.257/2001). O Código Civil de 2002 trata do instituto nos arts. 1.369 a 1.377.

A maioria da doutrina entende que o Código Civil de 2002 não revogou os dispositivos legais que tratam do instituto previstos no Estatuto da Cidade. Nesse sentido, inclusive, foi aprovado na *I Jornada de Civil do CJF* o Enunciado 93, com a seguinte redação: "As normas previstas no Código Civil sobre direito de superfície não revogam as relativas a direito de superfície constantes do Estatuto da Cidade (Lei 10.257/2001) por ser instrumento de política de desenvolvimento urbano".

O Direito de superfície é direito real de gozo ou fruição sobre coisa alheia. Por ele, o proprietário concede a outrem o direito de construir ou de plantar em seu terreno, mediante escritura pública devidamente registrada no Cartório de Registro de Imóveis.

Sendo direito real sobre imóvel, o contrato que versar sobre a superfície deve ser celebrado mediante escritura pública; para que o direito seja adquirido, é necessário o registro do título.

O art. 1.369 do CC estabelece que a concessão deve ser feita por prazo determinado. Já o Estatuto da Cidade, no art. 21, dispõe que a concessão pode ser por prazo determinado ou indeterminado. A fim de conciliar tais regras, entende-se que quando se tratar de superfície urbana o prazo pode ser determinado ou indeterminado; quando for superfície rural, o prazo deve ser determinado.

O direito de superfície pode ser adquirido a título gratuito ou oneroso. Quando oneroso, o valor que deve ser pago pelo superficiário ao proprietário que agora também é chamado de fundeiro (ou fundieiro) é denominado cânon superficiário.

O superficiário é responsável pelos tributos e os encargos que incidirem sobre o imóvel.

O direito de superfície transmite-se aos herdeiros e também pode ser transferido a terceiro. Não pode ser estipulado pelo concedente, a nenhum título, qualquer pagamento pela transferência.

Caso o imóvel seja alienado, o superficiário goza de direito de preferência, tendo o proprietário o mesmo direito na transferência do direito de superfície.

O direito de superfície será extinto antes de seu termo final, caso o superficiário utilize a coisa da forma diversa da convencionada.

Extinta a concessão, o proprietário passará a ter a propriedade plena sobre o terreno, construção ou plantação, independentemente de indenização, salvo disposição contratual em contrário.

Por fim, nos termos do art. 1.376, no caso do direito de superfície em consequência de desapropriação, a indenização cabe ao proprietário e ao superficiário, no valor correspondente ao direito real de cada um.

5.9 DA SERVIDÃO

Segundo Carlos Roberto Gonçalves, a servidão é um "ônus real, voluntariamente imposto a um prédio (serviente) em favor de outro (dominante), em virtude do qual o proprietário do primeiro perde o exercício de algum de ser direitos dominicais sobre o seu prédio, ou tolera que dele se utilize o proprietário do segundo tornando esse mais útil, ou pelo menos mais agradável" (*Direito civil brasileiro*, Saraiva, 2006, v. V, p. 420).

A servidão é direito real que recai sempre sobre bem imóvel. Os prédios devem ser vizinhos, mas não necessariamente contíguos e obviamente devem pertencer a donos diversos.

A servidão mais comum é a de trânsito ou passagem (vide acima quadro comparativo com a passagem forçada), mas podem-se elencar outras como as de aqueduto, iluminação ou ventilação, de pastagem, de não construir, etc.

As servidões podem ser: *contínuas*: exercidas independentemente de ação humana; ou *descontínuas*: dependem de ação humana. Podem ser *positivas*: autorizam que o titular do prédio dominante use e goze de forma limitada o prédio serviente (ex. servidão de passagem); ou *negativas*: o titular do prédio dominante obriga-se a se abster de alguma coisa (servidão de não construir). Por fim, podem ser *aparentes*: manifestam-se por obras exteriores, visíveis, permanentes; ou *não aparentes*: não há obras exteriores.

A servidão pode ser instituída por negócio jurídico *inter vivos* ou *causa mortis* e também por usucapião. No entanto, só haverá direito real com o registro do título, salvo se resultante de usucapião.

O dono do prédio serviente não poderá de modo algum embaraçar o exercício legítimo da servidão. O exercício da servidão deve se restringir às necessidades do prédio dominante, evitando-se, quanto possível, agravar o encargo ao prédio serviente.

A servidão pode ser removida, de um local para outro, pelo dono do prédio serviente e à sua custa, se em nada diminuir as vantagens do prédio dominante, ou pelo dono deste e à sua custa, se houver considerável incremento da utilidade e não prejudicar o prédio serviente.

O dono da servidão pode fazer todas as obras necessárias à sua conservação e uso. Tais obras competem ao dono do prédio dominante, salvo estipulação em contrário.

São causas de extinção da servidão:

- a renúncia pelo titular do direito;
- a cessação, para o prédio dominante, da utilidade ou comodidade que determinou a constituição da servidão;
- o resgate pelo dono do prédio serviente;
- a reunião dos dois prédios no domínio na mesma pessoa;
- a supressão das respectivas obras por efeito de contrato, ou de outro título expresso;
- o não uso durante dez anos contínuos.

Presente uma das causas acima, deve o interessado providenciar o cancelamento do direito real.

5.10 DO USUFRUTO

O usufruto é direito real de gozo e fruição sobre a coisa alheia, em que o proprietário (nu-proprietário) transmite ao usufrutuário os poderes de usar e gozar da coisa.

O usufruto pode recair sobre um ou mais bens, móveis ou imóveis, em patrimônio inteiro, ou parte deste, abrangendo-lhe, no todo ou em parte, os frutos e utilidades.

Quando o usufruto tem por objeto coisas inconsumíveis e infungíveis, temos o usufruto próprio. Quando recair em coisas consumíveis e fungíveis, usufruto impróprio.

O usufruto pode decorrer da lei, de ato de vontade, ou até de usucapião.

Como exemplos do usufruto legal, podemos citar aquele dos pais em relação aos bens de seus filhos sujeitos ao poder familiar (art. 1.689, CC) ou de um cônjuge sobre os bens particulares do outro quando estiver na posse destes e o rendimento for comum (art. 1.652, I, CC).

Quando resulta de ato de vontade *inter vivos* e tem por objeto bem imóvel de valor superior a 30 salários mínimos, o negócio jurídico deve ser celebrado por meio de escritura pública e o direito real somente se constituirá pelo registro do título.

O usufrutuário não poderá alienar o direito real a terceiro. No entanto, poderá cedê-lo, a título gratuito ou oneroso.

O direito real de usufruto pode ser temporário ou vitalício.

O usufrutuário tem o direito à posse, ao uso, à administração e à percepção dos frutos.

O usufrutuário fica obrigado às despesas com a conservação dos bens no estado que os recebeu e a pagar as prestações e os tributos devidos pela posse ou rendimento da coisa usufruída.

O usufrutuário não é obrigado a pagar as deteriorações resultantes do exercício regular do usufruto. Incumbem ainda ao dono as reparações extraordinárias e as que não forem de custo módico, mas o usufrutuário lhe pagará os juros do capital despendido com as que forem necessárias à conservação, ou aumentarem o rendimento da coisa usufruída.

O usufruto extingue-se pelas formas apontadas na tabela que segue.

Extingue-se o usufruto:
– pela renúncia ou morte do usufrutuário;
– pelo termo de sua duração;
– pela extinção da pessoa jurídica, em favor de quem o usufruto foi constituído, ou, se ela perdurar, pelo decurso de trinta anos da data em que se começou a exercer;
– pela cessação do motivo de que se origina;
– pela destruição da coisa;
– pela consolidação;
– por culpa do usufrutuário, quando aliena, deteriora, ou deixa arruinar os bens, não lhes acudindo com os reparos de conservação, ou quando, no usufruto de títulos de crédito, não adquire títulos da mesma natureza ou título da dívida pública federal;
– pelo não uso, ou não fruição, da coisa em que o usufruto recai.

5.11 DO USO

O direito real de uso pode recair tanto sobre bem imóvel como sobre bem móvel. Nos termos do art. 1.412 do CC, o usuário usará da coisa e perceberá os seus frutos, quanto o exigirem as necessidades suas e de sua família.

Trata-se de um direito mais restrito que o usufruto, porquanto o direito de fruir é restrito somente àquilo que exigir as necessidades de seu titular e de sua família. Essas necessidades compreendem o cônjuge ou o companheiro, seus filhos solteiros e as pessoas de seu serviço doméstico.

Aplicam-se a este direito real, pouco comum em nosso país, no que não for contrário à sua natureza, as disposições relativas ao usufruto, em especial quanto às formas de aquisição e extinção.

5.12 DA HABITAÇÃO

É o direito real de gozo ou fruição mais limitado. Seu titular somente tem o direito de habitar o imóvel alheio com sua família. Não pode emprestá-lo ou alugá-lo.

Pode decorrer da lei ou de ato de vontade. O mais comum, inclusive, é aquele resultante da lei em favor do cônjuge sobrevivente (art. 1.831, CC).

Quando decorre de ato de vontade, somente se constitui com o registro do título.

Trata-se de um direito personalíssimo, gratuito e temporário.

Assim como no direito de uso, também no direito de habitação aplicam-se, no que não foi contrário à sua natureza, as disposições relativas ao usufruto.

5.13 DO DIREITO DO PROMITENTE COMPRADOR

Trata-se de um direito real de aquisição. Resulta de compromisso irretratável de compra e venda de bem imóvel, celebrado por instrumento particular ou público, *e devidamente registrado no Cartório de Registro de Imóvel.*

Registrado o compromisso, após o pagamento do preço, o promitente comprador tem o direito de exigir do promitente vendedor ou de terceiros a outorga da escritura definitiva, e, em havendo recusa, requerer ao juiz a adjudicação do imóvel.

5.14 DIREITOS REAIS DE GARANTIA

São três os direitos reais de garantia: o penhor, a hipoteca e a anticrese. Na tabela abaixo, expõem-se características comuns a tais direitos.

Direitos reais de garantia - regras comuns (art. 1.419 e ss do CC)		
Hipoteca	**Penhor**	**Anticrese**
O bem dado em garantia fica sujeito, por vínculo real, ao cumprimento da obrigação		
Capacidade para instituir o gravame: só a tem quem pode alienar		
Objeto: somente bens alienáveis		
Indivisibilidade: o pagamento de uma ou mais prestações da dívida não importa exoneração correspondente da garantia, ainda que esta compreenda vários bens, salvo disposição expressa no título ou na quitação		
Vedação do pacto comissório: é nula a cláusula que autoriza o credor pignoratício, anticrético ou hipotecário a ficar com o objeto da garantia, se a dívida não for paga no vencimento		

5.14.1 Do penhor

Pelo penhor, o devedor ou terceiro transfere ao credor a posse de uma coisa móvel, suscetível de alienação, como garantia de um débito.

Quando o penhor for rural, industrial, mercantil ou de veículos, a posse da coisa empenhada permanece com o devedor, que deve guardá-la e conservá-la.

O penhor comum deve ser objeto de registro do Cartório de Títulos e Documentos.

O credor pignoratício tem direito:
– à posse da coisa empenhada;
– à retenção dela, até que o indenizem das despesas devidamente justificadas, que tiver feito, não sendo ocasionadas por culpa sua;
– ao ressarcimento do prejuízo que houver sofrido por vício da coisa empenhada;
– a promover a execução judicial, ou a venda amigável, se lhe permitir expressamente o contrato, ou lhe autorizar o devedor mediante procuração;
– a apropriar-se dos frutos da coisa empenhada que se encontra em seu poder;
– a promover a venda antecipada, mediante prévia autorização judicial, sempre que haja receio fundado de que a coisa empenhada se perca ou deteriore, devendo o preço ser depositado. O dono da coisa pode impedir a venda da coisa empenhada, substituindo-a, ou oferecendo outra garantia real idônea.

O credor pignoratício é obrigado:
– à custódia da coisa, como depositário, e a ressarcir ao dono a perda ou deterioração de que for culpado, podendo ser compensada na dívida, até a concorrente quantia, a importância da responsabilidade;
– à defesa da posse da coisa empenhada e a dar ciência, ao dono dela, das circunstâncias que tornarem necessário o exercício de ação possessória;
– a imputar o valor dos frutos de que se apropriar nas despesas de guarda e conservações, nos juros e no capital da obrigação garantida, sucessivamente;
– a restituí-la, com os respectivos frutos e acessões, uma vez paga a dívida;
– a entregar o que sobrar no preço, quando a dívida for paga mediante a execução judicial ou amigável da coisa empenhada.

Extingue-se o penhor:
– com a extinção da obrigação garantida;
– com o perecimento da coisa dada em garantia;
– quando o credor renunciar a garantia;
– quando se confundirem na mesma pessoa as qualidades de credor e de dono da coisa;
– com a adjudicação judicial, a remissão ou a venda da coisa empenhada feita pelo credor ou por ele autorizada.

5.14.2 Da hipoteca

A hipoteca é direito real de garantia e pode ser: convencional, quando decorre do contrato; legal, quando advém da lei para garantir o cumprimento de uma obrigação; ou judicial, com o fim de garantir a execução de uma decisão judicial. A hipoteca se constitui pelo registro.

Podem ser objeto de hipoteca:

- os imóveis e os acessórios dos imóveis conjuntamente com eles;
- o domínio direto;
- o domínio útil;
- as estradas de ferro;
- os recursos naturais existentes no subsolo (minas, jazidas, outros recursos minerais, os potenciais de energia hidráulica, monumentos arqueológicos), independentemente do solo onde se acharem;
- os navios;
- as aeronaves.
- o direito de uso especial para fins de moradia;
- o direito real de uso;
- a propriedade superficiária.

A Lei 11.481/2007 modificou o art. 1.473 do CC e introduziu a possibilidade de o direito de uso especial para fins de moradia, o direito de uso e a propriedade superficiária serem objeto de hipoteca.

A hipoteca abrange todas acessões, melhoramentos ou construções do imóvel.

O imóvel hipotecado **pode** ser alienado. Aliás, será considerada nula cláusula que proíba a alienação. Pode-se convencionar, todavia, que a alienação acarreta o vencimento do débito.

É possível mais de uma hipoteca sobre o mesmo imóvel, em favor do mesmo ou de outro credor.

Salvo a hipótese de insolvência do devedor, o credor da segunda hipoteca não poderá executá-la antes de vencida a primeira.

Remição da hipoteca: A remição é o resgate da hipoteca. Pode ser feita pelo adquirente do imóvel hipotecado ou pelo credor da segunda hipoteca.

Com efeito, quando do vencimento da obrigação garantida pela primeira hipoteca, se o devedor não quitá-la, poderá o credor da segunda hipoteca promover-lhe a extinção, consignando o pagamento e citando o primeiro credor para recebê-la e o devedor para pagá-la. Se o devedor não pagar, o segundo credor, efetuando o pagamento, se sub-rogará nos direitos da primeira hipoteca.

Se o primeiro credor estiver executando a hipoteca, poderá o segundo remi-la depositando a importância do débito e as despesas judiciais.

Por fim, a hipoteca se extingue nas formas apontadas na tabela abaixo.

– pela extinção da obrigação principal;
– pelo perecimento da coisa;
– pela resolução da propriedade;
– pela renúncia do credor;
– pela remição;
– pela arrematação ou adjudicação.

Perempção da hipoteca: É a extinção da hipoteca convencional pelo decurso do seu prazo máximo de duração, que atualmente é de 30 anos. A perempção, porém, não atinge as hipotecas legais.

5.14.3 Da anticrese

A anticrese é direito real sobre coisa alheia no qual o devedor entrega ao credor um imóvel a fim de que este perceba seus frutos e rendimentos, em compensação da dívida.

Ainda que o imóvel esteja onerado por anticrese, poderá ser dado em hipoteca. Da mesma forma, o imóvel hipotecado pode ser dado em anticrese.

O bem dado em anticrese pode ser alienado. O adquirente poderá remi-lo, antes do vencimento da dívida, pagando a sua totalidade à data do pedido de remição e imitindo-se, se for o caso, na posse do bem.

5.15 QUESTÕES

1. **(OAB 2010.2 – FVG) Sobre o constituto possessório, assinale a alternativa correta.**

   a) Trata-se de modo originário de aquisição da propriedade.
   b) Trata-se de modo originário de aquisição da posse.
   c) Representa uma tradição ficta.
   d) É imprescindível para que se opere a transferência da posse aos herdeiros na sucessão universal.

2. **(OAB 2010.2 – FVG) OPassando por dificuldades financeiras, Alexandre instituiu uma hipoteca sobre imóvel de sua propriedade, onde reside com sua família. Posteriormente, foi procurado por Amanda, que estaria disposta a adquirir o referido imóvel por um valor bem acima do mercado. Consultando seu advogado, Alexandre ouviu dele que não poderia alienar o imóvel, já que havia uma cláusula na escritura de instituição da hipoteca que o proibia de alienar o bem hipotecado. A opinião do advogado de Alexandre**

   a) está incorreta, porque a hipoteca instituída não produz efeitos, pois, na hipótese, o direito real em garantia a ser instituído deveria ser o penhor.
   b) está incorreta, porque Alexandre está livre para alienar o imóvel, pois a cláusula que proíbe o proprietário de alienar o bem hipotecado é nula.
   c) está incorreta, uma vez que a hipoteca é nula, pois não é possível instituir hipoteca sobre bem de família do devedor hipotecário.
   d) está correta, porque em virtude da proibição contratual, Alexandre não poderia alienar o imóvel enquanto recaísse sobre ele a garantia hipotecária.

3. **(OAB 2010.2 – FVG) Por meio de uma promessa de compra e venda, celebrada por instrumento particular registrada no cartório de Registro de Imóveis e na qual não se pactuou arrependimento, Juvenal foi residir no imóvel objeto do contrato e, quando quitou o pagamento, deparou-se com a recusa do promitente-vendedor em outorgar-lhe a escritura definitiva do imóvel. Diante do impasse, Juvenal poderá**

   a) requerer ao juiz a adjudicação do imóvel, a despeito de a promessa de compra e venda ter sido celebrada por instrumento particular.
   b) usucapir o imóvel, já que não faria jus à adjudicação compulsória na hipótese.
   c) desistir do negócio e pedir o dinheiro de volta.
   d) exigir a substituição do imóvel prometido à venda por outro, muito embora inexistisse previsão expressa a esse respeito no contrato preliminar.

4. **(OAB 2011.3 – FGV) Diogo, proprietário de um terreno urbano localizado no Município de Vila Formosa, autorizou Rafael, dono de uma transportadora, a utilizar**

parte desse terreno como garagem. Passados alguns meses de uso, Rafael, sem autorização de Diogo, construiu um galpão coberto com objetivo de proteger sua frota da chuva e do sol. Com o crescimento dos negócios, Rafael ampliou o galpão e ali montou uma oficina para realizar a manutenção dos seus veículos. Verificando uma oportunidade de negócio, Rafael passou a prestar serviços mecânicos a terceiros. Considerando a situação hipotética e as regras atinentes à acessão artificial, assinale a alternativa correta.

a) Configurará aquisição por acessão invertida se o valor das construções realizadas por Rafael ultrapassar consideravelmente o valor do terreno.

b) Mesmo que Rafael estivesse agindo de má-fé quando da realização da construção no terreno de Diogo, teria direito à indenização das benfeitorias úteis para evitar enriquecimento sem causa deste.

c) A acessão decorrente de construção é forma de aquisição derivada da propriedade.

d) As acessões artificiais podem ser equiparadas às benfeitorias úteis, sobretudo quando representarem instrumento apropriado para conservação do bem principal.

5. **(IX Exame de Ordem Unificado – FGV) De acordo com as regras atinentes à hipoteca, assinale a afirmativa correta.**

a) O Código Civil não admite a divisibilidade da hipoteca em casos de loteamento do imóvel hipotecado.

b) O ordenamento jurídico admite a instituição de nova hipoteca sobre imóvel hipotecado, desde que seja dada em favor do mesmo credor.

c) Segundo o Código Civil, o adquirente de bem hipotecado não pode remir a hipoteca para que seja extinto o gravame pendente sobre o bem sem autorização expressa de todos credores hipotecários.

d) A hipoteca pode ser constituída para garantia de dívida futura ou condicionada, desde que determinado o valor máximo do crédito a ser garantido.

6. **(VIII Exame de Ordem Unificado – FGV) Em janeiro de 2010, Nádia, unida estavelmente com Rômulo, após dez anos de convivência e sem que houvesse entre eles contrato escrito que disciplinasse as relações entre companheiros, abandona definitivamente o lar. Nos dois anos seguintes, Rômulo, que não é proprietário de outro imóvel urbano ou rural, continuou, ininterruptamente, sem oposição de quem quer que fosse, na posse direta e exclusiva do imóvel urbano com 200 metros quadrados, cuja propriedade dividia com Nádia e que servia de moradia do casal. Em março de 2012, Rômulo – que nunca havia ajuizado ação de usucapião, de qualquer espécie, contra quem quer que fosse – ingressou com ação de usucapião, pretendendo o reconhecimento judicial para adquirir integralmente o domínio do referido imóvel. Diante dessa situação hipotética, assinale a afirmativa correta.**

a) A pretensão de aquisição do domínio integral do imóvel por Rômulo é infundada, pois o prazo assinalado pelo Código Civil é de 10 (dez) anos.

b) A pretensão de aquisição do domínio integral do imóvel por Rômulo é infundada, pois a hipótese de abandono do lar, embora possa caracterizar a impossibilidade da comunhão de vida, não autoriza a propositura de ação de usucapião.

c) A pretensão de aquisição do domínio integral do imóvel por Rômulo é infundada, pois tal direito só existe para as situações em que as pessoas foram casadas sob o regime da comunhão universal de bens.

d) A pretensão de aquisição do domínio integral do imóvel por Rômulo preenche todos os requisitos previstos no Código Civil.

7. (OAB/Nacional 2008.I) Quanto aos direitos reais, assinale a opção correta.

a) É nula a cláusula que proíbe ao proprietário alienar imóvel hipotecado; contudo, podem os contratantes validamente firmar convenção acessória que autorize o vencimento antecipado do crédito hipotecário, se o imóvel for alienado.

b) O penhor é um contato real que, para se aperfeiçoar, depende da tradição do bem, ou seja, não dispensa a transferência efetiva da posse da coisa empenhada para o credor, ainda que se trate de penhor mercantil ou de veículos.

c) Se for constituído o usufruto em favor de duas pessoas, o direito de usufruto da que vier a falecer acrescerá automaticamente à parte do sobrevivente.

d) O titular de um direito real de habitação pode alugar o imóvel gravado e, com isso, obter renda para a sua subsistência ou de sua família.

8. (OAB/Nacional CESPE 2007.I) Assinale a opção correta acerca do direito das obrigações e do direito das coisas.

a) *Mora accipiendi* é a mora do devedor de obrigação líquida, certa e exigível.

b) Nas obrigações provenientes de ato ilícito, em sede de ação reparatória ou indenizatória, contam-se os juros moratórios a partir da citação.

c) Juros remuneratórios ou compensatórios são devidos pelo atraso no cumprimento da prestação por parte do devedor.

d) A aluvião é forma de aquisição da propriedade por acessão decorrente de fenômenos naturais. Será própria quando os acréscimos se formarem pelos depósitos ou aterros naturais nos terrenos marginais do rio. De outra parte, será imprópria se o acréscimo se formar pelo afastamento das águas que descobrem parte do álveo. Aquele que se beneficia pela aluvião não tem de pagar indenização.

9. (OAB/Nacional CESPE 2007.I) Considerando o direito das obrigações, coisas e sucessões, assinale a opção incorreta.

a) Na cessão de crédito por título oneroso, o cedente sempre responde ao cessionário pela existência do crédito. Se houver acordo entre as partes, o cedente poderá assumir a responsabilidade também pela solvência do devedor. Nessa hipótese, a responsabilidade do cedente é limitada ao valor que recebeu do cessionário, mais juros.

b) A usucapião é forma originária de aquisição da propriedade. Assim, prevalece a propriedade adquirida por usucapião extraordinária, ainda que sobre o imóvel usucapiendo haja cláusula de inalienabilidade instituída pelo proprietário anterior.

c) Nas dívidas garantidas por penhor, este terá por objeto determinado bem imóvel de propriedade do devedor.

d) Falecendo o varão antes de transitada em julgado a decisão que decretou o divórcio, embora em execução provisória – porque pendente o julgamento de recurso contra a decisão que não admitiu o recurso especial –, o estado civil do cônjuge sobrevivente é o de viuvez.

10. (OAB/Nacional 2008.I) No que diz respeito ao condomínio e aos direitos e deveres dos condôminos, assinale a opção correta.

a) É direito dos condôminos requerer a divisão da coisa comum, porém é possível instituir-se a indivisibilidade convencional por prazo não superior a cinco anos, suscetível de prorrogação ulterior.

b) No condomínio edilício, o pagamento das despesas relativas às partes comuns do edifício, ainda que de uso exclusivo de um condômino ou de alguns deles, deve ser rateado entre todos os consortes.

c) Se um dos consortes contrair dívida em proveito da comunhão, ele não responderá pessoalmente pelo compromisso assumido, devendo todos os condôminos responder pela dívida contraída em benefício de todos.

d) No condomínio edilício, resolvendo o condômino alugar a sua unidade ou a sua garagem, ele deverá dar preferência, em condições iguais, aos demais consortes.

11. (OAB/Nacional 2008.II) Em 2/7/2008, Renato teve de desocupar sua casa, que fora invadida por Glauber e Walter. Duas semanas após o fato, Renato procurou um advogado para se informar a respeito da providência jurídica que poderia ser adotada nessa situação. Com base no que dispõe o atual Código Civil, é correto afirmar que Renato, na situação hipotética apresentada,

a) deve pleitear a manutenção da posse, em razão do tempo ocorrido desde a turbação.
b) tem direito à reintegração da posse, por tratar-se de esbulho.
c) tem direito de requerer medida assecuratória ante a violência iminente.
d) pode utilizar-se do desforço imediato para defesa da sua posse.

12. (OAB/MS 78.º) O direito de superfície é:

a) um direito real, e transmissível por ato "inter vivos" ou "causa mortis".
b) um direito pessoal e provisório.
c) um direito real e perpétuo.
d) um direito perpétuo e insuscetível de ser hipotecado.

13. (OAB/Nacional 2008.II) Pedro, para garantir dívida de R$ 100 mil contraída com Lúcia, deu sua casa, que vale R$ 200 mil, em hipoteca. Pagos R$ 50 mil do débito, Pedro procurou Lúcia e requereu exoneração correspondente da garantia hipotecária. Considerando a situação hipotética apresentada, assinale a opção correta à luz do Código Civil.

a) A exoneração pretendida por Pedro ocorrerá parcialmente e de pleno direito à medida que o débito for sendo quitado.
b) A exoneração requerida não poderá ser aceita por Lúcia, visto que a hipoteca possui natureza obrigacional.
c) A pretensão de Pedro é permitida pela lei quando o montante do débito não representar mais de 20% do valor do bem hipotecado.
d) O pagamento de uma ou mais prestações da dívida não importa exoneração correspondente da garantia.

14. (OAB/MG – Abril/2008) São meios extraordinários de constituição da propriedade privada, EXCETO:

a) o usucapião.
b) a formação de ilha fluvial.
c) a acessão.
d) a aluvião.

15. (OAB/MG – Agosto/2008) Assinale a opção INCORRETA:

a) A posse não se transmite aos herdeiros do possuidor.
b) Considera-se justa a posse que não for violenta, clandestina ou precária.
c) Adquire-se a posse quando se torna possível exercer, em nome próprio, qualquer dos poderes inerentes à propriedade.
d) O possuidor turbado poderá manter-se na posse por sua própria força, desde que o faça logo.

16. (OAB/MG – Agosto/2008) Sobre CONDOMÍNIO assinale a opção INCORRETA:

a) Cada condômino poderá gravar a sua parte ideal.
b) A todo tempo será lícito ao condômino exigir a divisão da coisa comum.
c) Nenhum condômino poderá alterar a destinação da coisa comum sem o consenso dos outros.
d) Não se presumem iguais as partes ideais dos condôminos.

17. (OAB/Nacional 2009.I) Quanto ao instituto da posse, a lei civil estabelece que

a) é assegurado ao possuidor de boa-fé o direito à indenização pelas benfeitorias necessárias e úteis. Quanto às voluptuárias, estas, se não forem pagas, poderão ser levantadas, desde que não prejudiquem a coisa.
b) obsta à manutenção ou à reintegração da posse a alegação de propriedade, ou de outro direito sobre a coisa.
c) a posse pode ser adquirida por terceiro sem mandato, independentemente de ratificação do favorecido.
d) o possuidor de má-fé tem direito à indenização pelas benfeitorias necessárias, assistindo-lhe o direito de retenção pela importância destas.

18. (OAB/Nacional 2008.III) De acordo com o que dispõe o Código Civil a respeito do usufruto, do uso e da habitação, assinale a opção correta.

a) O uso é o direito real temporário de ocupação gratuita de casa alheia, para moradia do titular e de sua família.
b) A habitação é direito real limitado, personalíssimo, temporário, indivisível, intransmissível e gratuito.
c) O usufruto é direito real que, a título gratuito ou oneroso, autoriza uma pessoa a retirar, temporariamente, de coisa alheia todas as utilidades para atender às próprias necessidades e às de sua família.
d) Pode-se transferir o usufruto por alienação.

19. (OAB/Nacional 2008.III) A respeito da posse, assinale a opção correta.

a) A posse direta não anula a indireta; portanto, o possuidor direto poderá defender a sua posse, ainda que seja contra o possuidor indireto.
b) A posse de boa-fé só perde esse caráter quando do trânsito em julgado da sentença proferida em ação possessória.
c) Sendo possuidor todo aquele que tem de fato o exercício, pleno ou não, de algum dos poderes inerentes à propriedade, não é possível adquirir posse mediante representação.
d) O possuidor pode intentar ação de esbulho contra quem tenha praticado tal ato, mas não pode intentá-la contra o terceiro que tenha recebido a coisa esbulhada, ainda sabendo que o era, por não ser o terceiro uma parte legítima para figurar no polo passivo da demanda.

GABARITO: As respostas destes testes encontram-se no final do livro.

Obs.: Mais questões sobre este capítulo estão disponíveis para *download* gratuito no *site* www.editorametodo.com.br.

6

DIREITO DE FAMÍLIA

6.1 CASAMENTO

A Constituição Federal de 1988, em seu art. 226, *caput*, afirma que a família, base da sociedade, tem especial proteção do Estado.

O nosso ordenamento jurídico reconhece expressamente três modelos de entidades familiares: o casamento (art. 226, §§ 1.º e 2.º, CF), a união estável (art. 226, § 3.º, CF), e ainda as denominadas famílias monoparentais, constituídas por qualquer dos pais e seus descendentes (art. 226, § 4.º, CF).

A família homoafetiva foi reconhecida pela jurisprudência. O Supremo Tribunal Federal reconheceu a possibilidade da união estável entre pessoas de mesmo sexo e o Superior Tribunal de Justiça reconheceu a possibilidade do próprio casamento homoafetivo.

O Código Civil trata do Direito de Família no Livro IV, a partir do art. 1.511. Os dois primeiros Títulos são destinados ao estudo do Casamento, sendo que no Título I são abordados os seus aspectos pessoais e no Título II os aspectos patrimoniais. O Título III é reservado à União Estável e o Título IV prevê os institutos da Tutela e da Curatela.

O casamento é o modelo de família mais tradicional. Seu conceito mudou em razão da mudança dos costumes. Antes da Constituição Federal, o casamento era a única forma de se estabelecer uma família perante o Direito. Por tal razão, afirmava-se que o casamento formava a família legítima. Com o reconhecimento de outras entidades familiares não há mais como se classificar as entidades familiares em legítimas ou ilegítimas.

O art. 1.511 do CC dispõe que o casamento estabelece comunhão plena de vida com base na igualdade de direitos e deveres dos cônjuges.

Segundo disposto tanto no art. 226, § 1.º, da CF como no art. 1.512 do CC, o casamento é civil e gratuita a celebração. Com relação ao casamento religioso, este será equiparado àquele, quando atender às exigências legais e desde que devidamente registrado.

6.1.1 Do procedimento anterior ao casamento. Da habilitação. Das causas impeditivas e suspensivas

Tanto o homem quanto a mulher atingem a idade núbil aos 16 anos. Todavia, aos menores púberes (maiores de 16 e menores de 18 anos) exige-se a autorização de ambos os pais ou dos seus representantes legais.

Caso os pais ou os representantes legais não consintam com o casamento ou em havendo divergência entre eles, quando a razão para a denegação for injusta, ela poderá ser suprida pelo Juiz de Direito.

Excepcionalmente, dispõe o art. 1.520 do CC, será autorizado o casamento do menor que ainda não atingiu a idade núbil para evitar a imposição ou cumprimento de condenação criminal ou em caso de gravidez. Nestes casos, a autorização para o casamento será dada pelo Juiz de Direito.

Para que o casamento civil seja celebrado é necessário que os noivos, também chamados nubentes, promovam o procedimento de habilitação perante o oficial de registro civil. Assim, de acordo com o disposto no art. 1.525 do CC, ambos deverão assinar, de próprio punho, ou a seu pedido, por procurador, o requerimento de habilitação, anexando os documentos exigidos apontados por tal dispositivo. Estando em ordem a documentação, será extraído edital que se afixará durante 15 dias nas circunscrições do Registro Civil de ambos os noivos, e, obrigatoriamente, se publicará na imprensa local, se houver.

O procedimento de habilitação tem como intuito a constatação da existência de eventual causa impeditiva ou suspensiva entre os nubentes.

As causas impeditivas do casamento estão elencadas no art. 1.521 do CC. Não podem se casar:

- os ascendentes com os descendentes, seja o parentesco natural ou civil;
- *os afins em linha reta*;
- o adotante com quem foi cônjuge do adotado e o adotado com quem foi cônjuge do adotante;
- *os irmãos, unilaterais* (só de mesmo pai ou só de mesma mãe) *ou bilaterais*, também chamados de germanos (irmãos de mesmo pai e mãe) *e os colaterais até o terceiro grau inclusive*. Com relação aos colaterais em terceiro grau [tio(a) e sobrinha(o)], o Decreto-lei 3.200/1941, em seu art. 2.º, autoriza o casamento caso os noivos submetam-se a exame realizado por dois médicos que atestem a sua sanidade e que não há qualquer inconveniente sob o ponto de vista da saúde de qualquer deles e da prole;
- *o adotado com o filho do adotante.*
- *as pessoas já casadas*; e
- *o cônjuge sobrevivente com o condenado por homicídio ou tentativa de homicídio contra o seu consorte.*

Caso o oficial de Registro Civil ou o representante do Ministério Público tenham conhecimento da existência de algum dos impedimentos matrimoniais entre os nubentes, são obrigados a declará-los. Os impedimentos também podem ser opostos por qualquer pessoa capaz até a celebração do casamento, pois são de interesse público.

Além das causas impeditivas, há também as causas suspensivas do casamento. Estão previstas no art. 1.523 do CC, que afirma que não devem se casar:

- o viúvo ou a viúva que tiver filho do cônjuge falecido, enquanto não fizer inventário dos bens do casal e der partilha aos herdeiros;
- a viúva, ou a mulher cujo casamento se desfez por ser nulo ou ter sido anulado, até 10 (dez) meses depois do começo da viuvez, ou da dissolução da sociedade conjugal;
- o divorciado enquanto não houver sido homologada ou decidida a partilha dos bens do casal; e
- o tutor ou o curador e os seus descendentes, ascendentes, irmãos, cunhados ou sobrinhos, com a pessoa tutelada ou curatelada, enquanto não cessar a tutela ou curatela, e não estiverem saldadas as respectivas contas.

Com relação às causas suspensivas, os noivos poderão pleitear ao juiz que elas não lhes sejam aplicadas, desde que demonstrem: a inexistência de prejuízo aos interessados; que a mulher não se encontra grávida ou que já nasceu algum filho na fluência do prazo de dez meses.

As causas suspensivas são de interesse privado e somente podem ser suscitadas pelos parentes em linha reta de um dos nubentes (sejam consanguíneos ou afins) ou pelos colaterais em segundo grau (também consanguíneos ou afins).

Tanto as causas impeditivas quanto as suspensivas deverão ser opostas por escrito e assinadas, instruídas com as provas dos fatos alegados ou da forma de obtê-las. O oficial então informará os nubentes que poderão fazer a prova contrária e inclusive promover as ações cíveis e criminais contra o oponente de má-fé.

Constatando-se não haver fato obstativo para o casamento, o oficial de registro expedirá o certificado de habilitação, que tem validade pelo prazo de 90 dias. Havendo impugnação do próprio oficial, do Ministério Público ou de terceiro, a habilitação será submetida ao juiz.

Para uma melhor fixação da matéria, propomos o seguinte quadro:

<table>
<tr><td rowspan="8">Impedimentos:
“não podem casar”; infração gera casamento nulo, não produção de efeitos.
Cabe alegação por qualquer interessado!</td><td>1. ascendentes com descendentes, seja o parentesco natural ou civil</td></tr>
<tr><td>2. afins em linha reta</td></tr>
<tr><td>3. adotante com quem foi cônjuge do adotado e o adotado com quem o foi do adotante</td></tr>
<tr><td>4. irmãos, unilaterais ou bilaterais</td></tr>
<tr><td>5. demais colaterais, até o terceiro grau inclusive</td></tr>
<tr><td>6. adotado com o filho do adotante</td></tr>
<tr><td>7. pessoas casadas</td></tr>
<tr><td>8. cônjuge sobrevivente com o condenado por homicídio ou tentativa de homicídio contra o seu consorte</td></tr>
<tr><td rowspan="4">Causas suspensivas: casamento válido, mas com sanções. Cabe alegação por parentes</td><td>1. viúvo ou a viúva que tiver filho do cônjuge falecido, enquanto não fizer inventário dos bens do casal e der partilha aos herdeiros</td></tr>
<tr><td>2. viúva, ou a mulher cujo casamento se desfez por ser nulo ou ter sido anulado, até dez meses depois do começo da viuvez, ou da dissolução da sociedade conjugal</td></tr>
<tr><td>3. o divorciado, enquanto não houver sido homologada ou decidida a partilha dos bens do casal</td></tr>
<tr><td>4. o tutor ou o curador e os seus descendentes, ascendentes, irmãos, cunhados ou sobrinhos, com a pessoa tutelada ou curatelada, enquanto não cessar a tutela ou curatela, e não estiverem saldadas as respectivas contas</td></tr>
</table>

6.1.2 Da celebração do casamento

Não existe casamento sem que tenha havido celebração. Esta irá ocorrer no dia, hora e lugar previamente designados pela autoridade que houver de presidir o ato, mediante petição dos contraentes.

A solenidade será realizada na sede do próprio cartório na presença de duas testemunhas (ou quatro, se uma das partes não souber ou não puder escrever). Tais testemunhas poderão ou não ser parentes dos noivos. A solenidade pode também ser realizada em outro edifício público ou particular. Se em edifício particular, deverá ser presenciada por 4 (quatro) testemunhas.

Os contraentes poderão estar representados por procuradores. A procuração deverá ser outorgada mediante instrumento público e deverá conter poderes especiais para o negócio. O prazo do mandato não poderá exceder a 90 dias.

O mandato só poderá ser revogado por instrumento público. A revogação, todavia, não precisa chegar ao conhecimento do mandatário, mas, caso o casamento tenha sido celebrado sem que o mandatário ou o outro contraente não soubessem, o mandante responde por perdas e danos.

Assim, consoante o disposto no art. 1.535, presentes os contraentes, em pessoa ou por procurador especial, juntamente com as testemunhas e o oficial do registro, o presidente do ato, ouvida aos nubentes a afirmação de que pretendem casar por livre e espontânea vontade, declarará efetuado o casamento, nestes termos: "De acordo com a vontade que ambos acabais de afirmar perante mim de vos receberdes por marido e mulher, eu, em nome da lei, vos declaro casados".

Ainda nesse sentido, dispõe o art. 1.514 que o casamento se realiza no momento em que o homem e a mulher manifestam, perante o juiz, a sua vontade de estabelecer vínculo conjugal, e o juiz os declara casados.

Logo depois do casamento será lavrado o respectivo assento no livro de registro.

A celebração será imediatamente suspensa se algum dos contraentes se recusar à solene afirmação da sua vontade, declarar que esta não é livre e espontânea ou manifestar-se arrependido. Não se admitirá a retratação no mesmo dia.

Em caso de moléstia grave de um dos nubentes, o oficial poderá dirigir-se até o local em que se encontrar o impedido, sendo urgente, ainda que à noite, e lá celebrar o casamento na presença de duas testemunhas que saibam ler e escrever. Se o oficial não puder comparecer, poderá celebrar o casamento um de seus substitutos legais, ou ainda poderá a autoridade competente nomear outra pessoa, denominada oficial *ad hoc*. O termo avulso, lavrado pelo oficial *ad hoc*, será registrado dentro de cinco dias, perante duas testemunhas, ficando arquivado.

O art. 1.540 do CC prevê ainda o denominado casamento nuncupativo, também conhecido como *in articulo mortis* ou *in extremis vitae momentis*. Ocorre na hipótese de um dos contraentes se encontrar em iminente risco de vida, e não obter a presença da autoridade à qual deve presidir o ato. Nesse caso, o casamento poderá ser celebrado na presença de seis testemunhas, que com os nubentes não tenham parentesco em linha reta, ou, na colateral, até segundo grau.

Neste caso, não é necessário que os contraentes passem pelo procedimento de habilitação da forma como ordinariamente prevista pela lei, na medida em que só devem apresentar os documentos exigidos no art. 1.525, dispensando-se a publicação dos proclamas.

O casamento nuncupativo deverá ser homologado judicialmente. Assim, em até dez dias de sua celebração, as seis testemunhas que presenciaram o ato devem comparecer perante a autoridade judicial mais próxima pedindo que lhes tome por termo a declaração de que foram convocadas pelo enfermo, que este parecia em perigo de vida (mas em seu juízo) e que, em sua presença, declararam os contraentes, livre e espontaneamente, receber-se por marido e mulher.

O juiz, então, procederá às diligências necessárias para verificar realmente se as partes não poderiam ter-se habilitado na forma ordinária. Caso algum interessado requeira, será ouvido dentro de quinze dias, após o que, verificando a idoneidade dos cônjuges para o casamento, o juiz decidirá. Transitando em julgado a decisão, será expedido mandado para o registro civil, sendo que o assento retroagirá os efeitos do casamento à data da celebração. Importante ressaltar, ainda, que caso o enfermo se convalesça, podendo ratificar o casamento na presença da autoridade competente e do oficial de registro, será dispensada a homologação judicial.

6.1.3 Das provas do casamento

Prova-se o casamento realizado no Brasil pela sua certidão do registro civil. Sendo justificada a perda ou a falta da certidão, o casamento é provado por qualquer outra espécie de prova.

Quanto ao casamento de brasileiro, celebrado no estrangeiro, perante as respectivas autoridades ou os cônsules brasileiros, a certidão consular deverá ser registrada, no prazo de cento e oitenta dias, contados da volta de um ou de ambos os cônjuges ao Brasil, no cartório do respectivo domicílio, ou, em sua falta, no 1.º Oficial da Capital do Estado em que passarem a residir.

A posse do estado de casados também pode provar o casamento, quando os cônjuges houverem falecido ou não puderem manifestar a sua vontade. A posse de estado de casados é chamada de prova indireta e é demonstrada por três exigências: o *nomem*, o *tractatus* e a *fama*, ou seja, um dos cônjuges deve usar o nome do outro, geralmente a mulher, os cônjuges devem se tratar como se fossem marido e esposa e a sociedade deve conhecê-los como casados.

6.1.4 Da invalidade do casamento

Como já se afirmou, exige-se, para que um casamento seja considerado existente, três requisitos: a dualidade de sexos (homem e mulher), a celebração e o consentimento.

No entanto, mesmo existindo, o casamento poderá padecer de vícios que o tornam nulo ou que ensejem a possibilidade de ser anulado.

6.1.4.1 Casamento nulo (nulidade absoluta)

O casamento é nulo em duas situações: quando contraído pelo enfermo mental sem o necessário discernimento para os atos da vida civil; e quando houver infringência a qualquer das causas impeditivas previstas no art. 1.521 do CC.

A decretação de nulidade pode ser requerida mediante ação judicial proposta por qualquer interessado ou pelo Ministério Público. A sentença que reconhece a nulidade absoluta tem cunho declaratório e seus efeitos retroagem à data da celebração (*ex tunc*).

6.1.4.2 Casamento anulável (nulidade relativa)

O casamento será anulável em sete situações:

1.º) quando uma das partes, na data da celebração, não havia atingido a idade núbil (16 anos), sem que tenha havido autorização judicial.

Nesta hipótese, possuem legitimidade para a propositura da ação de anulação: o próprio menor, no prazo decadencial de 180 dias contados a partir do momento em que perfez a idade; e também seus representantes legais ou seus ascendentes, no mesmo prazo, contado a partir da celebração do casamento. Não se anulará, todavia, o casamento se dele resultou gravidez.

Importante ressaltar que o menor pode confirmar o casamento quando atingir a idade núbil, desde que haja autorização de seus representantes legais ou suprimento judicial.

2.º) quando um ou ambos os cônjuges fosse maior de 16 e menor de 18 anos sem que tenha havido a autorização dos representantes legais ou suprimento judicial.

Possuem legitimidade para pleitear a anulação o próprio menor, seus representantes legais e seus herdeiros necessários. O prazo para o ajuizamento da ação é de 180 dias contados: no caso do menor, a partir do momento em que perfez a idade; para os representantes legais, a partir da celebração do casamento e para os herdeiros necessários, a partir da morte.

Aplica-se também a regra de que não se anulará o casamento por defeito de idade se dele resultou gravidez. Deve-se frisar, ainda, que os representantes legais ou os ascendentes não poderão pleitear a anulação se estiveram presentes na celebração ou se de qualquer forma manifestaram sua aceitação como o casamento.

3.º) quando contraído pelo incapaz de consentir ou de manifestar de forma inequívoca seu consentimento.

O prazo para que seja requerida a anulação é de 180 dias a contar da data da celebração do casamento.

4.º) quando realizado pelo mandatário, sem que ele ou o outro contraente soubesse da revogação do mandato, e não sobrevindo coabitação entre os cônjuges.

O mandante poderá requerer a anulação do casamento no prazo de 180 dias contados a partir da data em que teve ciência da celebração.

5.º) quando celebrado por autoridade incompetente.

A incompetência a que se trata é em razão do lugar (*ratione loci*). A ação deve ser ajuizada no prazo de dois anos a contar da celebração do casamento.

Acerca da incompetência, importante lembrar que o art. 1.554 afirma subsistir o casamento celebrado por aquele que, sem possuir a competência exigida na lei, exercer publicamente as funções de juiz de casamento, e, nessa qualidade, tiver registrado o ato no Registro Civil.

6.º) quando houver erro essencial quanto à pessoa do outro cônjuge.

O erro essencial pode se referir à honra, à identidade ou à boa fama do outro cônjuge; à ignorância de crime, anterior ao casamento; à ignorância de defeito físico irremediável, ou de moléstia grave e transmissível, pelo contágio ou herança, capaz de pôr em risco a saúde do outro cônjuge ou de sua descendência; e a ignorância de doença mental grave.

O erro sempre deve ser referente a um fato existente antes do casamento que o cônjuge só veio a descobrir depois da celebração. A ação de anulação por erro essencial só poderá ser ajuizada pelo cônjuge no prazo de três anos contados da data da celebração do casamento e não do momento em que soube do erro.

7.º) quando um dos contraentes estava sob coação no momento de manifestar seu consentimento.

Nesse caso, também só tem legitimidade para ajuizar a ação o próprio cônjuge, o que deve fazer no prazo de quatro anos a contar da data da celebração do casamento.

Sendo a nulidade relativa, se a ação não for ajuizada dentro do prazo, o negócio convalesce e não pode ser mais questionado. Na ação de anulação, importante frisar não haver mais a figura do curador do vínculo, previsto na legislação anterior. A sentença que anula o casamento é de natureza desconstitutiva e só produz efeitos dali em diante (*ex nunc*).

Relevante mencionar, ainda, que as sentenças que declaram nulo ou anulam o casamento não estão mais sujeitas ao reexame obrigatório pela segunda instância.

Para uma visão geral do exposto, propomos o seguinte quadro:

<table>
<tr><th colspan="3">Invalidade do casamento</th></tr>
<tr><td rowspan="4">Casamento nulo</td><td rowspan="3">I – Infração aos impedimentos absolutos (art. 1.521, CC):</td><td>a) Parentesco: Consangüinidade: ascendentes e descendentes; irmãos germanos ou unilaterais; colaterais até 3.º grau. Afinidade: linha reta (madrasta e enteado). Adoção: imita a família (mesmas regras).</td></tr>
<tr><td>b) Existência de casamento anterior.</td></tr>
<tr><td>c) Condenação por crime doloso contra ex-cônjuge (homicídio e tentativa).</td></tr>
<tr><td colspan="2">II – Contraído por enfermo mental, sem discernimento para a prática dos atos da vida civil (art. 1.548, I, CC)</td></tr>
<tr><td rowspan="6">Casamento anulável</td><td colspan="2">I – de quem não completou a idade mínima para casar (16 anos); Prazo: 180 dias</td></tr>
<tr><td colspan="2">II – do menor em idade núbil, quando não autorizado por representante; Prazo: 180 dias.</td></tr>
<tr><td colspan="2">III – por vício da vontade. Coação (art. 1.556) – prazo: 4 anos. Erro essencial quanto à pessoa (art. 1.557) – 3 anos</td></tr>
<tr><td colspan="2">IV – do incapaz de consentir ou manifestar, de maneira inequívoca, a sua vontade (180 dias)</td></tr>
<tr><td colspan="2">V – realizado por mandatário, tendo sido revogado o mandato (180 dias)</td></tr>
<tr><td colspan="2">VI – por incompetência da autoridade celebrante (2 anos)</td></tr>
</table>

6.1.4.3 Casamento putativo

Mesmo nulo ou anulável, o casamento pode produzir efeitos, dependendo da boa-fé dos cônjuges à época da celebração. É o denominado casamento putativo.

Se ambos os cônjuges estavam de boa-fé, os efeitos serão produzidos com relação a ambos até a data da sentença que declarar nulo o casamento ou anulá-lo. Se apenas um dos cônjuges estava de boa-fé, só a este os efeitos aproveitarão.

Com relação aos filhos advindos do casamento, pouco importa a boa-fé ou não dos cônjuges. Sempre serão produzidos os efeitos. Aliás, com a regra constitucional que veda qualquer discriminação da filiação (art. 227, § 6.º, CF), os direitos dos filhos independem da situação jurídica dos pais, pouco importando se eles são ou foram casados, e se o casamento foi declarado nulo ou anulado.

Por fim, quando o casamento for anulado por culpa de um dos cônjuges este incorrerá na perda de todas as vantagens havidas do cônjuge inocente e na obrigação de cumprir todas as promessas que lhe fez no contrato antenupcial.

6.1.5 Eficácia do casamento

Pelo casamento, os cônjuges assumem mutuamente a condição de consortes, companheiros e responsáveis pelos encargos da família.

Dispõe o art. 1.566, § 2.º do CC que o planejamento familiar é de livre decisão do casal, competindo ao Estado propiciar recursos educacionais e financeiros para o exercício desse direito, vedado qualquer tipo de coerção por parte de instituições privadas ou públicas. Referido dispositivo reproduz parcialmente a norma contida no art. 226, § 7.º da CF, que afirma ainda que o planejamento familiar é fundado nos princípios da dignidade humana e da paternidade responsável.

Ainda quando do casamento, qualquer dos noivos poderá acrescer ao seu o sobrenome do outro.

Com relação aos direitos e deveres dos cônjuges, o art. 226, § 5.º, da CF afirma que serão exercidos igualmente pelo homem e pela mulher. Referidos direitos e deveres são enumerados no art. 1.566 do CC:

- fidelidade recíproca;
- vida em comum, no domicílio conjugal;
- mútua assistência;
- sustento, guarda e educação dos filhos; e
- respeito e consideração mútuos.

O rol dos direitos e deveres, todavia, não se esgota na relação supracitada. Deve-se incluir também a obrigação de ambos os cônjuges de concorrer, na proporção dos seus bens e dos rendimentos do trabalho, para o sustento da família e a educação dos filhos, qualquer que seja o regime patrimonial de bens.

A direção da entidade familiar é diárquica, competindo a ambos os cônjuges. A Constituição de 1988 abandonou definitivamente a predominância do homem sobre a mulher (que formava a família patriarcal que perdurou por séculos na sociedade brasileira) para adotar o regime de igualdade no art. 226, § 5.º. O Código Civil, coerente com tal regra, afirma no art. 1.567 que a direção da sociedade será exercida por ambos em regime de colaboração sempre no interesse do casal e dos filhos; dispõe o parágrafo único do dispositivo que, havendo divergência sobre tal direção, qualquer dos cônjuges poderá recorrer ao juiz, que decidirá tendo em consideração os interesses do casal e dos filhos.

Nos termos do art. 1.570, a direção da família e a administração dos bens serão exercidas de forma exclusiva por um dos cônjuges se o outro estiver em lugar remoto e não sabido, encarcerado por mais de cento e oitenta dias, interditado judicialmente ou privado, episodicamente, de consciência, em virtude de acidente ou enfermidade.

Afirma o art. 1.568 que "os cônjuges são obrigados a concorrer, na proporção de seus bens e dos rendimentos do trabalho, para o sustento da família e a educação dos filhos, qualquer que seja o regime patrimonial".

Com relação ao domicílio do casal, este deverá ser escolhido por ambos os cônjuges, mas eles podem ausentar-se para atender a encargos públicos, ao exercício de sua profissão, bem como para atender interesses particulares relevantes (art. 1.569).

6.1.6 Dissolução do casamento e da sociedade conjugal

O casamento válido só se dissolve definitivamente por duas formas: pela morte de um dos cônjuges e pelo divórcio.

Antes de julho de 2010, cogitava-se sobre a separação como meio de dissolver a sociedade conjugal; a partir de tal mês, porém, foi promulgada a Emenda Constitucional n. 66, que retirou do texto constitucional as menções à separação e à lei que previa requisitos para a obtenção do divórcio. O art. 226, § 6.º, da CF, passou a ter a seguinte redação: "O casamento civil pode ser dissolvido pelo divórcio".

A doutrina vem debatendo, desde então, as consequências da modificação do texto constitucional especialmente no que tange à persistência ou não do instituto da separação judicial no sistema jurídico, podendo ser identificadas três posições a respeito:

a) *1ª corrente:* A emenda constitucional deve ser aplicada imediatamente com máxima eficácia. Assim, além de não se exigir mais qualquer requisito para o divórcio, o instituto da separação judicial foi suprimido de nosso ordenamento jurídico. Com efeito, se a separação judicial era considerada um caminho ou, como preferem alguns, um "estágio probatório" para o divórcio, com sua retirada da Constituição Federal ela perdeu sua razão de ser. Portanto, os arts. 1.571, III, 1.572, 1.573, 1.574, 1.575, 1.576, 1.577 e 1.578 do Código Civil (que abordam a separação) foram revogados pela Constituição Federal. Já outros dispositivos (como os arts. 1.571, § 2.º, 1.583, 1.584, entre outros) deverão passar por uma releitura suprimindo-se a referência à separação.

Os autores deste livro são adeptos desta corrente, entendendo que não há como manter a coerência do ordenamento jurídico se mantida a separação judicial. Afinal, não há como, por exemplo, compatibilizar a regra prevista no art. 1.574 do CC, que exige o prazo de um ano de casamento como requisito à separação consensual, com o texto constitucional que não exige requisito algum para o divórcio. O mesmo se verifica quanto às causas de separação litigiosa; se nada exige a Constituição, as previsões do Código Civil tornaram-se inócuas.

Esta corrente parece-nos ser majoritária na doutrina e é defendida, entre outros, por Maria Berenice Dias, Rodrigo da Cunha Pereira, Zeno Veloso, Paulo Lôbo, Silvio Venosa, Flávio Tartuce e José Fernando Simão. Há diversas decisões judiciais que acolhem tal posicionamento e deferem pedidos de divórcio sem exigir qualquer requisito temporal ou demonstração de motivos.

b) *2ª corrente:* A emenda tem efeito imediato em relação ao divórcio, que pode ser concedido sem a necessidade de qualquer requisito ou causa. Quanto à separação judicial, como não foi extinta expressamente pela Constituição, ela subsiste em nosso ordenamento jurídico, sendo uma alternativa para aqueles que desejam dissolver a sociedade conjugal, mas não o vínculo matrimonial.

c) *3ª corrente:* A emenda constitucional apenas eliminou os requisitos constitucionais para o divórcio, que continua sendo regulado pela legislação ordinária; enquanto não houver alteração nesta, continuam em vigor os dispositivos do Código Civil que tratam da matéria. Desta forma, não só subsistiria o instituto da separação judicial, como também ainda se exige, nos termos do art. 1.580, do CC, dois anos de separação de fato ou um ano do trânsito em julgado da sentença da separação judicial para o divórcio. Esta corrente parece-nos minoritária.

Como não há posição consolidada, e como esta obra tem por objetivo a preparação para o exame da OAB, optamos por manter o texto relativo ao instituto da separação, deslocando-o para o final desse tópico; tal regramento, destaca-se, deve ser lido e estudado sempre com a ressalva aqui feita.[1]

---

1 Num primeiro momento, logo após a promulgação da Emenda n. 66, o Conselho Nacional de Justiça, provocado pelo Instituto Brasileiro de Direito de Família, que pretendia alteração na Resolução n. 35 (regula os atos notariais decorrentes da Lei 11.441/2007), decidiu retirar o dispositivo - art. 53 - que exigia o prazo de dois anos de separação de fato para a lavratura da escritura de divórcio direto, e alterar outro - art. 52 - suprimindo a necessidade do transcurso de um ano da separação para a lavratura da escritura de conversão. Quanto à separação, contudo, o CNJ decidiu não retirar da mencionada Resolução os dispositivos sobre a mesma. Advirta-se, no entanto, que isso não significa que o Poder Judiciário irá seguir tal posição.

6.1.6.1 Divórcio

O divórcio, assim como a morte, dissolve o vínculo matrimonial. Tem previsão constitucional no art. 226, § 6.º, que, com a redação da Emenda Constitucional n. 66, assim dispõe: "O casamento civil pode ser dissolvido pelo divórcio".

O divórcio é admitido em duas modalidades: o divórcio conversão e o divórcio direto. A nova redação do dispositivo constitucional revoga tacitamente o art. 1.580 do CC. Não há mais qualquer requisito para o divórcio.

6.1.6.1.1 Divórcio conversão

Aqueles que se encontram separados judicialmente podem requerer a conversão da separação em divórcio. Insta salientar que, mesmo se entendendo que a Emenda n. 66 aboliu o instituto da separação, aqueles que estão separados judicialmente não passaram automaticamente a ser divorciados. Para tanto, deverão obter a sua conversão.

A conversão da separação em divórcio pode ser feita de forma consensual, inclusive por escritura pública, desde que presentes os requisitos do art. 1.124-A do CPC, ou litigiosa.

De qualquer forma, não há mais necessidade de se aguardar um ano do trânsito em julgado da decisão que homologou a separação judicial ou da decisão que autorizou a separação de corpos.

6.1.6.1.2 Divórcio direto

O pedido de divórcio pode ser consensual ou litigioso. No primeiro caso, os cônjuges devem observar o mesmo procedimento previsto nos arts. 1.120 a 1.124 do CPC. Caso o pedido seja litigioso, observar-se-á o procedimento ordinário (não é admissível o rito sumário porque, segundo o art. 275, parágrafo único, do Código de Processo Civil, tal procedimento não é aplicável nas ações relativas ao estado e à capacidade das pessoas).

A Lei 11.441/2007 também trouxe a possibilidade de o divórcio consensual ser realizado por escritura pública, independentemente de homologação judicial, desde que não haja filhos menores ou incapazes e sejam observados os requisitos legais.

Após a Emenda Constitucional n. 66, não mais se exige para o divórcio que os cônjuges estejam separados de fatos há pelo menos dois anos.

6.1.6.2 Dos efeitos da dissolução da sociedade conjugal

A dissolução da sociedade conjugal produz diversos efeitos pessoais tanto em relação ao casal como também aos filhos advindos da união.

6.1.6.2.1 Dos efeitos quanto à manutenção ou não do nome de casado

Como já afirmado, com o casamento, tanto o homem quanto a mulher podem acrescer ao seu o sobrenome do outro (art. 1.565, § 1.º).

O atual Código consagrou na legislação o entendimento de que o nome é um direito da personalidade (arts. 16 a 19). Assim, quando duas pessoas se casam e uma delas acresce ao seu o nome do outro, aquele não lhe estará emprestando o seu nome para que o outro o use durante a constância do casamento. A partir do momento em que um dos cônjuges passa a usar o sobrenome do outro, este passa a integrar a sua personalidade.

De acordo com este entendimento, estabelece o art. 1.571, § 2.º, do CC que, dissolvido o casamento pelo divórcio direto ou por conversão, o cônjuge poderá manter o nome de casado (salvo, no segundo caso, dispondo em contrário a sentença de separação judicial).

Assim, cabe ao cônjuge optar entre continuar a usar o nome de casado ou voltar a usar o nome de solteiro.

A princípio, somente na hipótese do art. 1.578 do CC, o cônjuge poderia ser compelido a voltar a usar o nome de solteiro. Segundo tal dispositivo, o cônjuge considerado culpado na ação de separação judicial só perderia o direito de usar o sobrenome do outro, desde que tal tivesse sido expressamente requerido pelo cônjuge inocente e se a alteração não acarretasse:

I – evidente prejuízo para a sua identificação;

II – manifesta distinção entre o seu nome de família e o dos filhos havidos da união dissolvida;

III – dano grave reconhecido na decisão judicial.

Entendendo-se que a separação foi abolida de nosso ordenamento jurídico, não mais subsiste a exceção contida no art. 1.578 do CC, que, aliás, foi revogado tacitamente. Portanto, a manutenção ou não do nome de casado será sempre uma livre decisão daquele que acrescentou o sobrenome quando do casamento.

6.1.6.2.2 Dos efeitos quanto aos alimentos entre os cônjuges

Mesmo com o divórcio, pode ocorrer que um dos cônjuges fique obrigado a prestar alimentos ao outro.

Se consensual o divórcio, as partes têm autonomia para dispor sobre os alimentos entre ambos. Eventual cláusula que estipule a renúncia recíproca aos alimentos deve ser considerada válida.

Sobre a matéria, a III Jornada de Direito Civil promovida pelo CJF aprovou o Enunciado 263, com a seguinte redação: "O art. 1.707 do Código Civil não impede seja reconhecida válida e eficaz a renúncia manifestada por ocasião do divórcio (direto ou indireto) ou da dissolução da 'união estável'. A irrenunciabilidade do direito a alimentos somente é admitida enquanto subsistir vínculo de Direito de Família."

Os alimentos entre cônjuges devem ser pleiteados até o divórcio, pois este rompe o vínculo matrimonial e põe termo ao dever de mútua assistência.

Entendemos que os alimentos devem ser discutidos em ação autônoma, e não na ação de divórcio. Para que haja a obrigação legal de alimentos é necessária a presença do binômio necessidade/possibilidade, ou seja, a necessidade daquele que requer os alimentos e a possibilidade daquele a quem se pleiteia.

Em regra, os alimentos devem ser fixados de acordo com a condição social das partes (alimentos civis).

No entanto, tendo havido violação dos deveres conjugais, parece-nos ser possível discutir a culpa para fins de alimentos, conforme se infere do art. 1.704 do Código Civil.

Assim, aquele que violou deveres conjugais somente terá direito de exigir do outro alimentos caso não tenha aptidão para o trabalho e também não possua nenhum outro parente em condições de prestá-los. Mesmo assim, os alimentos nesta situação de culpa deverão ser fixados apenas no montante indispensável à subsistência.

6.1.6.3 Antigo regramento sobre a separação constante no Código Civil

Ressalta-se novamente que para os autores desta obra os dispositivos do Código Civil que tratam da separação foram revogados pela Constituição Federal, a partir da Emenda Constitucional n. 66. Contudo, em respeito à posição doutrinária que preconiza sua manutenção e em razão da existência de ações de separação em curso, expõe-se, aqui, a sistemática da lei.

A separação judicial somente extingue a sociedade conjugal, sem dissolver o vínculo conjugal, produzindo os seguintes efeitos: põe fim aos deveres da fidelidade recíproca e da vida em comum no domicílio conjugal, bem como ao regime matrimonial de bens. Persistem, porém, alguns deveres: mútua assistência; sustento, guarda e educação dos filhos; respeito e consideração mútuos.

O pedido de separação judicial cabe somente aos próprios cônjuges. Todavia, no caso de incapacidade, eles podem ser representados pelo curador, pelo ascendente ou pelo irmão.

A separação judicial poderá ser consensual (por mútuo consentimento) ou litigiosa.

6.1.6.3.1 Separação consensual

A separação judicial consensual somente poderá ser pleiteada por ambos os cônjuges após o prazo de um ano de casamento. O pedido deve obedecer às regras previstas nos arts. 1.120 a 1.124 do CPC, sendo assinado por ambos os cônjuges, instruído com a certidão de casamento e do pacto antenupcial, se houver, devendo prever:

- a quem ficará a guarda dos filhos menores ou maiores incapazes, se houverem;
- o regime de visitas àquele que não ficar com a guarda;
- os alimentos devidos pelo genitor não guardião aos filhos sob o poder familiar;
- os alimentos devidos entre os cônjuges ou cláusula de dispensa ou renúncia;
- regra sobre a manutenção ou não do nome de casado.

É aconselhável, mas **não** obrigatório, que os cônjuges convencionem sobre a partilha de bens. O pedido de separação deverá ser homologado pelo juiz. Este, no entanto, poderá recusar a homologação se entender que o acordo não preserva suficientemente os interesses de um dos cônjuges ou dos filhos.

Cumpre salientar que a Lei 11.441, de 04.01.2007, inseriu o art. 1.124-A ao Código de Processo Civil, passando a ser possível que a separação consensual e o divórcio consensual sejam realizados **por meio**

de escritura pública, independentemente de homologação judicial, desde que não haja filhos menores ou incapazes e que observados os requisitos legais. Nesta escritura pública, que deverá ser lavrada em qualquer tabelionato de notas, os separandos poderão acordar sobre a partilha dos bens, sobre os alimentos e sobre a manutenção do nome. A escritura pública deve ser averbada no cartório de registro civil e no registro de imóveis, na hipótese de ter havido a partilha.

Relevante destacar, também, que o tabelião somente lavrará a escritura pública se as partes estiverem assistidas por advogado comum ou advogados de cada um deles, cuja qualificação e assinatura dela constarão.

6.1.6.3.2 Separação litigiosa

Com relação à separação litigiosa, nossa legislação prevê três modalidades:

- a separação sanção;
- a separação falência; e
- a separação remédio.

6.1.6.3.2.1 Separação sanção

A separação sanção é fundada em uma causa subjetiva, o comportamento culposo dos cônjuges e está prevista no *caput* do art. 1.572: qualquer dos cônjuges poderá requerer a separação imputando ao outro uma conduta que implique em grave violação de um dos deveres conjugais que torne insuportável a vida em comum.

O Código Civil adota o sistema de causas genéricas. Todavia, no corpo do art. 1.573 (uma norma de certa forma contraditória), há um rol exemplificativo das causas que tornam insuportável a vida conjugal, quais sejam:

- o adultério;
- a tentativa de morte;
- a sevícia ou injúria grave;
- o abandono voluntário do lar conjugal, durante um ano contínuo;
- a condenação por crime infamante; e a
- conduta desonrosa.

Por fim, o parágrafo único do art. 1.573 ainda afirma que o juiz poderá levar em consideração outros fatos que tornem evidente a impossibilidade da vida em comum.

A ação de separação judicial fundada na culpa tramita pelo rito ordinário e o réu pode ingressar com reconvenção, havendo possibilidade, portanto, de o juiz decretar a separação com base na culpa de ambos os cônjuges.

Cabe ressaltar que na III Jornada de Direito Civil, promovida pelo Conselho da Justiça Federal (CJF), foi aprovado o Enunciado 254, com o seguinte texto: "Art. 1.573: Formulado o pedido de separação judicial com fundamento na culpa (art. 1.572 e/ou art. 1.573 e incisos), o juiz poderá decretar a separação do casal diante da constatação da insubsistência da comunhão plena de vida (art. 1.511) – que caracteriza hipótese de 'outros fatos que tornem evidente a impossibilidade da vida em comum' – sem atribuir culpa a nenhum dos cônjuges."

A separação com base no princípio da culpa vem sendo duramente combatida pela doutrina. Afirmam os autores que uma conduta isolada de um dos cônjuges não é suficiente para concluir quem foi o culpado pelo desenlace da sociedade conjugal. Ademais, os fatos que podem ensejar a separação, na maioria das vezes, ocorrem num ambiente fechado, tendo sido vivenciados apenas pelos cônjuges e, portanto, são muito difíceis de serem provados no âmbito restrito dos autos. Afirma-se, ainda, ser contrário ao princípio da dignidade da pessoa humana exigir que os cônjuges exponham perante o Judiciário toda intimidade e privacidade do ambiente familiar, num processo cujo fim é certo, ou seja, a separação judicial. Com a Emenda Constitucional n. 66, há mais um argumento para se defender a impossibilidade de se discutir a culpa como causa da separação.

6.1.6.3.2.2 Separação falência

A separação falência é fundada em uma causa objetiva no princípio da ruptura da vida em comum. Nesta hipótese, não é necessário que o cônjuge exponha a razão pela qual está requerendo a separação, bastando demonstrar o fracasso do casamento e a impossibilidade de sua reconstituição. Exige-se, assim, a mera constatação de uma causa objetiva.

A falência do casamento demonstra-se pela separação de fato entre os cônjuges. Assim, segundo o disposto no art. 1.572, § 1.º, do CC, a separação judicial poderá ser pedida se um dos cônjuges provar a ruptura da vida em comum há mais de um ano e a impossibilidade de sua reconstituição.

Geralmente a ruptura da vida em comum é demonstrada pelo fato de o casal não mais residir sob o mesmo teto. Todavia, a jurisprudência admite até mesmo que o casal ainda esteja sob o mesmo teto, em especial quando não há condições materiais de mudança de um deles.

Demonstrada a separação fática, a separação deve ser decretada.

6.1.6.3.2.3 Separação remédio

A separação remédio também é fundada em uma causa objetiva, a doença mental de um dos cônjuges. Não obstante todas as críticas feitas em razão de ser considerada uma afronta ao princípio da dignidade da pessoa humana, ao dever da mútua assistência e ao companheirismo que deve existir entre os cônjuges, essa modalidade de separação foi mantida pelo Código Civil.

Consoante dispõe o art. 1.572, § 2.º, o cônjuge pode pleitear a separação quando o outro estiver acometido de doença mental grave, manifestada após o casamento, desde que, após uma duração de dois anos, a enfermidade tenha sido reconhecida como de cura improvável.

Em razão de sua natureza desumana, essa modalidade de separação nunca ocorreu com frequência, sendo poucos os casos registrados na jurisprudência.

Na separação remédio, a lei impõe ao requerente uma penalidade patrimonial. Tal sanção restringe-se, no entanto, ao casamento regido pela comunhão universal de bens. Estabelece o art. 1.572, § 3.º, que reverterão ao cônjuge enfermo o remanescente dos bens que levou ao casamento, e, se o regime adotado o permitir, a meação dos adquiridos na constância da sociedade conjugal. O único regime que faz com que o cônjuge tenha direito à meação dos bens adquiridos antes do casamento é o da comunhão universal. A segunda parte do dispositivo é irrelevante. A razão da separação é desnecessária para se verificar se há ou não direito à meação dos bens adquiridos na constância do casamento, uma vez que o mencionado direito decorre exclusivamente do regime de bens.

Por fim, importante ressaltar que seja qual for a causa da separação e o modo como esta se faça, é lícito aos cônjuges restabelecer, a todo tempo, a sociedade conjugal, por ato regular em juízo. A reconciliação, todavia, em nada prejudicará os direitos de terceiros, adquiridos antes ou durante o estado de separado, qualquer que seja o regime de bens.

Sobre o tema, propomos o seguinte quadro:

<table>
<tr><th colspan="3">Dissolução da sociedade conjugal</th></tr>
<tr><td rowspan="2">Separação sanção
(art. 1.572, caput, CC)</td><td colspan="2">Base: comportamento culposo dos cônjuges</td></tr>
<tr><td>Conduta que implique em grave violação de um dos deveres conjugais</td><td>E que torne insuportável a vida em comum</td></tr>
<tr><td rowspan="2">Separação falência
(art. 1.572, § 1.º, CC)</td><td colspan="2">Base: princípio da ruptura da vida em comum</td></tr>
<tr><td>Ruptura da vida em comum há mais de um ano</td><td>E impossibilidade de sua reconstituição</td></tr>
<tr><td rowspan="3">Separação remédio
(art. 1.572, § 2.º, CC)</td><td colspan="2">Causa objetiva: doença mental de um dos cônjuges</td></tr>
<tr><td>Outro cônjuge acometido de doença mental grave, manifestada após o casamento</td><td>Desde que, após uma duração de dois anos, a enfermidade tenha sido reconhecida como de cura improvável</td></tr>
<tr><td colspan="2">Efeito: penalidade patrimonial (reverterão ao enfermo o remanescente dos bens que levou ao casamento e, se o regime adotado o permitir, a meação dos adquiridos na constância da sociedade conjugal)</td></tr>
<tr><td colspan="3">Seja qual for a causa da separação e o modo como esta se faça, é lícito aos cônjuges restabelecer, a todo tempo, a sociedade conjugal, por ato regular em juízo</td></tr>
</table>

6.2 DAS RELAÇÕES DE PARENTESCO

O parentesco é o vínculo existente entre pessoas que pertencem à mesma família. O parentesco será natural ou civil, conforme resulte de consanguinidade ou outra origem.

O parentesco será verificado tanto na linha reta como na linha colateral.

São parentes em linha reta as pessoas que estão, umas para as outras, na relação de ascendentes e descendentes (por exemplo, pais e filhos, avós e netos etc.).

São parentes na linha colateral (ou transversal) as pessoas que descendem de um tronco em comum, sem descenderem uma da outra (por exemplo, o tio e o sobrinho, os primos, o tio-avô e o sobrinho neto).

O grau de parentesco é contado pelo número de gerações entre os parentes. Assim, pais e filhos são parentes na linha reta em primeiro grau, pois somente há uma geração entre eles. Avós e netos são parentes na linha reta em segundo grau; bisavô e bisneto em terceiro grau, e assim por diante.

Na linha colateral conta-se o grau de parentesco também pelo número de gerações, subindo de um dos parentes até o ascendente em comum, e descendo até encontrar o outro parente. O parentesco na linha colateral se estende somente até o quarto grau.

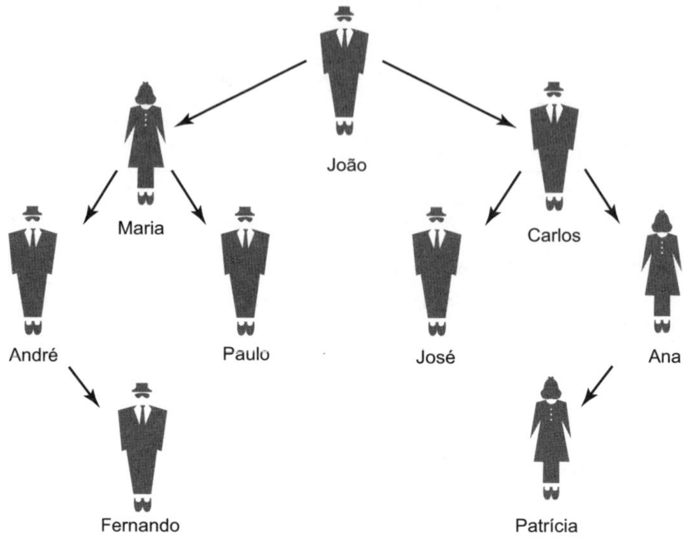

No exemplo acima, João tem dois filhos, Maria e Carlos.

Maria, por sua vez, é mãe de André e Paulo. Carlos é pai de José e Ana.

André é pai de Fernando. Ana é mãe de Patrícia.

Maria e Carlos, filhos de João, são irmãos. Assim, eles são parentes na linha colateral, pois descendem de um tronco em comum sem descenderem um do outro. Para se verificar o grau de parentesco entre ambos, eu devo partir de Maria, subindo até o ascendente em comum (no caso o pai João) e depois descer até encontrar Carlos. Assim, constata-se que os irmãos são parentes na linha colateral ou transversal em segundo grau.

Os irmãos podem ser bilaterais, também chamados *germanos*, ou *unilaterais*. Os bilaterais são os irmãos cujos pais são os mesmos. Já os unilaterais são os irmãos somente de mesmo pai ou de mesma mãe.

Maria é tia de José, filho de seu irmão Carlos. Eles também são parentes na linha colateral ou transversal. São parentes em terceiro grau.

Paulo e José são primos. São parentes na linha colateral ou transversal em quarto grau.

Carlos é tio-avô de Fernando. Também são parentes na linha colateral em quarto grau.

A legislação brasileira não considera Fernando e José parentes, pois estão distantes em cinco gerações.

Além do parentesco natural ou civil, há ainda o vínculo da afinidade.

A afinidade é o vínculo que une o cônjuge ou o companheiro aos parentes do outro cônjuge ou do outro companheiro. Assim, há afinidade tanto no casamento como na união estável.

A afinidade limita-se aos ascendentes, aos descendentes e aos irmãos do cônjuge ou do companheiro. É, portanto, o vínculo entre o genro e o sogro, a nora e o sogro, os cunhados.

Com a dissolução do casamento ou da união estável não se extingue a afinidade na linha reta, mas somente na linha colateral. Por isso, cunhados deixam de ser cunhados, mas o vínculo existente entre o genro, a nora e seus sogros nunca se extingue.

6.2.1 Da filiação

A Constituição Federal de 1988 aboliu qualquer diferença entre os filhos. A norma contida no seu art. 227, § 6.º, estabelece que os filhos, havidos ou não da relação de casamento ou por adoção, terão os mesmos direitos e qualificações, proibidas quaisquer designações discriminatórias relativas à filiação. Esta mesma regra é encontrada no art. 1.596 do CC.

Desta forma, não há mais como se qualificar os filhos em legítimos ou ilegítimos, naturais ou espúrios, incestuosos ou adulterinos como se fazia em tempos pretéritos. Costuma-se falar atualmente que o substantivo filho não pode mais ser adjetivado. Os direitos dos filhos não podem ter qualquer relação com a situação jurídica de seus pais.

No entanto, quanto ao estabelecimento da filiação, em especial da paternidade, a lei ainda traz normas diferentes caso os pais sejam casados ou não. No entanto, não se estabelece qualquer diferenciação na filiação.

6.2.1.1 Do estabelecimento da filiação decorrente do casamento

Com efeito, a lei estabelece uma presunção de paternidade para os filhos concebidos na constância do casamento. Trata-se de uma presunção existente desde o direito romano com o seguinte teor: *Mater semper certa est, pater is est quem justiae nuptiae demonstrant* (A mãe é sempre certa, o pai é aquele que as justas núpcias demonstra).

Trata-se de uma presunção relativa, *juris tantum*, que admite, pois, prova em contrário. Assim, consoante o disposto no art. 1.597, presumem-se nascidos na constância do casamento os filhos:

- nascidos cento e oitenta dias, pelo menos, depois de estabelecida a convivência conjugal;
- nascidos nos trezentos dias subsequentes à dissolução da sociedade conjugal, por morte, separação judicial, nulidade e anulação do casamento;
- havidos por fecundação artificial homóloga, mesmo que falecido o marido;
- havidos, a qualquer tempo, quando se tratar de embriões excedentários, decorrentes de concepção artificial homóloga;
- havidos por inseminação artificial heteróloga, desde que tenha prévia autorização do marido.

A presunção se inicia após cento e oitenta dias contados a partir do início da convivência conjugal, que é o período mínimo de gestação imaginado pelo legislador, e se estende até o prazo de 300 dias após a dissolução da sociedade conjugal. O Código Civil de 2002 incluiu também nas hipóteses de presunção de paternidade situações relativas à fecundação artificial.

Caso a mulher contraia novas núpcias antes dos 300 dias subsequentes à dissolução do casamento anterior e lhe nasça algum filho, este se presume do primeiro marido, se nascidos dentro daquele prazo. Por outro lado, presume-se a paternidade do segundo marido, se o nascimento se deu após aqueles trezentos dias e desde que decorridos pelo menos 180 dias do segundo casamento.

A fecundação artificial homóloga é aquela em que o material genético utilizado é pertencente aos cônjuges. A fecundação é heteróloga quando se utilizou material genético de terceiro.

Nascendo, pois, um filho cuja mãe seja casada ou decorrente da fecundação artificial nas situações mencionadas acima, a lei presume que o pai é o marido, devendo no registro de nascimento constar o nome deste como pai.

Vale lembrar ainda que, mesmo sendo o casamento declarado nulo ou anulado, há a presunção de paternidade, pois os efeitos do casamento são produzidos aos filhos (casamento putativo). Não incide a presunção de paternidade dos filhos na hipótese em que os pais viverem em união estável.

A filiação é provada pela certidão do termo de nascimento registrada no Registro Civil, não podendo ninguém vindicar estado contrário ao que resulta do registro de nascimento, salvo provando-se erro ou falsidade de registro.

A presunção de paternidade, como afirmado acima, é relativa. O marido poderá contestar a paternidade dos filhos havidos de sua mulher, sendo a ação negatória de paternidade imprescritível. Se o marido vier a falecer no curso da demanda, seus herdeiros têm direito de prosseguir na mesma.

A lei estabelece algumas regras acerca da negatória de paternidade. Afirma que a prova da impotência do cônjuge para gerar (impotência *generandi*) à época da concepção ilide a presunção. Por outro lado, não basta, para ilidir a presunção da paternidade, o adultério da mulher (ainda que confessado), nem qualquer confissão acerca de outros fatos. Nesse sentido dispõem as normas contidas nos arts. 1.600 e 1.602 do CC.

6.2.1.2 Do estabelecimento da filiação fora do casamento

Os filhos cujos pais não forem casados deverão ser por eles reconhecidos, conjunta ou separadamente.

O estabelecimento tanto da maternidade como da paternidade dá-se por meio do reconhecimento, que poderá ser voluntário ou forçado.

Caso a maternidade conste do registro, a mãe só poderá contestá-la provando a falsidade do termo ou das declarações constantes no registro.

O reconhecimento voluntário dos filhos havidos fora do casamento é irrevogável e poderá ser feito:

- no registro de nascimento;
- por escritura pública ou escrito particular, a ser arquivado em cartório;
- por testamento, ainda que incidentalmente manifestado;
- por manifestação direta e expressa perante o juiz, ainda que o reconhecimento não haja sido o objeto único e principal da declaração.

Mesmo sendo feito em testamento que tenha sido revogado ou declarado posteriormente nulo, o reconhecimento da filiação subsiste.

O reconhecimento da filiação é ato jurídico em sentido estrito, sendo seus efeitos predeterminados na lei. Não se admite, pois, qualquer termo ou condição.

O art. 1.614 determina ainda que o filho maior não poderá ser reconhecido sem o seu consentimento, e que o menor poderá impugnar o reconhecimento nos quatro anos que se seguirem à maioridade ou à emancipação.

Caso um dos pais seja casado e reconheça um filho havido fora do casamento, este não poderá residir no lar conjugal sem que haja o consentimento do outro cônjuge.

Se ambos os pais reconheceram a paternidade e não vivem juntos, deverão acordar sobre a guarda do filho enquanto este for menor, que poderá ser unilateral ou compartilhada. Não havendo o acordo, decidirá o juiz sempre levando em conta o melhor interesse da criança e do adolescente.

O reconhecimento da paternidade e da maternidade também poderá ser forçado, mediante decisão judicial proferida em ação de investigação de paternidade ou maternidade, que pode ser ajuizada a qualquer tempo.

6.2.1.3 Da adoção

O vínculo de filiação também poderá ser estabelecido pela adoção.

As regras que disciplinam a adoção foram modificadas pela Lei 12.010/2009, que alterou o Estatuto da Criança e do Adolescente (ECA – Lei 8.069/1990) e, quanto ao Código Civil, deu nova redação aos arts. 1.618, 1.619 e 1.734 e revogou expressamente os arts. 1.620 a 1.629.

Podem adotar os maiores de 18 anos, independentemente de seu estado civil. Qualquer pessoa pode ser adotada.

O procedimento da adoção será sempre judicial, sendo que somente a sentença poderá estabelecer o vínculo de filiação, pouco importando a idade do adotando, menor ou maior de dezoito anos. A adoção só será deferida quando importar em efetivo benefício para o adotando.

Nos termos do art. 39, § 1.º, do ECA, a adoção é medida excepcional e irrevogável, à qual deve recorrer apenas quando esgotados os recursos de manutenção da criança ou adolescente na família natural ou extensa.

A família natural é aquela formada pelos pais ou qualquer deles e seus descendentes. Já a família extensa ou ampliada, nos termos do parágrafo único do art. 25 do ECA, com redação dada pela Lei 12.010/2009, é aquela que se estende para além da unidade pais e filhos ou da unidade do casal, formada por parentes próximos com os quais a criança ou adolescente convive e mantém vínculos de afinidade e afetividade.

A adoção poderá ser unilateral (só por uma pessoa) ou conjunta.

A adoção conjunta só é possível entre pessoas de sexo diferente, desde que sejam casadas ou vivam em união estável. Eventualmente, os divorciados, os separados judicialmente e os ex-companheiros poderão adotar conjuntamente desde que acordem sobre a guarda e o regime de visitas, que o estágio de convivência tenha sido iniciado durante a convivência e que seja comprovada a existência de vínculos de afinidade e afetividade com aquele não detentor da guarda, que justifiquem a excepcionalidade da concessão.

Na adoção conjunta, basta que um dos adotantes tenha dezoito anos, exigindo-se, todavia, a comprovação da estabilidade da família.

Ainda que o adotante venha a falecer no curso do processo, este poderá prosseguir caso o *de cujus* tenha manifestado de forma clara a sua vontade de adotar. É a denominada adoção póstuma.

O tutor e o curador não podem adotar o pupilo ou curatelado enquanto não prestarem contas sobre a sua administração e não pagarem o eventual saldo.

É vedada, ainda, a adoção pelos ascendentes ou pelo irmão do adotado.

Baseada na regra de que a adoção deve imitar a natureza, a lei afirma que o adotante deverá ser pelo menos dezesseis anos mais velho que o adotado.

Se o adotando for menor, será necessário o consentimento de seus pais ou representantes legais. O consentimento é revogável até a sentença constitutiva do vínculo de filiação.

O consentimento não será necessário se os pais do adotando não forem conhecidos, ou se houverem sido destituídos do poder familiar sem que tenha sido nomeado tutor, ou quando se tratar de órfão não reclamado por qualquer parente, por mais de um ano.

Sempre que possível, a criança ou o adolescente será previamente ouvido e terá sua opinião devidamente considerada. Sempre há necessidade de seu consentimento, caso seja maior de 12 anos.

A adoção do menor será precedida de estágio de convivência, cujo prazo será fixado pelo juiz. Esse estágio poderá ser dispensado se o adotando já estiver sob a tutela ou guarda legal ou adotante durante tempo suficiente para que seja possível avaliar a conveniência da constituição do vínculo.

O estágio de convivência, no entanto, será obrigatório quando o adotante for pessoa ou casal residente ou domiciliado fora do País. Neste caso, o estágio de convivência será de no mínimo 30 dias e obrigatoriamente cumprido em território nacional.

A sentença de adoção atribui a situação de filho ao adotado, desligando-o de todos os vínculos existentes com a família anterior (salvo para efeito de impedimentos matrimoniais). A adoção é irrevogável. Nem mesmo a morte do adotante restabelece o vínculo pretérito.

A adoção produz efeitos a partir do trânsito em julgado da sentença – salvo na adoção póstuma, quando seus efeitos retroagem à data do falecimento do adotante, justamente para que o adotado participe de sua sucessão.

As relações de parentesco se estabelecem não só entre o adotante e o adotado, mas também entre o adotante e os descendentes do adotado, e entre o adotado e todos os demais parentes do adotante.

Se um dos cônjuges ou companheiro adota o filho do outro, mantém-se o vínculo de filiação entre o adotado e o cônjuge ou companheiro do adotante.

A sentença deverá ser inscrita no registro civil mediante mandado do qual não se fornecerá certidão. O registro anterior será cancelado. Nenhuma observação sobre a origem do ato poderá constar nas certidões do registro.

Com a adoção, o adotado passará a usar o sobrenome do adotante, sendo possível, a requerimento do adotante ou do adotado, até mesmo a alteração do prenome, se o adotado for menor.

O adotado sempre conserva o direito de conhecer sua origem biológica e ter acesso irrestrito ao processo que estabeleceu a medida.

6.2.1.4 Do poder familiar

O poder familiar é o outrora denominado "pátrio poder". É a autoridade parental que os pais têm durante o tempo em que o filho for menor. Mais que um poder, considera-se na verdade um dever.

O poder familiar compete a ambos os pais, independentemente de viverem ou não juntos. Caso haja divergência na forma de exercê-lo, poderão recorrer ao juiz para solução do conflito.

Apenas na falta ou impedimento de um dos pais, como na hipótese da morte, da declaração de ausência ou da incapacidade, é que ele será exercido de forma exclusiva por um deles. Assim, se os pais não viverem juntos, somente a guarda, que é o direito de ter os filhos sob sua companhia, é que poderá ser cindida.

Sobre o poder familiar, valem as seguintes regras:

Exercício do poder familiar: compete aos pais, quanto aos filhos menores (art. 1.634, CC)	
	1. dirigir-lhes a criação e a educação
	2. tê-los em sua companhia e guarda
	3. conceder-lhes ou negar-lhes consentimento para casarem
	4. nomear-lhes tutor por testamento ou documento autêntico, se o outro dos pais não lhe sobreviver, ou o sobrevivo não puder exercer o poder familiar
	5. representá-los, até os dezesseis anos, nos atos da vida civil, e assisti-los, após essa idade, nos atos em que forem partes, suprindo-lhes o consentimento
	6. reclamá-los de quem ilegalmente os detenha
	7. exigir que lhe prestem obediência, respeito e os serviços próprios de sua idade e condição

O poder familiar extingue-se:

- pela morte dos pais ou do filho;
- pela maioridade ou pela emancipação;
- pela adoção, quando ele passa para o adotante; e
- quando forem destituídos por decisão judicial.

Quando o pai ou a mãe abusar da sua autoridade, não cumprindo com seus deveres ou arruinando os bens dos filhos, poderá o juiz, a requerimento de algum parente ou do representante do Ministério Público, adotar a medida que lhe pareça reclamar a segurança do menor, podendo, inclusive, suspender o poder familiar.

A suspensão do poder familiar poderá ocorrer também quando o pai ou a mãe for condenado em juízo criminal à pena que exceda dois anos de prisão.

Por fim, mediante decisão judicial, o pai e a mãe podem ser destituídos do poder familiar quando:

- castigarem imoderadamente o filho;
- deixarem o filho em abandono;

- praticarem atos contrários à moral e aos bons costumes; ou
- incidirem, reiteradamente, nas faltas que acarretam a suspensão do poder familiar.

A falta ou a carência de recursos não é motivo suficiente para a perda ou a suspensão do poder familiar.

O procedimento judicial da suspensão ou da destituição do poder familiar é regido pelas normas previstas nos arts. 155 a 163 do ECA.

6.2.1.5 Da guarda dos filhos

Quando os pais vivem juntos, exercem conjuntamente a guarda. Não vivendo os pais sob o mesmo teto, deve ser decidida como será a guarda dos filhos incapazes.

O Código Civil de 2002 abandonou completamente a regra que vinculava a atribuição da guarda à discussão da culpa na separação sanção. Com efeito, na redação original tanto do Código Civil de 1916 como da Lei do Divórcio, se a separação ocorresse com base na culpa, a guarda dos filhos deveria ficar com o cônjuge considerado inocente. A guarda dos filhos era, assim, um prêmio ou um castigo definido de acordo com a decisão proferida na separação judicial.

A guarda, atualmente, deve ser decidida tendo em vista precipuamente os interesses da criança e do adolescente. O Código Civil de 2002 trata do tema nos arts. 1.583 e 1.584. Originalmente, tais dispositivos estabeleciam primeiramente que os pais tinham liberdade de consensualmente decidir com quem ficaria a guarda dos filhos e que, não havendo acordo, o juiz deveria atribuí-la àquele que revelasse melhores condições para exercê-la.

Os referidos dispositivos legais foram alterados pelo advento da Lei 11.698/2008. A primeira observação relevante acerca da nova redação dos arts. 1.583 e 1.584 é que não se referem mais expressamente somente à guarda dos filhos para o caso de dissolução da sociedade conjugal ou do vínculo conjugal em razão da separação judicial ou divórcio, mas sim à situação dos filhos em qualquer hipótese em que os pais não vivam juntos.

A principal novidade, todavia, é a previsão expressa acerca da guarda compartilhada. Em nosso ordenamento jurídico, não havia, até então, nenhuma previsão legal a respeito desta modalidade de guarda.

Com a nova lei, o *caput* do art. 1.583 passou a ter a seguinte redação: "A guarda será unilateral ou compartilhada". O legislador preocupou-se, inclusive, em definir essas modalidades de guarda, o que fez no § 1.º, que assim dispõe: "Compreende-se por guarda unilateral a atribuída a um só dos genitores ou a alguém que o substitua (art. 1.584, § 5.º) e, por guarda compartilhada a responsabilização conjunta e o exercício de direitos e deveres do pai e da mãe que não vivam sob o mesmo teto, concernentes ao poder familiar dos filhos comuns".

Não vivendo juntos, cabe aos pais convencionar se a guarda será unilateral ou compartilhada. Não havendo acordo, qualquer deles pode ajuizar ação para que o juiz a fixe. A decisão deve sempre levar em consideração o melhor interesse da criança e do adolescente. Conforme dispõe o art. 1.584, II, o magistrado deve decidir tendo em vista as necessidades específicas do filho, ou em razão da distribuição de tempo necessário ao convívio dele com o pai e a mãe.

Anteriormente à Lei 11.698/2008, havendo divergência entre os pais, a guarda era sempre unilateral, sendo atribuída à mãe, ao pai, ou, se nenhum dos genitores apresentasse condições satisfatórias para exercê-la, até mesmo a terceira pessoa.

Pela atual redação do art. 1.584, § 2.º, "quando não houver acordo entre a mãe e o pai quanto à guarda do filho, será aplicada, sempre que possível, a guarda compartilhada". Constata-se, pois, que a orientação legal foi modificada, devendo-se priorizar a guarda compartilhada em detrimento da guarda unilateral.

Na ação em que a guarda estiver sendo discutida, o juiz, na audiência de conciliação, deve informar aos pais o significado da guarda compartilhada, a sua importância, a similitude de deveres e direitos dos mesmos e as sanções que podem ser impostas pelo descumprimento daquilo que for estipulado.

Caso o magistrado verifique não ser aconselhável a guarda compartilhada, não lhe restará alternativa senão atribuí-la a um dos pais. Nesse caso, a guarda unilateral, nos termos do disposto no art. 1.583, § 1.º, será atribuída ao genitor que revele melhores condições para exercê-la e, objetivamente, mais aptidão para propiciar aos filhos os seguintes fatores: afeto nas relações com o genitor e com o grupo familiar, saúde e segurança; e educação.

Aliás, caso o juiz verifique que nenhum dos pais oferece condições para ficar com a guarda dos filhos, poderá conferi-la a uma terceira pessoa que revele compatibilidade com a medida, de preferência levando em conta o grau de parentesco e a relação de afinidade e afetividade.

A guarda dos filhos menores ou dos maiores incapazes pode ser alterada a qualquer tempo, desde que haja alteração na situação fática. Nesse sentido, o art. 1.586 estabelece que, havendo motivos graves, poderá o juiz, em qualquer caso, a bem dos filhos, regular de maneira diferente da estabelecida a situação deles para com os pais.

No entanto, o fato de o guardião convolar novas núpcias ou passar a manter outro relacionamento afetivo não acarreta a perda do direito de ter os filhos consigo. Conforme o teor do Enunciado 337 aprovado na *IV Jornada de Direito Civil* do CJF, "o fato de o pai ou a mãe constituírem nova união não repercute no direito de terem os filhos do leito anterior em sua companhia, salvo quando houver comprometimento da sadia formação e do integral desenvolvimento da personalidade destes".

Se for estipulada a guarda unilateral, o pai ou a mãe que não ficar com a mesma terá o direito de visitar os filhos e tê-los sob a sua companhia, bem como de fiscalizar a sua manutenção e educação.

O regime de visitas deve ser acordado pelos próprios pais ou ser fixado pelo magistrado. O ideal é que tal direito seja amplo, a fim de que o filho possa manter o relacionamento mais próximo possível com ambos os genitores.

Aliás, a visita não é apenas um direito do não guardião, mas também um direito do filho de ser visitado. Apesar de não haver expressa determinação legal, é assente, tanto na doutrina como na jurisprudência, que o direito de visitas não está restrito ao genitor não guardião, sendo estendido também às outras pessoas próximas ao menor, em especial aos avós. Nesse sentido, afirma o Enunciado 333, aprovado na *IV Jornada de Direito Civil*, promovida pelo CJF: "o direito de visita pode ser estendido aos avós e pessoas com as quais a criança ou o adolescente mantenha vínculo afetivo, atendendo ao seu melhor interesse".

Observe-se que a Lei 12.398/2011 inseriu o parágrafo único ao art. 1.589, do CC, para estender aos avós o direito de visita, no interesse da criança ou do adolescente.

6.2.1.6 Da alienação parental

Em agosto de 2010, foi promulgada a Lei 12.318 sobre a alienação parental. Segundo o art. 2.º da Lei, "considera-se ato de alienação parental a interferência na formação psicológica da criança ou do adolescente promovida ou induzida por um dos genitores, pelos avós ou pelos que tenham a criança ou adolescente sob sua autoridade, guarda ou vigilância para que repudie genitor ou que cause prejuízo ao estabelecimento ou à manutenção de vínculos com este".

Segundo o art. 3.º da Lei, "a prática de ato de alienação parental fere direito fundamental da criança ou do adolescente de convivência familiar saudável, prejudica a realização de afeto nas relações com genitor e com o grupo familiar, constitui abuso moral contra a criança ou o adolescente e descumprimento dos deveres inerentes à autoridade parental ou decorrentes de tutela ou guarda".

Eis os exemplos de atos que caracterizam a alienação parental presentes no art. 2.º da Lei:

- realizar campanha de desqualificação da conduta do genitor no exercício da paternidade ou maternidade;
- dificultar o exercício da autoridade parental;
- dificultar contato de criança ou adolescente com genitor;
- dificultar o exercício do direito regulamentado de convivência familiar;
- omitir deliberadamente a genitor informações pessoais sobre a criança ou adolescente, inclusive escolares, médicas e alterações de endereço;
- apresentar falsa denúncia contra genitor, contra familiares deste ou contra avós para obstar ou dificultar a convivência deles com a criança ou adolescente;
- mudar o domicílio para local distante, sem justificativa, visando dificultar a convivência da criança ou adolescente com o outro genitor, com familiares deste ou com avós.

Constatada a prática de atos de alienação parental, o juiz poderá, segundo a gravidade do caso:

- advertir o alienador;
- ampliar o regime de convivência familiar em favor do genitor alienado;
- estipular multa ao alienador;
- determinar acompanhamento psicológico e/ou biopsicossocial;
- determinar a alteração da guarda pela guarda compartilhada ou sua inversão;
- determinar a fixação cautelar do domicílio da criança ou adolescente;
- declarar a suspensão da autoridade parental.

Por fim, a lei estabelece no art. 6.º, parágrafo único, que, "caracterizada mudança abusiva de endereço, inviabilização ou obstrução à convivência familiar, o juiz poderá inverter a obrigação de levar para ou retirar a criança ou adolescente da residência do genitor, por ocasião das alternâncias dos períodos de convivência familiar".

6.3 DO REGIME DE BENS ENTRE OS CÔNJUGES

Antes do casamento, os noivos deverão acordar sobre o regime de bens que irá viger durante a união.

Há quatro regimes de bens previstos no ordenamento jurídico brasileiro: a comunhão parcial de bens, a comunhão universal de bens, a participação final nos aquestos e a separação de bens.

Caso os nubentes nada convencionem antes do casamento, o regime que irá vigorar será o da comunhão parcial de bens que, por isso, é denominado como sendo o regime legal.

Em determinados casos, todavia, o legislador não permite aos noivos a escolha do regime patrimonial de bens, impondo que o casamento seja regido pela separação absoluta. Isso ocorre quando:

- um ou ambos os cônjuges for maior de 70 anos (Lei 12.344/2010);
- o casamento foi celebrado diante de uma das causas suspensivas elencadas no art. 1.523; e
- foi necessária uma decisão judicial para autorizar a celebração do casamento.

Nas hipóteses acima, afirma-se que o regime é o da separação obrigatória de bens. Alguns também costumam denominá-la como separação legal.

Caso os noivos optem por um dos outros regimes que não a comunhão parcial, deverão celebrar o pacto antenupcial.

O pacto antenupcial é um negócio jurídico solene, devendo ser celebrado necessariamente por escritura pública, sob pena de nulidade. O pacto só produz efeitos a partir do casamento. No entanto, para que produza efeitos perante terceiro, deverá ser registrado, em livro especial, no Cartório de Registro de Imóveis do domicílio conjugal.

O pacto antenupcial celebrado por menor fica condicionado à aprovação de seu representante legal.

Nada obsta que os noivos estabeleçam um regime que não seja exatamente os previstos no código, desde que não haja no pacto cláusula que contravenha disposição absoluta de lei. As convenções só poderão dispor sobre regras patrimoniais, sendo nula eventual disposição que trate de direitos pessoais.

Ao contrário do que ocorria sob a égide do Código Civil de 1916, atualmente se admite a alteração do regime de bens durante o casamento, conforme dispõe o art. 1.639, § 2.º. Esta somente é admitida mediante procedimento judicial requerido necessariamente por ambos os cônjuges, que deverão expor os motivos do pedido. Apurada a procedência dos motivos, o juiz autorizará a modificação (que não poderá prejudicar os direitos de terceiros). Os efeitos da sentença são retroativos (*ex tunc*).

Logo após o advento do novo Código Civil, surgiu a discussão acerca da possibilidade de alteração do regime de bens para os casamentos celebrados sob a égide da legislação anterior. Tal discussão decorre do disposto no art. 2.039 do novo Código, que estabelece que o regime de bens nos casamentos celebrados na vigência do Código anterior é o por ele estabelecido. Decisões surgiram tanto deferindo quanto indeferindo o pedido de alteração. A discussão chegou ao Superior Tribunal de Justiça, que por meio do acórdão proferido no Recurso Especial 730.546/MG, decidiu "não considerar o art. 2.039 do CC/2002 como óbice à aplicação de norma geral constante do art. 1.639, § 2.º, do CC/2002, concernente à alteração incidental de regime de bens nos casamentos ocorridos sob a égide do CC/1916, desde que ressalvados os direitos de terceiros e apuradas as razões invocadas pelos cônjuges para tal pedido, não havendo que se falar em retroatividade legal, vedada nos termos do art. 5.º, XXXVI, da CF/88, mas, ao revés, nos termos do art. 2.035 do CC/2002, em aplicação de norma geral com efeitos imediatos". Portanto, segundo o STJ, o art. 1.639, § 2.º, do novo CC pode ser aplicado aos casamentos celebrados sob a vigência do CC/1916.

ATENÇÃO!

Durante o casamento, com exceção do regime da separação absoluta de bens, o cônjuge não pode, sem autorização do outro:

- alienar ou gravar de ônus real os bens imóveis;
- pleitear, como autor ou réu, acerca desses bens ou direitos;
- prestar fiança ou aval; e
- fazer doação, não sendo remuneratória, de bens comuns, ou dos que possam integrar futura meação.

Portanto, para que tais negócios sejam válidos e eficazes é necessária a outorga uxória ou marital.

Caso a outorga seja denegada sem justa razão ou seja impossível obtê-la, pode-se buscar o suprimento judicial.

Os negócios supramencionados praticados sem a outorga marital (ou uxória) ou sem o suprimento judicial são anuláveis. A ação somente pode ser proposta pelo cônjuge ou por seus herdeiros, no prazo de 2 (dois) anos contados a partir do término da sociedade conjugal.

Quanto à fiança, a Súmula 332 do STJ estabelece que "a fiança prestada sem autorização de um dos cônjuges implica a ineficácia total da garantia".

Por outro lado, qualquer que seja o regime de bens, podem os cônjuges independentemente da autorização do outro:

- praticar todos os atos de disposição e de administração necessários ao desempenho de sua profissão, desde que não importe em alienar ou gravar de ônus real os bens imóveis;
- administrar os bens próprios;
- desobrigar ou reivindicar os imóveis que tenham sido gravados ou alienados sem o seu consentimento ou sem suprimento judicial;
- demandar a rescisão dos contratos de fiança e doação, ou a invalidação do aval, realizados pelo outro cônjuge sem seu consentimento ou suprimento judicial;
- reivindicar os bens comuns, móveis ou imóveis, doados ou transferidos pelo outro cônjuge ao concubino, desde que provado que os bens não foram adquiridos pelo esforço comum destes, se o casal estiver separado de fato por mais de cinco anos;
- praticar todos os atos que não lhe forem vedados expressamente;
- comprar, ainda a crédito, as coisas necessárias à economia doméstica;
- obter, por empréstimo, as quantias para a aquisição de coisas necessárias à economia doméstica.

As dívidas contraídas para os fins acima obrigam solidariamente ambos os cônjuges.

Por fim, se um dos cônjuges estiver impossibilitado de administrar os bens que lhe incumbem, caberá ao outro, segundo o regime de bens, gerir os bens comuns e os do consorte, alienar os bens móveis comuns e alienar os imóveis comuns e os móveis ou imóveis do consorte mediante autorização judicial.

6.3.1 Do regime da comunhão parcial de bens

No regime da comunhão parcial de bens, também chamado de regime legal, a regra é que os bens adquiridos na constância do casamento pertencem a ambos os cônjuges. Segue quadro com as regras peculiares:

Comunhão parcial de bens	
Regra: bens adquiridos na constância da união pertencem a ambos	
Excluem-se da comunhão parcial (art. 1.659, CC)	***Entram na comunhão*** (art. 1.860, CC)
1. bens que cada cônjuge possuir ao casar, e os que lhe sobrevierem, na constância do casamento, por doação ou sucessão, e os sub-rogados em seu lugar	1. bens adquiridos na constância do casamento por título oneroso, ainda que só em nome de um dos cônjuges
2. bens adquiridos com valores exclusivamente pertencentes a um dos cônjuges em sub-rogação aos bens particulares	2. bens adquiridos por fato eventual, com ou sem o concurso de trabalho ou despesa anterior
3. obrigações anteriores ao casamento	3. bens adquiridos por doação, herança ou legado, em favor de ambos os cônjuges
4. obrigações provenientes de atos ilícitos (salvo reversão em proveito do casal)	4. benfeitorias em bens particulares de cada cônjuge
5. bens de uso pessoal, os livros e instrumentos de profissão	5. frutos dos bens comuns, ou dos particulares de cada cônjuge, percebidos na constância do casamento, ou pendentes ao tempo de cessar a comunhão
6. proventos do trabalho pessoal de cada cônjuge	
7. pensões, meio-soldos, montepios e outras rendas semelhantes	

Com relação aos bens móveis, há a presunção de que eles foram adquiridos na constância do casamento. Trata-se de presunção relativa, pois se admite prova de que foram adquiridos em data anterior.

Não se comunicam os bens cuja aquisição tenha como título uma causa anterior ao casamento.

Os bens que integram a comunhão respondem pelas obrigações contraídas para a manutenção da família, para a administração dos mesmos e para aqueles que decorrerem de lei. Não respondem, entretanto, pelas obrigações contraídas pelos cônjuges em benefício próprio.

A administração dos bens comuns compete a qualquer dos cônjuges e a dos particulares àquele que for proprietário.

6.3.2 Do regime da comunhão universal de bens

No regime da comunhão universal de bens, comunicam-se tanto os bens adquiridos antes do casamento quanto os adquiridos posteriormente, o mesmo ocorrendo com as dívidas. Há também as exceções. Segue quadro demonstrativo:

Comunhão universal de bens	
Regra: ***comunicam-se todos os bens, inclusive anteriores à união***	
Exceções: bens excluídos	1. bens doados ou herdados com a cláusula de incomunicabilidade e os sub-rogados em seu lugar
	2. bens gravados de fideicomisso e o direito do herdeiro fideicomissário, antes de realizada a condição suspensiva
	3. dívidas anteriores ao casamento, salvo se provierem de despesas com seus aprestos, ou reverterem em proveito comum
	4. doações antenupciais feitas por um dos cônjuges ao outro com a cláusula de incomunicabilidade
	5. bens de uso pessoal, livros e instrumentos de profissão
	6. proventos do trabalho pessoal de cada cônjuge
	7. pensões, meio-soldos, montepios e outras rendas semelhantes
Entram na comunhão	os frutos percebidos na constância do casamento, ainda que produzidos pelos bens gravados com a cláusula de incomunicabilidade

Com relação à administração dos bens, são aplicáveis as regras previstas para o regime da comunhão parcial.

6.3.3 Do regime da participação final nos aquestos

O regime da participação final nos aquestos foi introduzido no nosso ordenamento jurídico pelo atual Código Civil. Para optar por este regime, devem os noivos celebrar pacto antenupcial.

Para entender seu funcionamento, faz-se necessária uma demarcação entre dois momentos: o da constância da sociedade conjugal e o posterior ao final desta.

Durante o casamento, cada cônjuge tem patrimônio próprio. Conforme estabelecido no art. 1.673, integram o patrimônio próprio de cada cônjuge os bens que possuía antes do casamento e os por ele adquiridos a qualquer título na constância do matrimônio. Relevante lembrar a regra prevista no art. 1.681 dispondo que os bens imóveis pertencem ao cônjuge cujo nome constar no registro. Com relação aos móveis, há presunção relativa de que foram adquiridos na constância do casamento.

A administração dos bens particulares é exclusiva de cada cônjuge. Tratando-se de bens móveis, podem ser alienados livremente. Caso se trate de imóveis será necessária a anuência do outro (outorga marital ou uxória). No entanto, no pacto antenupcial, os cônjuges poderão convencionar a livre disposição dos bens imóveis particulares (art. 1.656).

Dissolvida a sociedade conjugal, cada cônjuge terá direito à meação dos bens adquiridos pelo casal a título oneroso, na constância do casamento.

Assim, os aquestos são os bens adquiridos a título oneroso pelos cônjuges na constância do casamento.

Se a sociedade conjugal foi dissolvida pelo divórcio ou pela separação judicial, os aquestos serão apurados na data em que cessou a convivência conjugal. Dissolvida a sociedade pela morte, apura-se na data em que esta se deu.

Portanto, quando a sociedade conjugal for dissolvida, apurar-se-ão os aquestos, excluindo-se da soma dos patrimônios próprios:

- os bens anteriores ao casamento e os que se sub-rogarem em seu lugar;
- os que cada cônjuge adquiriu por doação ou por sucessão;
- as dívidas referentes aos bens particulares.

Será incorporado nos aquestos o valor dos bens alienados na constância do casamento.

Serão ainda computadas nos aquestos as doações dos bens feitas por um dos cônjuges sem a autorização do outro, caso não tenham sido reivindicados pelo cônjuge prejudicado ou por seus herdeiros.

O direito à meação não é renunciável, cessível ou penhorável na vigência do regime de bens.

Se não for possível nem conveniente a divisão de todos os bens em natureza, calcular-se-á o valor de alguns ou de todos para reposição em dinheiro ao cônjuge não proprietário.

6.3.4 Do regime da separação total de bens

O regime da separação total de bens pode decorrer da vontade das partes como pode ser imposto pela lei.

No primeiro caso, tem-se a separação convencional, tendo sido estabelecida mediante pacto antenupcial.

Quando decorre da lei, tem-se a separação obrigatória, denominada também separação legal. Ter-se-á este regime quando:

- um ou ambos os cônjuges for maior de 70 anos (Lei 12.344/2010);
- o casamento foi celebrado diante de uma das causas suspensivas elencadas no art. 1.523; e
- foi necessária uma decisão judicial para autorizar a celebração do casamento.

No regime da separação total, tanto os bens adquiridos antes como na constância do casamento não se comunicam. Cada cônjuge tem patrimônio próprio e pode livremente administrar, alienar ou gravar seus bens, sejam eles móveis ou imóveis.

Quando a separação total for obrigatória, há que se lembrar da Súmula 377 do STF, com a seguinte redação: "No regime da separação legal de bens, comunicam-se os adquiridos na constância do casamento". Com a entrada em vigor do novo Código Civil, passou-se a discutir se ela estaria ou não superada. Trata-se de questão ainda não resolvida. Com apoio da lição do Prof. Francisco Cahali, entendemos que a referida súmula está superada ("A Súmula 377 e o novo Código Civil e a mutabilidade do regime de bens", artigo publicado na *Revista do Advogado* n. 76, ano XXIV da AASP, em homenagem ao Professor Silvio Rodrigues). Este entendimento foi adotado pelo Tribunal de Justiça de São Paulo, que em processo de inventário que examinava a pretensão de herdeiro necessário à meação em numerário depositado, casado sob o regime da separação legal, decidiu pela não aplicação da Súmula 377 do STF e a consequente necessidade de comprovação, pela via autônoma, de que o bem foi adquirido por meio de esforço em comum, de modo a se operar, eventualmente, a comunicação (TJSP – Proc. 373.874-4/9-00 – Batatais – 4.ª Câmara de Direito Privado – Rel. Des. José Geraldo de Jacobina Rabello, v.u., julgado em 17.03.2005).

6.4 ALIMENTOS

O direito aos alimentos pode resultar do vínculo de parentesco, do casamento, da união estável ou da gravidez.

Entre os pais e os filhos incapazes, a natureza jurídica dos alimentos está no dever de sustento. Entre os demais parentes, no dever de solidariedade. Já entre os cônjuges e companheiros, a natureza jurídica está no dever de mútua assistência.

O direito/dever de alimentos se transforma em obrigação legal diante do binômio *necessidade/possibilidade*, ou seja, quando quem os pretende não tem bens suficientes, nem pode prover, pelo seu trabalho, à própria mantença, e aquele, de quem se reclamam, pode fornecê-los sem desfalque do necessário ao seu sustento.

Entre os parentes, o direito aos alimentos é recíproco entre ascendentes e descendentes, recaindo nos de grau próximo, uns em falta dos outros, estendendo-se também aos irmãos, germanos ou unilaterais. Se aquele que deve os alimentos em primeiro lugar não estiver em condições de suportar totalmente o encargo, poderão os de grau imediato ser obrigados a complementar a pensão. Havendo mais de uma pessoa obrigada, elas deverão concorrer na proporção de seus recursos. Sendo a ação ajuizada apenas em face de uma, as outras deverão ser chamadas a integrar a lide.

Desta forma, se os pais não estiverem em condições de arcar totalmente com o encargo, os avós podem ser obrigados a complementar a pensão. Entretanto, nos termos do Enunciado 342 da IV Jornada: "Observadas as suas condições pessoais e sociais, os avós somente serão obrigados a prestar alimentos aos netos em caráter exclusivo, sucessivo, complementar e não-solidário, quando os pais destes estiverem impossibilitados de fazê-lo, caso em que as necessidades básicas dos alimentandos serão aferidas, prioritariamente, segundo o nível econômico-financeiro dos seus genitores."

Os alimentos serão fixados conforme as necessidades do reclamante e os recursos da pessoa obrigada, devendo, na medida do possível, ser suficientes para que aquele viva de modo compatível com a sua condição social, atendendo também às necessidades de sua educação. A pensão deve abranger a alimentação, a habitação, a saúde, o vestuário e a educação.

Quando a situação de necessidade resultar de culpa de quem os pleiteia, os alimentos serão apenas os indispensáveis à sobrevivência.

Fixados os alimentos, havendo mudança de fortuna, ou seja, alteração no binômio *necessidade/possibilidade*, a pensão pode ser reduzida, majorada ou o devedor poderá ser até mesmo exonerado da obrigação.

Entre os cônjuges e os conviventes, cessa o dever de alimentos se o credor se casar ou passar a viver em união estável. O mesmo ocorre se o credor tiver procedimento indigno em relação ao devedor.

O casamento ou a união estável por parte do devedor não acarreta a extinção do dever de alimentos. Os alimentos não são passíveis de renúncia, cessão ou compensação. São também irrestituíveis, impenhoráveis e não prescrevem (o direito não prescreve, porém a pretensão de cobrança das prestações fixadas, vencidas e não pagas prescreve em dois anos – CC, art. 206, § 2.º). A obrigação de prestar os alimentos, nos termos do art. 1.700 do CC, transmite-se aos herdeiros do devedor. Todavia, como assentado no Enunciado 343 da IV Jornada de Direito Civil, a transmissibilidade é limitada às forças da herança.

Ainda no que tange aos alimentos, é importante destacar que a obrigação de prestar alimentos entre os pais e os filhos menores ou maiores incapazes é peculiar. Com efeito, nesse caso o direito de alimentos não deriva somente da solidariedade que deve existir entre pessoas que integram a mesma família, mas principalmente do dever de sustento decorrente do poder familiar. Neste caso, não há necessidade da existência do binômio *necessidade/possibilidade* para que se forme a relação obrigacional. Assim, os pais deverão, na medida de seus recursos, sustentar os filhos até que eles completem a maioridade. Por meio da Súmula 358, o STJ consolidou entendimento de que a simples maioridade não implica automaticamente na exoneração da obrigação alimentar dos pais, sendo necessário contraditório. A Súmula contém o seguinte teor: "O cancelamento de pensão alimentícia de filho que atingiu a maioridade está sujeito à decisão judicial, mediante contraditório, ainda que nos próprios autos". Há muito tempo, também, é pacífico na doutrina e na jurisprudência o entendimento de que a obrigação persiste se os filhos ainda não completaram os estudos.

A Lei 11.804, de 05 de novembro de 2008, introduziu o direito aos alimentos da mulher grávida em face do futuro pai da criança, que não contribui satisfatoriamente com as despesas decorrentes do período de gestação.

Já há bastante tempo discute-se o direito de o nascituro pleitear alimentos do pai. Sempre houve resistência de parte dos juízes e doutrinadores que, por serem adeptos da teoria natalista, entendem que o nascituro não é dotado de personalidade civil. Para fugir da discussão, a nova lei preferiu conferir à mulher grávida o direito de pleitear alimentos ao futuro pai da criança. Claro que, implicitamente, o titular de tais alimentos é o nascituro, tanto assim é que, no art. 6.º, parágrafo único, da Lei 11.804/2008, estabelece-se que "após o nascimento com vida, os alimentos gravídicos ficam convertidos em pensão alimentícia em favor do menor até que uma das partes solicite a sua revisão".

Os alimentos gravídicos devem compreender as despesas adicionais que a mulher tem durante a gestação, como alimentação especial, assistência médica e psicológica, exames complementares, internações, parto, medicamentos e demais prescrições preventivas e terapêuticas indispensáveis, a juízo do médico. Para concessão dos alimentos, o juiz deve estar convencido da existência de indícios da paternidade e deverá levar em consideração, na fixação do *quantum,* a contribuição que a mulher terá que dar, a sua necessidade e a possibilidade do pai.

6.5 BEM DE FAMÍLIA

O bem de família pode ser legal ou convencional.

O primeiro encontra-se previsto na Lei 8.009/1990 e existe independentemente de qualquer ato da pessoa, derivando diretamente da lei.

Constitui o bem de família legal o imóvel residencial próprio do casal, ou da entidade familiar, compreendendo também as construções e plantações que se assentam sobre o mesmo, bem como as benfeitorias de qualquer natureza e todos os equipamentos, inclusive de uso profissional, ou móveis que guarnecem a casa, desde que quitados. Mesmo se a família não for proprietária de imóvel, são considerados bens de família os bens móveis que guarneçam a residência em que a entidade familiar habitar.

Em nenhuma hipótese constituirão bens de família os veículos de transporte, as obras de arte e os adornos suntuosos.

O bem de família é impenhorável, não respondendo por qualquer dívida civil, comercial, fiscal, previdenciária ou de outra natureza, contraída pelos cônjuges ou pelos pais ou filhos que sejam seus proprietários e nele residam.

Exceções à impenhorabilidade do bem de família legal (Lei 8.009/1990)	– créditos de trabalhadores da própria residência e das respectivas contribuições previdenciárias; – pelo titular do crédito decorrente do financiamento destinado à construção ou à aquisição do imóvel, no limite dos créditos e acréscimos constituídos em função do respectivo contrato; – pelo credor da pensão alimentícia; – para cobrança de impostos, predial ou territorial, taxas e contribuições devidas em função do imóvel familiar; – para execução de hipoteca sobre o imóvel, oferecido como garantia real pelo casal ou pela entidade familiar; – por ter sido adquirido com produto de crime ou para execução de sentença penal condenatória a ressarcimento, indenização ou perdimento de bens; – por obrigação decorrente de fiança concedida em contrato de locação.

Conforme o último item do quadro acima, a Lei 8.009/90, em seu art. 3.º, VII, estabelece como uma das exceções à impenhorabilidade a execução do bem do fiador, no caso de a garantia ter sido prestada em contrato de locação.

Depois de este dispositivo legal ter sido muitas vezes aplicado pelos tribunais, em 25 de abril de 2005 o Supremo Tribunal Federal, em decisão monocrática proferida pelo Min. Carlos Velloso, no Recurso Extraordinário 352.940, considerou inconstitucional o art. 3.º, VII, da Lei 8.009/90, por ofensa ao direito de moradia inserido no art. 6.º da CF/88, acrescentado pela Emenda Constitucional 26/2000. Em razão desta decisão, a 5.ª Turma do Superior Tribunal de Justiça também reformulou seu posicionamento, passando a acolher a decisão do Excelso Pretório (RESP 745161/SP – 5.ª Turma – Rel. Min. Félix Fischer – votação unânime – julgado em 18.08.2005). No mesmo sentido, as decisões proferidas nos RESP 631.262/MG e 699.837/RS, com a mesma turma julgadora.

Importa ressaltar, porém, que o entendimento esposado em tais precedentes não foi confirmado em julgado proferido pelo Plenário do STF. No julgamento do Recurso Extraordinário 407688, ocorrido em fevereiro de 2006, tal órgão julgador, por 8 votos a 3, decidiu pela constitucionalidade da previsão legal de possível penhora do bem de família do fiador. Assim, com base principalmente na autonomia da vontade do contratante (fiador que garante a dívida) e no entendimento de que não haveria incompatibilidade entre o dispositivo da lei e a Emenda Constitucional 26/2000 (que tratou do direito social à moradia, alterando o artigo 6.º da Constituição Federal), entendeu o STF ser constitucional a exceção à impenhorabilidade. Assim, segundo tal decisão, o bem de família do fiador pode ser penhorado em caso de cobrança pela inadimplência do locatário.

Vale frisar, também, que consoante entendimento pacífico no STJ, que resultou na Súmula 364, o conceito de família não está restrito somente às uniões resultantes do casamento ou da união estável, ou às entidades monoparentais. Também são protegidas pela lei as pessoas solteiras, separadas, viúvas. Entende-se que a lei objetiva, na verdade, não somente proteger a família, mas, sim, a pessoa humana.

Após exposição sobre o bem de família legal, merece destaque o bem de família convencional, que vem previsto nos arts. 1.711 a 1.722 do CC em regramento diferente.

O bem de família convencional é instituído, mediante escritura pública ou testamento, pelos cônjuges, pela entidade familiar ou ainda por um terceiro, constituindo-se pelo registro de seu título no Registro de Imóveis. Neste último caso, quando instituído por terceiro, deve ser aceito expressamente por ambos os cônjuges beneficiados ou pela entidade familiar beneficiada.

O bem de família consistirá em prédio residencial urbano ou rural, com suas pertenças e acessórios, destinando-se, em ambos os casos, a domicílio familiar, e poderá abranger valores mobiliários, cuja renda será aplicada na conservação do imóvel e no sustento da família. O bem de família não poderá exceder um terço do patrimônio líquido existente à época de sua instituição.

O bem de família é isento de execução por dívidas posteriores à sua instituição, salvo as que provierem de tributos relativos ao prédio, ou de despesas de condomínio. Referida isenção perdura enquanto viverem os cônjuges ou, na falta destes, até que os filhos completem a maioridade. A dissolução da sociedade conjugal ou da união estável não acarreta a extinção do bem de família. Todavia, no caso da morte de um dos cônjuges ou conviventes, poderá o sobrevivente requerer a extinção do bem de família, se for o único bem do casal.

6.6 UNIÃO ESTÁVEL

Antes da Constituição Federal de 1988, o ordenamento jurídico brasileiro só reconhecia como entidade familiar as relações fundadas no casamento.

As uniões entre o homem e a mulher que não resultavam em casamento eram denominadas *concubinato*.

Dividia-se o concubinato em puro e impuro. O primeiro era integrado por um homem e mulher que viviam juntos sem se casar mas, caso quisessem, poderiam contrair matrimônio, pois não havia entre eles impedimentos matrimoniais. O concubinato impuro era formado por um homem e uma mulher que, mesmo que quisessem, não poderiam se casar, na medida em que havia entre eles algum impedimento matrimonial.

A Constituição Federal reconhece o concubinato puro como sendo entidade familiar, denominando-o união estável. Assim, estabelece o art. 226, § 3.º, da Carta de 1988 que, para efeito da proteção do Estado, é reconhecida a união estável entre o homem e a mulher como entidade familiar, devendo a lei facilitar sua conversão em casamento.

Ao contrário do casamento, que se prova mediante a apresentação da respectiva certidão, a união estável é uma união informal, que se prova pelos requisitos expostos no *caput* do art. 1.723, cuja redação é a seguinte: "É reconhecida como entidade familiar a união estável entre o homem e a mulher, configurada na união pública, contínua e duradoura e estabelecida como o objetivo de constituição de família". São, pois requisitos caracterizadores da união estável:

- *publicidade*: é a convivência *more uxorio*, o fato de o casal se apresentar no meio social como se marido e mulher fossem. A publicidade se verifica ainda pela união não ser clandestina, oculta, às escondidas;
- *durabilidade*: a união deve ser durável. Não quis o legislador estabelecer um prazo mínimo, tratando-se de uma cláusula aberta a ser verificada pelo magistrado no caso concreto;
- *continuidade*: além de durável, exige-se que a união seja contínua, ou seja, ininterrupta;
- *objetivo de constituição de família*: é o requisito mais subjetivo, pode ser demonstrado pelo fato de o casal residir sob o mesmo teto, pela existência de filhos em comum, pela aquisição conjunta de patrimônio.

Quanto ao requisito da **dualidade de sexos**, ficou superado diante da decisão do STF, proferida na ADI 4.277 e na ADPF 132, que reconheceu a união estável homoafetiva.

Além dos requisitos acima colocados, para que se configure a união estável é necessário que não exista um dos impedimentos matrimoniais. *Há uma exceção: pode integrar uma união estável a pessoa casada, desde que esteja separada judicialmente ou separada de fato.*

Quando houver algum outro impedimento, o relacionamento não será caracterizado como união estável, mas sim como concubinato, consoante se depreende da regra prevista no art. 1.727 do CC.

Assim como no casamento, os companheiros, também chamados conviventes, são obrigados a respeitar alguns deveres recíprocos. São eles: a lealdade, o respeito e assistência e a guarda, sustento e educação dos filhos. Não há obrigatoriedade de que residam sob o mesmo teto.

Com relação ao patrimônio, caso não haja disposição contratual em contrário, aplicar-se-ão, no que couber, as regras do regime da comunhão parcial de bens.

Questões patrimoniais entre pessoas que vivam em concubinato (art. 1.727) não são solucionadas segundo as regras do direito de família, mas sim do direito das obrigações.

Por fim, determina o art. 1.726 que a união estável poderá converter-se em casamento, mediante pedido dos companheiros ao juiz e assento no Registro Civil.

6.7 TUTELA E CURATELA

A tutela e a curatela integram o denominado direito protetivo de família. Os institutos existentes para atribuir representantes a pessoas incapazes são:

6.7.1 Da tutela

A tutela é uma das formas de colocação do menor em família substituta. Suas regras, portanto, devem sempre ser interpretadas de acordo com o princípio do melhor interesse da criança e do adolescente.

Ficam sujeitos à tutela os filhos menores cujos pais faleceram, foram declarados ausentes ou decaíram do poder familiar.

A tutela pode ser voluntária, legal ou dativa.

A tutela é voluntária quando o tutor foi nomeado pelos pais em conjunto. A nomeação deve ser feita por testamento ou por qualquer outro documento autêntico. Para que seja válida, é imprescindível que aquele que nomeou, no momento de sua morte, tivesse o poder familiar.

Na ausência de tutor nomeado pelos pais, a tutela será legal. Serão nomeados pelo juiz como tutores, nesta ordem:

- os ascendentes, preferindo o de grau mais próximo ao mais remoto;
- os colaterais, até o terceiro grau, preferindo os mais próximos aos mais remotos, e, no mesmo grau, os mais velhos aos mais moços; em qualquer dos casos, o juiz escolherá entre eles o mais apto a exercer a tutela em benefício do menor.

Não havendo tutor nomeado pelos pais, não havendo parentes, ou estes sendo incapazes ou puderem se escusar do encargo, a tutela será dativa. Assim, o juiz deverá nomear pessoa idônea, residente no domicílio do menor.

Aos irmãos órfãos dar-se-á um só tutor.

DOS INCAPAZES DE EXERCER A TUTELA - Art. 1.735
– aqueles que não tiverem a livre administração de seus bens;
– aqueles que, no momento de lhes ser deferida a tutela, se acharem constituídos em obrigação para com o menor, ou tiverem que fazer valer direitos contra este, e aqueles cujos pais, filhos ou cônjuges tiverem demanda contra o menor;
– os inimigos do menor, ou de seus pais, ou que tiverem sido por estes expressamente excluídos da tutela;
– os condenados por crime de furto, roubo, estelionato, falsidade, contra a família ou os costumes, tenham ou não cumprido pena;
– as pessoas de mau procedimento, ou falhas em probidade, e as culpadas de abuso em tutorias anteriores;
– aqueles que exercerem função pública incompatível com a boa administração da tutela.

PODEM ESCUSAR-SE DA TUTELA – Art. 1.736
– mulheres casadas;
– maiores de sessenta anos;
– aqueles que tiverem sob sua autoridade mais de três filhos;
– os impossibilitados por enfermidade;
– aqueles que habitarem longe do lugar onde se haja de exercer a tutela;
– aqueles que já exercerem a tutela ou curatela;
– militares em serviço.

No exercício da tutela, com relação à pessoa do menor, compete ao tutor:

– dirigir-lhe a educação, defendê-lo e prestar-lhe alimentos, conforme os seus haveres e condições;
– reclamar do juiz que providencie, como houver por bem, quando o menor haja mister correção;
– adimplir os demais deveres que normalmente cabem aos pais, ouvida a opinião do menor, se este já contar com doze anos de idade.

Quanto ao patrimônio, deve o tutor administrar os bens do tutelado, em proveito deste, cumprindo seus deveres com zelo e boa-fé.

Caso o menor possua bens suficientes, será educado e sustentado às expensas dele, arbitrando o juiz para tal fim as quantias que lhe pareçam necessárias, considerando o rendimento da fortuna do pupilo quando o pai ou a mãe não as houver fixado.

Compete ainda ao tutor:

- representar o menor até os 16 anos e assisti-lo após essa idade;
- receber as rendas e pensões do menor, e as quantias a ele devidas;
- fazer-lhe as despesas de subsistência e educação, bem como as de administração, conservação e melhoramentos dos bens;
- alienar os bens do menor destinados a venda;
- promover-lhe, mediante preço conveniente, o arrendamento de bens de raiz.

Alguns atos só podem ser praticados pelo tutor com autorização judicial. São eles:

- pagar as dívidas do menor;
- aceitar por ele heranças, legados ou doações, ainda que com encargos;
- transigir;
- vender-lhe os bens móveis, cuja conservação não convier, e os imóveis nos casos em que lhe for permitido;
- propor em juízo as ações, ou nelas assistir o menor, e promover todas as diligências a bem deste, assim como defendê-lo nos pleitos contra ele movidos.

Nos atos supramencionados, a eficácia do ato do tutor depende da aprovação ulterior do juiz.

Há, ainda, outros atos que não podem ser praticados pelo tutor sem autorização judicial, sob pena de nulidade:

São eles:

- adquirir, por si, ou por interposta pessoa, mediante contrato particular, bens móveis ou imóveis pertencentes ao menor;
- dispor dos bens do menor a título gratuito;
- constituir-se cessionário de crédito ou de direito contra o menor.

Os tutores são obrigados a prestar contas da sua administração de dois em dois anos. Anualmente, no entanto, deverão apresentar ao juiz balanço da sua administração.

O tutor poderá ser fiscalizado pelo protutor nomeado pelo juiz.

A condição de tutelado cessa com a maioridade ou a emancipação do menor ou se ele cair sob o poder familiar, nos casos de reconhecimento de filiação ou adoção.

Cessam as funções do tutor quando expirar o termo em que ele era obrigado a servir, quando lhe sobrevir uma escusa legítima ou ainda quando for removido.

6.7.2 Da curatela

A curatela é um instituto que tem por objetivo proteger o maior incapaz.

Estão sujeitos à curatela:
– aqueles que, por enfermidade ou deficiência mental, não tiverem o necessário discernimento para os atos da vida civil;
– aqueles que, por outra causa duradoura, não puderem exprimir a sua vontade;
– os deficientes mentais, os ébrios eventuais e os viciados em tóxicos;
– os excepcionais sem completo desenvolvimento mental;
– os pródigos.

Para que o maior seja considerado incapaz deverá ser interditado. A ação de interdição pode ser proposta pelos pais ou tutores, pelo cônjuge, companheiro(a), por qualquer parente e pelo Ministério Público.

Deve ser nomeado curador:

- o cônjuge ou o companheiro não separado judicialmente ou de fato;
- na falta das pessoas acima, o curador será o pai ou a mãe e, na falta deste, o descendente que se mostrar mais apto.

Decretada a interdição, o juiz determinará, em razão do estado mental do interditado, os limites da curatela.

6.8 QUESTÕES

1. (OAB 2010.2 – FVG) Jane e Carlos constituíram uma união estável em julho de 2003 e não celebraram contrato para regular as relações patrimoniais decorrentes da aludida entidade familiar. Em março de 2005, Jane recebeu R$ 100.000,00 (cem mil reais) a título de doação de seu tio Túlio. Com os R$ 100.000,00 (cem mil reais), Jane adquiriu em maio de 2005 um imóvel na Barra da Tijuca. Em 2010, Jane e Carlos se separaram. Carlos procura um advogado, indagando se tem direito a partilhar o imóvel adquirido por Jane na Barra da Tijuca em maio de 2005. Assinale a alternativa que indique a orientação correta a ser exposta a Carlos.

a) Por se tratar de bem adquirido a título oneroso na vigência da união estável, Carlos tem direito a partilhar o imóvel adquirido por Jane na Barra da Tijuca em maio de 2005.

b) Carlos não tem direito a partilhar o imóvel adquirido por Jane na Barra da Tijuca em maio de 2005 porque, salvo contrato escrito entre os companheiros, aplica-se às relações patrimoniais entre os mesmos o regime da separação total de bens.

c) Carlos não tem direito a partilhar o imóvel adquirido por Jane na Barra da Tijuca em maio de 2005 porque, em virtude da ausência de contrato escrito entre os companheiros, aplica-se às relações patrimoniais entre os mesmos o regime da comunhão parcial de bens, que excluídos bens comuns entre os consortes aqueles doados e os sub-rogados em seu lugar.

d) Carlos tem direito a partilhar o imóvel adquirido por Jane na Barra da Tijuca em maio de 2005 porque, muito embora o referido bem tenha sido adquirido com o produto de uma doação, não se aplica a sub-rogação de bens na união estável.

2. (IX Exame de Ordem Unificado – FGV) Henrique e Natália, casados sob o regime de comunhão parcial de bens, decidiram se divorciar após 10 anos de união conjugal. Do relacionamento nasceram Gabriela e Bruno, hoje, com 8 e 6 anos, respectivamente. Enquanto esteve casada, Natália, apesar de ter curso superior completo, ser pessoa jovem e capaz para o trabalho, não exerceu atividade profissional para se dedicar integralmente aos cuidados da casa e dos filhos. Considerando a hipótese acima e as regras atinentes à prestação de alimentos, assinale a afirmativa correta.

a) Uma vez homologado judicialmente o valor da prestação alimentícia devida por Henrique em favor de seus filhos Gabriela e Bruno, no percentual de um salário mínimo para cada um, ocorrendo a constituição de nova família por parte de Henrique, automaticamente será minorado o valor dos alimentos devido aos filhos do primeiro casamento.

b) Henrique poderá opor a impenhorabillidade de sua única casa, por ser bem de família, na hipótese de ser acionado judicialmente para pagar débito alimentar atual aos seus filhos Gabriela e Bruno.

c) Natália poderá pleitear alimentos transitórios e por prazo razoável, se demonstrar sua dificuldade em ingressar no mercado de trabalho em razão do longo período que permaneceu afastada do desempenho de suas atividades profissionais para se dedicar integralmente aos cuidados do lar.

d) Caso Natália descubra, após dois meses de separação de fato, que espera um filho de Henrique, serão devidos alimentos gravídicos até o nascimento da criança, pois após este fato a obrigação alimentar somente será exigida em ação judicial própria.

3. (IX Exame de Ordem Unificado – FGV) Acerca do estágio de convivência precedente a adoção, assinale a afirmativa correta.

a) O período do estágio de convivência será fixado pela autoridade judiciária, sendo dispensado na hipótese de o adotando encontrar-se sob a tutela, a guarda legal ou de fato do adotante durante tempo suficiente para a avaliação da conveniência da constituição do vínculo.

b) A finalidade do estágio de convivência é permitir a avaliação da conveniência da constituição do vínculo familiar entre adotante e adotado, razão pela qual pode ser dispensado se, cumulativamente, o adotando já encontrar-se sob a tutela, guarda legal ou de fato do adotante e, em audiência, consentir com a adoção.

c) O período do estágio de convivência será fixado pela autoridade judiciária, em observância as peculiaridades do caso, não podendo este ser inferior a 60 dias para os casos de adoção internacional e de 30 dias para adoção nacional, salvo a hipótese de convivência prévia em decorrência de tutela, guarda legal ou de fato.

d) O período do estágio de convivência prévio a adoção internacional deverá ser cumprido no Brasil e terá prazo mínimo de 30 dias, ao passo que para a adoção nacional inexiste prazo mínimo, podendo, inclusive, ser dispensado na hipótese de prévia convivência familiar em decorrência da guarda legal ou da tutela.

4. (VIII Exame de Ordem Unificado – FGV) Eduardo e Mônica, casados, tinham um filho menor chamado Renato. Por orientação de um advogado, Eduardo e Mônica, em 2005, fizeram os respectivos testamentos e nomearam Lúcio, irmão mais velho de Eduardo, como tutor do menor para o caso de alguma eventualidade. Pouco antes da nomeação por testamento, Lúcio fora definitivamente condenado pelo crime de dano (art. 163 do Código Penal), mas o casal manteve a nomeação, acreditando no arrependimento de Lúcio, que, desde então, mostrou conduta socialmente adequada. Em 2010, Eduardo e Mônica morreram em um acidente aéreo. Dois anos depois do acidente, pretendendo salvaguardar os interesses do menor colocado sob sua tutela, Lúcio, prevendo manifesta vantagem negocial em virtude do aumento dos preços dos imóveis, decide alienar a terceiros um dos bens imóveis do patrimônio de Renato, depositando, imediatamente, t odo o dinheiro obtido na negociação em uma conta de poupança, aberta em nome do menor. Diante do caso narrado, assinale a afirmativa correta.

a) A nomeação de Lúcio como tutor é inválida em razão de ter sido condenado criminalmente, independentemente do cumprimento da pena, mas a alienação do imóvel é lícita, pois atende ao princípio do melhor interesse do menor.
b) A nomeação de Lúcio como tutor é válida, apesar da condenação criminal, e a alienação do imóvel é lícita, pois atende ao princípio do melhor interesse do menor.
c) A nomeação de Lúcio como tutor é válida, apesar da condenação criminal, mas a alienação do imóvel, sem prévia avaliação e autorização judicial, é ilícita.
d) A nomeação de Lúcio é inválida em razão de ter sido condenado criminalmente, mas a alienação do imóvel é lícita, pois somente bens móveis de alto valor necessitam de prévia avaliação e autorização judicial.

5. (OAB/Nacional 2008.II) A respeito dos regimes de bens entre os cônjuges, assinale a opção correta.

a) A lei impõe ao maior de sessenta anos o regime obrigatório da separação de bens.
b) O regime de bens começa a vigorar tão logo seja escolhido perante o oficial de registro de casamentos.
c) A administração dos bens próprios só é possível quando adotado pelos cônjuges o regime da separação de bens.
d) É sempre necessária para a alienação de bem imóvel a autorização do outro cônjuge.

6. (OAB 2011.3 – FGV) Rejane, solteira, com 16 anos de idade, órfã de mãe e devidamente autorizada por seu pai, casa-se com Jarbas, filho de sua tia materna, sendo ele solteiro e capaz, com 23 anos de idade.

A respeito do casamento realizado, é correto afirmar que é

a) nulo, tendo em vista o parentesco existente entre Rejane e Jarbas.
b) é anulável, tendo em vista que, por ser órfã de mãe, Rejane deveria obter autorização judicial a fim de suprir o consentimento materno.
c) válido.
d) anulável, tendo em vista o parentesco existente entre Rejane e Jarbas.

7. (OAB/MG – Abril/2008) Ao equiparar o casamento civil ao religioso, a Constituição da República:

a) dispensou a fase notarial prévia.
b) não dispensou a habilitação.
c) exige as duas cerimônias nupciais.
d) exige a cerimônia civil.

8. (OAB/RS 2007.II) Assinale a assertiva correta.

a) Salvo no regime da separação absoluta de bens, exige-se a concordância do cônjuge para prestar aval.

b) O Código Civil excluiu a discussão sobre a culpa para a fixação dos alimentos.

c) Em ação investigatória, a recusa do suposto pai a submeter-se a exame de DNA não induz a presunção de paternidade, segundo a jurisprudência.

d) É total a autonomia das partes para a elaboração do pacto antenupcial.

9. (OAB/Nacional CESPE 2007.II) Assinale a opção correta quanto ao direito de família.

a) Será nulo o casamento se, logo depois de celebrado, não for lavrado o assento no livro de registro.

b) O divórcio litigioso direto não pode ser concedido sem prévia partilha de bens.

c) A mulher que tenha renunciado aos alimentos na separação judicial tem direito à pensão previdenciária por morte do ex-marido, comprovada a necessidade econômica superveniente.

d) A bigamia constitui impedimento matrimonial impediente.

10. (OAB/RS 2007.II) Em relação à tutela do bem de família, regulada em lei especial, assinale a assertiva correta.

a) A impenhorabilidade abrange somente o imóvel do devedor.

b) Devedor de alimentos não pode invocar o benefício da impenhorabilidade.

c) O devedor que possuir mais de um imóvel residencial não poderá arguir o benefício da impenhorabilidade.

d) Imóveis comerciais, a critério do juiz, podem ser declarados impenhoráveis.

11. (OAB/Nacional CESPE 2007.I) Acerca do direito de família, assinale a opção incorreta.

a) Nas relações de parentesco na linha reta, extingue-se a afinidade com a dissolução do casamento ou da união estável.

b) A verba alimentícia é sempre irrepetível, ainda que o alimentante vença a demanda e a fixação da verba decorra da prática de ato ilícito.

c) Havendo herdeiros descendentes, o cônjuge sobrevivente casado sob o regime da separação obrigatória de bens não é herdeiro necessário do cônjuge falecido.

d) Codicilo é negócio jurídico unilateral mortis causa, escrito, mediante o qual o autor da herança dispõe de bens de pouco valor ou de particular valor sentimental, de forma menos solene e, portanto, mais singela que o testamento.

12. (OAB Nacional 2009 – II) Com base no Código Civil brasileiro, assinale a opção correta acerca do reconhecimento dos filhos.

a) O filho havido fora do casamento não pode ser reconhecido, separadamente, pelos pais.

b) O filho maior pode ser reconhecido, independentemente de seu consentimento, visto que o reconhecimento da paternidade constitui direito subjetivo do genitor.

c) O filho havido fora do casamento e reconhecido por um dos cônjuges não poderá residir no lar conjugal sem o consentimento do outro cônjuge.

d) É passível de revogação o reconhecimento dos filhos havidos fora do casamento.

13. (OAB Nacional 2009 – II) Assinale a opção correta acerca dos encargos alimentares.

a) A transmissão da obrigação alimentícia não ocorre em relação aos herdeiros do devedor, visto que é obrigação personalíssima.

b) Admite-se a prestação de alimentos com caráter complementar, desde que reste comprovado que os alimentos originalmente fixados não atendem integralmente às necessidades do credor.
c) Alimentos são devidos entre cônjuges, companheiros e parentes, limitando-se, neste caso, aos colaterais até o terceiro grau.
d) A fixação dos alimentos privilegia a necessidade em detrimento da possibilidade.

14. (OAB Nacional 2009 – I) A respeito do direito de família, assinale a opção correta.

a) Aplicam-se à união estável as regras do regime da separação de bens, salvo contrato escrito em que se estipule o contrário.
b) Não pode ser reconhecida como união estável a relação pública, contínua, duradoura e com ânimo de constituir família, entre uma mulher solteira e um homem casado que esteja separado de fato.
c) Suponha que uma criança tenha sido concebida com material genético de Maria e de um terceiro, tendo sido a inseminação artificial previamente autorizada pelo marido de Maria. Nessa situação hipotética, o Código Civil prevê expressamente que a criança é presumidamente considerada, para todos os efeitos legais, filha de Maria e de seu marido.
d) Os cunhados, juridicamente, não podem ser classificados como parentes.

15. (OAB Nacional 2008 – III) A respeito da adoção, da tutela e da curatela, assinale a opção incorreta.

a) Tanto o tutelado quanto o curatelado podem ser adotados, respectivamente, por seu tutor ou curador, desde que prestadas as suas contas.
b) A validade da adoção conjunta requer a maioridade civil de ambos os cônjuges ou companheiros adotantes.
c) O tutor, mesmo com autorização judicial, não pode adquirir por si, ou por interposta pessoa, mediante contrato particular, bens móveis ou móveis pertencentes ao tutelado.
d) Tanto o cônjuge quanto o convivente poderá adotar o filho do outro.

16. (OAB Nacional 2008 – II) A respeito da disciplina dos alimentos no Código Civil vigente, assinale a opção correta.

a) Por ser de caráter personalíssimo, a obrigação de prestar alimentos não pode ser transmitida aos herdeiros.
b) É possível que a pessoa que necessite dos alimentos não venha a pedi-los, mas a renúncia do direito a alimentos não é permitida.
c) O cônjuge declarado culpado na ação de separação judicial não pode pedir alimentos ao outro.
d) O crédito decorrente da obrigação alimentar é insuscetível de cessão e penhora, mas admite-se a sua compensação como forma de se evitar o enriquecimento sem causa.

17. (OAB Nacional 2008 – II) A respeito dos regimes de bens entre os cônjuges, assinale a opção correta.

a) É sempre necessária para a alienação de bem imóvel a autorização do outro cônjuge.
b) A lei impõe ao maior de sessenta anos o regime obrigatório da separação de bens.
c) O regime de bens começa a vigorar tão logo seja escolhido perante o oficial de registro de casamentos.
d) A administração dos bens próprios só é possível quando adotado pelos cônjuges o regime da separação de bens.

GABARITO: As respostas destes testes encontram-se no final do livro.

Obs.: Mais questões sobre este capítulo estão disponíveis para *download* gratuito no *site* www.editorametodo.com.br.

DIREITO DAS SUCESSÕES

7.1 SUCESSÃO EM GERAL

7.1.1 Disposições gerais

Consoante estabelece o art. 6.º do CC, a personalidade civil da pessoa natural termina com a morte, presumindo-se esta, com relação aos ausentes, no momento em que a lei autoriza a abertura da sucessão definitiva.

Extinta a personalidade civil, desaparece a capacidade de direito.

Por isso, a sucessão se abre no momento da morte, sendo a herança desde logo transmitida aos herdeiros legítimos ou testamentários. Assim, a aquisição da herança não se dá no processo de inventário quando o juiz homologa a partilha de bens ou quando o respectivo formal é levado ao registro, ou mesmo quando é lavrada a escritura de partilha, mas sim no momento da morte.

A doutrina denomina "princípio da *saisine*" a regra que estabelece o momento da morte como sendo aquele em que se transfere a herança aos sucessores.

A sucessão regula-se pela lei vigente à época da sua abertura. Portanto, se uma pessoa faleceu antes de 11 de janeiro de 2003, sua sucessão será regulada pelas regras previstas no Código Civil de 1916, pouco importando o momento em que o inventário será instaurado. Entretanto, se a pessoa faleceu depois daquela data, a sucessão será regida pelo atual Código.

A sucessão abre-se no local do último domicílio do falecido. Conforme a nova redação do art. 983 do Código de Processo Civil, dada pela Lei 14.441, de 4 de janeiro de 2007, o inventário deve ser aberto no prazo de 60 dias a contar da abertura da sucessão e deve terminar nos 12 meses subsequentes, podendo o juiz, todavia, prorrogar tais prazos, de ofício ou a requerimento da parte. Em razão deste dispositivo, parece-nos que foi revogado o art. 1.796 do CC.

Até que o inventariante preste compromisso, a administração da herança caberá, sucessivamente:

- ao cônjuge ou companheiro, se com o falecido convivia ao tempo da abertura da sucessão;
- ao herdeiro que estiver na posse e administração dos bens (se houver mais de um nessas condições, ao mais velho);
- ao testamenteiro;
- a pessoa de confiança do juiz, na falta ou escusa das pessoas indicadas acima, ou quando tiverem de ser afastadas por motivo grave levado ao conhecimento do juiz.

A sucessão dá-se por lei ou por disposição de última vontade.

A sucessão por disposição de última vontade é chamada de sucessão testamentária. Assim, a pessoa em vida pode determinar quem serão os seus herdeiros e qual a parte que lhes caberá após a sua morte.

Não havendo testamento, ou caso este não englobe todo o patrimônio, a sucessão decorre da lei. Neste caso, é a lei que determina quem são os herdeiros do *de cujus* e a parte que lhes caberá. Quando a pessoa morre sem deixar testamento, afirma-se que ela faleceu *ab intestato*.

Importante lembrar que se a pessoa tiver herdeiros necessários, ela só poderá dispor por testamento da metade de seus bens (metade disponível). São herdeiros necessários os descendentes, os ascendentes e o cônjuge sobrevivente. Eles possuem o direito à denominada "legítima".

A herança é composta tanto pelos bens, pelos direitos do falecido (ativo), como pelas obrigações, pelas dívidas (passivo) contraídas por aquele.

No que toca às dívidas, no entanto, os herdeiros só respondem até os limites da herança.

Até a partilha de bens, a herança é considerada um bem imóvel e indivisível.

Embora o contrato que tenha por objeto a herança de pessoa viva seja considerado ilícito (*pacta corvina* – art. 426 do CC*)*, admite-se a cessão dos direitos hereditários. Trata-se de negócio jurídico solene, pois somente terá validade caso celebrado mediante escritura pública. O objeto deste negócio deve ser o quinhão indeterminado a que faça jus o herdeiro, sob pena de ser ineficaz perante os demais. A disposição de bem determinado que integre a herança só terá eficácia se houver prévia autorização do juiz.

Caso um dos herdeiros queira ceder onerosamente a estranhos seus direitos hereditários, deverá oferecê-los aos demais herdeiros, tanto por tanto. Trata-se, assim, de direito de preferência legal.

O coerdeiro, a quem não se der conhecimento da cessão, poderá, no prazo de 180 (cento e oitenta) dias após a transmissão, depositar o preço e haver para si a quota cedida a estranho.

7.1.2 Da vocação hereditária

As regras de vocação hereditária referem-se àqueles que podem ser chamados a suceder, aqueles que podem ser herdeiros ou legatários.

Na sucessão legítima são chamadas a suceder as pessoas já nascidas e as já concebidas no momento da abertura da sucessão.

Na sucessão testamentária, ainda podem ser nomeados herdeiros ou legatários:

- os filhos, ainda não concebidos de pessoas indicadas pelo testador, desde que vivas estas quando da abertura da sucessão;
- as pessoas jurídicas;
- as pessoas jurídicas, cuja organização for determinada pelo testador sob a forma de fundação.

Quando for chamado a suceder filho ainda não concebido de pessoa indicada pelo testador, enquanto o mesmo não nascer, a administração dos bens que irá herdar caberá ao curador designado pelo juiz, que em regra deverá ser a pessoa a quem o filho quis beneficiar o testador.

No entanto, se o herdeiro esperado não for concebido em até dois anos após a abertura da sucessão, a disposição de última vontade caduca, devendo os bens que lhe foram reservados ser partilhados entre os herdeiros legítimos, salvo disposição em contrário prevista no testamento.

No que toca à sucessão testamentária, há ainda aquelas pessoas que não podem ser beneficiadas como herdeiras ou legatárias.

Não podem ser herdeiras ou legatárias (sucessão testamentária):
– a pessoa, que a seu rogo escreveu o testamento, nem o seu cônjuge ou companheiro, ou os seus ascendentes e irmãos;
– as testemunhas do testamento;
– o concubino do testado casado (salvo se este, sem culpa sua, estiver separado de fato do cônjuge há mais de cinco anos); e
– o tabelião, civil ou militar, ou o comandante ou escrivão, perante quem se fizer, assim como o que fizer ou aprovar o testamento.

7.1.3 Da aceitação e da renúncia da herança

A aceitação da herança pode ser expressa ou tácita. Quando expressa, faz-se por escrito; quando tácita, resulta de atos próprios da qualidade de herdeiro. Os meros atos oficiosos, como o funeral do finado, os meramente conservatórios ou os de administração e guarda provisória não implicam em aceitação.

A renúncia, por sua vez, só se admite mediante escritura pública ou termo nos autos. Se ocorre a renúncia, não há a transmissão da herança ao renunciante.

Não se admite a aceitação ou a renúncia parcial, sob condição ou termo. São, ainda, irrevogáveis os atos de aceitação ou renúncia da herança.

O herdeiro, a quem se testarem legados, pode aceitá-los, renunciando a herança ou vice-versa. Da mesma maneira, o herdeiro, chamado, na mesma sucessão, a mais de um quinhão hereditário, sob títulos sucessórios diversos, pode livremente deliberar quanto aos quinhões que aceita e aos que renuncia.

Falecendo o herdeiro antes de declarar se aceita ou não a herança, o direito transfere-se aos seus sucessores, desde que aceitem a segunda herança.

Na sucessão legítima, a parte do renunciante acresce a dos outros herdeiros da mesma classe e, sendo o único desta, devolve-se aos da subsequente. Não há representação quando ocorre a renúncia da herança. Os filhos do renunciante só irão suceder se aquele for o único da classe ou se todos desta renunciaram. Neste caso, os filhos do renunciante sucederão por cabeça e por direito próprio.

Se a renúncia tiver por finalidade fraudar credores, estes poderão, no prazo de trinta dias contados a partir da data em que tiveram ciência, aceitá-la em nome do renunciante até o limite dos seus créditos.

7.1.4 Dos excluídos da sucessão

Os herdeiros ou legatários poderão ser excluídos da sucessão pela prática de atos considerados indignos em relação ao autor da herança.

São excluídos da sucessão os herdeiros ou legatários que:
– houverem sido autores, coautores ou partícipes de homicídio doloso, ou tentativa deste, contra a pessoa de cuja sucessão se tratar, seu cônjuge, companheiro, ascendente ou descendente;
– houverem acusado caluniosamente em juízo o autor da herança ou incorrerem em crime contra a honra, ou de seu cônjuge ou companheiro;
– por violência ou meios fraudulentos, inibirem ou obstarem o autor da herança de dispor livremente de seus bens por ato de última vontade.

Para que o herdeiro ou legatário seja excluído da sucessão é necessário que seja proferida sentença judicial, mediante ação autônoma, independente do inventário.

Segundo a doutrina majoritária, podem ingressar com a ação de exclusão aqueles que seriam beneficiados pela exclusão. O Enunciado 116 da *I Jornada de Direito Civil*, promovida pelo Conselho da Justiça Federal, estabelece que o Ministério Público tem legitimidade para a ação, desde que presente o interesse público. Referida ação deve ser ajuizada no prazo decadencial de 4 (quatro) anos contados a partir da abertura da sucessão.

Aquele que incorreu em atos indignos pode ser admitido a suceder quando o ofendido o tiver reabilitado por testamento ou por qualquer outro ato autêntico. Caso não tenha havido reabilitação expressa, mas o indigno tenha sido contemplado em testamento do ofendido feito quando já sabia do ato de indignidade, o herdeiro pode suceder no limite da disposição testamentária.

Os efeitos da exclusão são pessoais. Desta forma, os descendentes do excluído herdam como se este morto fosse ao tempo da abertura da sucessão. Se esses descendentes forem incapazes, o indigno não poderá administrar os bens recebidos e não poderá ser usufrutuário. Não terá, outrossim, direito a eventual sucessão de tais bens.

O excluído fica obrigado a restituir os frutos e os rendimentos que dos bens da herança houver percebido, mas tem direito de ser indenizado das despesas com sua conservação. São resguardados, ainda, os direitos dos terceiros de boa-fé que houverem celebrado negócios onerosos com o excluído em relação aos bens hereditários.

Por fim, é importante não confundir a exclusão por indignidade com a deserdação. As causas de exclusão também são de deserdação, mas o contrário não é verdadeiro, havendo causas de deserdação que não são de exclusão.

A iniciativa pela exclusão do indigno é de um outro herdeiro do *de cujus*, enquanto que a deserdação é do próprio autor da herança que, por meio do testamento, exclui de sua sucessão algum de seus herdeiros necessários. A exclusão pode alcançar tanto herdeiros legítimos como testamentários, enquanto que a deserdação somente herdeiros necessários.

7.2 SUCESSÃO LEGÍTIMA

7.2.1 Da ordem da vocação hereditária

Os herdeiros legítimos são divididos em quatro classes: os descendentes; os ascendentes; o cônjuge ou companheiros; e os colaterais até o quarto grau.

Conforme estabelece o art. 1.829 do CC, a sucessão legítima defere-se na ordem seguinte:

A) aos descendentes em concorrência com o cônjuge sobrevivente, salvo se casado este com o falecido no regime da comunhão universal de bens, ou no da separação obrigatória de bens; ou se, no regime da comunhão parcial de bens, o falecido não houver deixado bens particulares

Falecendo a pessoa, os primeiros que são chamados a sucedê-la são os seus descendentes e, se o *de cujus* fosse casado e dependendo do regime de bens, o cônjuge sobrevivente.

Com relação aos descendentes, os de grau próximo excluem os de grau mais remoto, salvo o direito de representação.

Os descendentes de uma mesma classe têm os mesmos direitos à sucessão de seus ascendentes.

Os filhos herdarão por cabeça e os demais descendentes, por cabeça ou por estirpe, conforme se achem ou não sob o mesmo grau.

Assim, se uma pessoa falece deixando filhos e netos, todos vivos, os filhos serão seus herdeiros. Vejamos o seguinte exemplo:

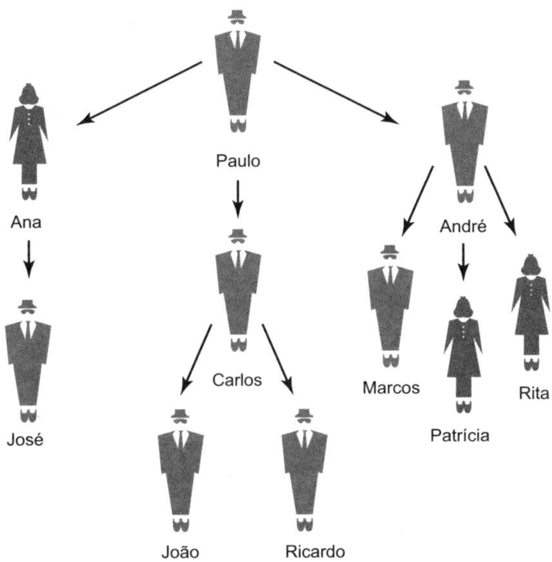

Paulo, viúvo, é pai de Ana, Carlos e André.

Ana é mãe de José.

Carlos é pai de João e Ricardo.

André é pai de Marcos, Patrícia e Rita.

Situação 1 – Todas as pessoas do exemplo estão vivas.

Paulo faleceu.

Serão seus herdeiros os filhos. Eles herdam por cabeça e por direito próprio.

Situação 2 – Paulo faleceu, mas seu filho André já havia morrido antes. Os herdeiros de Paulo são seus filhos Ana e Carlos e seus netos Marcos, Patrícia e Rita.

Ana e Carlos são filhos e por isso herdam por cabeça e por direito próprio; assim, cada um tem direito a um terço da herança.

Os netos Marcos, Patrícia e Rita como não são do mesmo grau de Ana e Carlos herdam por estirpe e por representação. Assim, eles têm direito àquilo que caberia a André, caso este vivo fosse, ou seja, um terço da herança. Desta forma, cada um dos netos ficará com um nono da herança.

Situação 3 – Quando Paulo faleceu, somente seus netos estavam vivos, sendo que todos os filhos, Ana, Carlos e André, já haviam morrido antes.

Os herdeiros de Paulo serão seus netos. Como eles estão sob o mesmo grau, herdam por cabeça e por direito próprio, ou seja, ficam cada um com um sexto da herança.

Faz-se necessário verificar, ainda, se o *de cujus* era ou não casado. Caso fosse casado, o cônjuge poderá ser chamado a suceder concorrendo com os descendentes.

Nem sempre o cônjuge será chamado à sucessão.

Primeiramente, consoante determina o art. 1.830 do CC, o cônjuge só terá direito à herança se ao tempo da morte do outro não estava separado judicialmente nem separado de fato há mais de dois anos salvo prova, nesse caso, de que essa separação se deu sem sua culpa.

Concorrendo com descendentes, o direito sucessório do cônjuge ainda depende do regime de bens. Assim:

O cônjuge TERÁ direito à herança se casado:	**O cônjuge NÃO terá direito à herança se casado:**
– pelo regime da separação absoluta convencional	– pelo regime da separação absoluta obrigatória
– pelo regime da comunhão parcial de bens e o falecido houver deixado bens particulares	– pelo regime da comunhão parcial de bens e o falecido não houver deixado bens particulares
– pelo regime da participação final nos aquestos	– pelo regime da comunhão universal de bens

Caso o *de cujus* fosse casado pelo regime da comunhão parcial de bens, tendo deixado bens particulares, o cônjuge sobrevivente só tem direito sucessório, em concorrência com os descendentes, nestes bens particulares. Nos bens comuns, como o cônjuge já tem direito à meação, só herdam os descendentes.

Importante ressaltar que não há uniformidade na doutrina acerca da matéria. Acompanhamos, no entanto, a posição adotada na III Jornada de Direito Civil, promovida pelo CJF (Conselho da Justiça Federal), que aprovou o Enunciado 270 nos seguintes termos: "Art. 1.829: O art. 1.829, inc. I, só assegura ao cônjuge sobrevivente o direito de concorrência com os descendentes do autor da herança quando casados no regime da separação convencional de bens ou, se casados nos regimes da comunhão parcial ou participação final nos aqüestos, o falecido possuísse bens particulares, hipóteses em que a concorrência se restringe a tais bens, devendo os bens comuns (meação) ser partilhados exclusivamente entre os descendentes".

Se o cônjuge tiver direito à herança, concorrendo com os descendentes, a ele tocará quinhão igual àqueles que sucederem por cabeça, não podendo sua quota ser inferior à quarta parte dos bens, se for ascendente dos herdeiros com que concorrer.

Vejamos os seguintes exemplos:

Situação 4

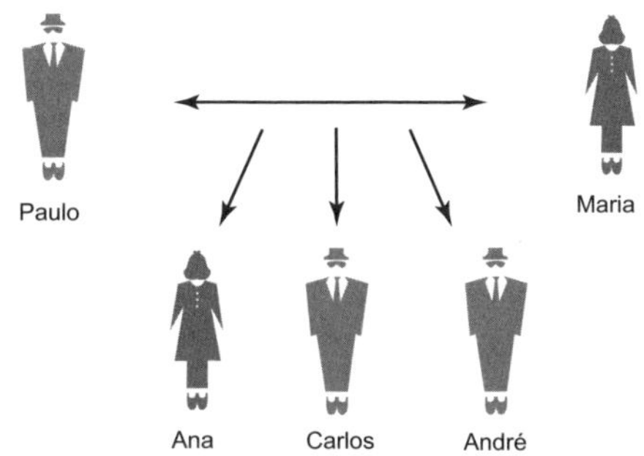

Paulo tinha um patrimônio de R$ 2.000,00 antes de se casar.

Casou-se com Maria pelo regime da comunhão parcial de bens. Na constância do casamento, amealharam um patrimônio de R$ 8.000,00 adquirido a título oneroso.

Durante o casamento tiveram os filhos Ana, Carlos e André.

Paulo faleceu.

Quando a pessoa for casada, é importante não confundir sua herança com sua meação.

A meação não é direito hereditário, mas sim a parte cabente ao cônjuge sobrevivente em razão da dissolução da sociedade conjugal.

Assim a herança deixada por Paulo será de R$ 6.000,00 (os R$ 2.000,00 que tinha antes do casamento – bens particulares – e a metade daquilo que for adquirido na constância da sociedade conjugal – R$ 4.000,00 – bens comuns).

O cônjuge tem direito à herança porque o casamento era regido pela comunhão parcial de bens e o falecido deixou bens particulares (bens em que não há o direito de meação – no nosso exemplo, os R$ 1.000,00). Todavia, só concorre na parte dos bens particulares (R$ 2.000,00). Os bens comuns (R$ 4.000,00) são partilhados somente entre os descendentes. Assim, quanto aos bens particulares (R$ 2.000,00), aplica-se a regra de que ao cônjuge tocará quinhão igual àqueles que sucederem por cabeça, não podendo ser a sua quota inferior à quarta parte dos bens, se for ascendente dos herdeiros com que concorrer. Assim, a herança de Paulo será dividida em quatro partes iguais entre o cônjuge e os três filhos. Caberia, portanto, a cada um, R$ 500,00.

Situação 5

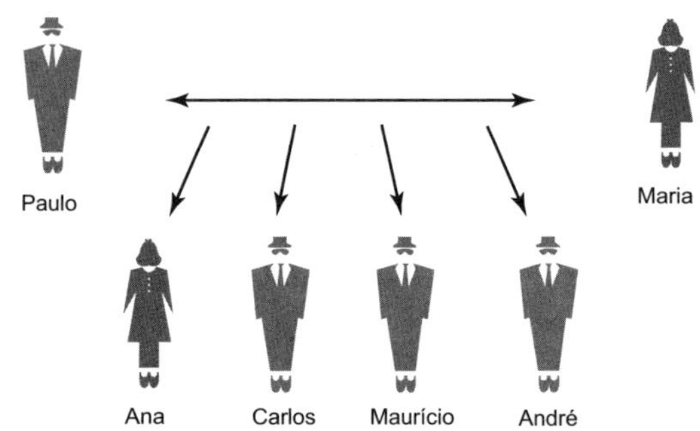

Paulo tinha um patrimônio de R$ 2.000,00 antes de se casar.

Casou-se com Maria pelo regime da comunhão parcial de bens. Na constância do casamento, amealharam um patrimônio de R$ 8.000,00 adquirido a título oneroso.

Durante o casamento tiveram os filhos Ana, Carlos, Maurício e André.

Paulo faleceu.

A herança de Paulo é de R$ 6.000,00.

Os bens comuns – R$ 4.000,00 – são partilhados somente entre os filhos, em partes iguais.

Quanto aos bens particulares – R$ 2.000,00 –, note-se que neste caso não é possível dividir de forma igual a herança entre o cônjuge sobrevivente e os filhos (que herdam por cabeça), pois o cônjuge, sendo ascendente dos herdeiros com que concorre, ficaria com menos de um quarto da herança.

A herança então seria dividida da seguinte forma:

1/4 da herança, ou seja, R$ 500,00, ficaria com o cônjuge.

O restante, 3/4, ou seja, R$ 1.500,00, seria dividido entre os quatro filhos. Assim cada um deles herdaria R$ 375,00.

Situação 6

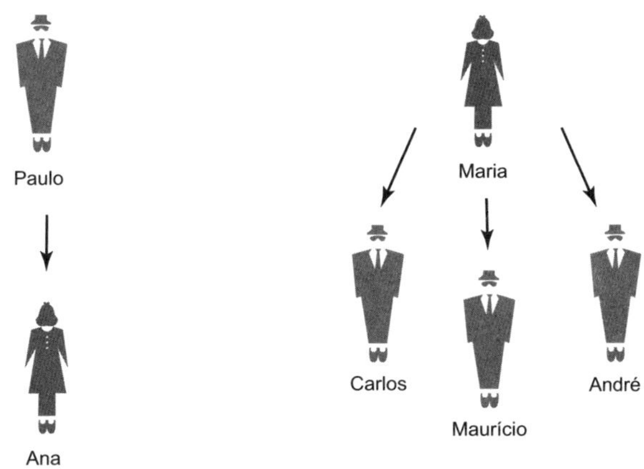

Paulo tinha um patrimônio de R$ 2.000,00 antes de se casar. Paulo teve a filha Ana antes de conhecer Maria.

Casou-se com Maria pelo regime da comunhão parcial de bens. Na constância do casamento, amealharam um patrimônio de R$ 8.000,00 adquirido a título oneroso.

Durante o casamento tiveram os filhos Carlos, Maurício e André.

Paulo faleceu.

A herança de Paulo é de R$ 6.000,00.

Como nos exemplos anteriores, os bens comuns – R$ 4.000,00 – são partilhados apenas por seus filhos.

Já os particulares – R$ 2.000,00 –, entre os filhos e os cônjuges. Nesta situação, caberá ao cônjuge quinhão igual ao que couber ao filho.

Não terá direito a pelo menos um quarto da herança, porque não é ascendente de todos os herdeiros com que concorre.

A herança então será dividida entre Maria e os quatro filhos em cinco partes iguais, ou seja, R$ 400,00 para cada um.

B) (a sucessão legítima defere-se...) aos ascendentes, em concorrência com o cônjuge

Falecendo a pessoa sem deixar descendentes, são chamados a suceder os ascendentes em concorrência com o cônjuge, se houver.

Quanto aos ascendentes, o grau mais próximo exclui o mais remoto. Não há direito de representação na linha ascendente.

Havendo igualdade em grau e diversidade em linha, os ascendentes da linha materna herdam a metade, cabendo a outra aos da linha materna.

Vejamos as seguintes situações:

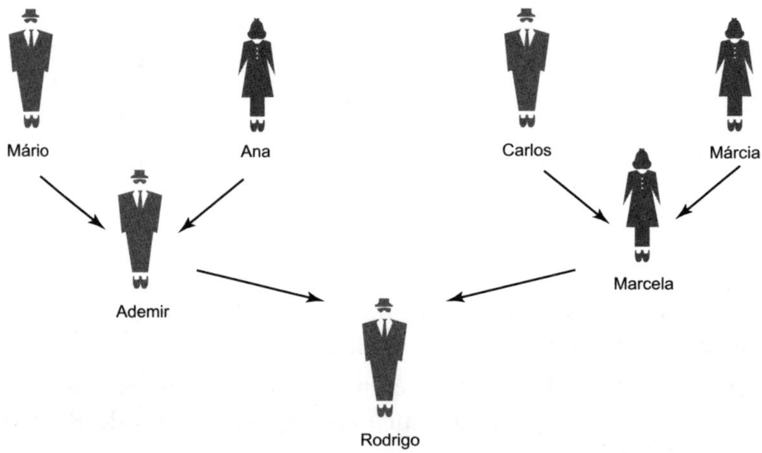

Situação 7

Mário e Ana são pais de Ademir. Carlos e Márcia são pais de Marcela.

Ademir e Marcela são casados e tiveram o filho Rodrigo.

Rodrigo, solteiro, faleceu.

Não tendo descendentes e não sendo Rodrigo casado, são chamados a suceder seus ascendentes.

Estando seus pais ambos vivos, eles serão seus herdeiros, ficando cada um com metade da herança.

Situação 8

Mário e Ana são pais de Ademir. Carlos e Márcia são pais de Marcela.

Ademir e Marcela são casados e tiveram o filho Rodrigo.

Marcela, mãe de Rodrigo, faleceu em 2002.

Rodrigo, solteiro, faleceu em 2004.

A herança de Rodrigo ficará toda para seu pai Ademir.

Os avós maternos de Rodrigo, Carlos e Márcia, nada herdam, pois não há direito de representação na linha ascendente.

Situação 9

Mário e Ana são pais de Ademir. Carlos e Márcia são pais de Marcela.

Ademir e Marcela são casados e tiveram o filho Rodrigo.

Os pais de Rodrigo, Ademir e Marcela, falcceram em 2002.

Rodrigo, solteiro, faleceu em 2004.

Os herdeiros de Rodrigo são seus avós, Mário, Ana, Carlos e Márcia. Cada um ficará com 1/4 da herança.

Situação 10

Mário e Ana são pais de Ademir. Carlos e Márcia são pais de Marcela.

Ademir e Marcela são casados e tiveram o filho Rodrigo.

Os pais de Rodrigo, Ademir e Marcela, faleceram em 2002. Sua avó materna, Márcia, também é falecida.

Rodrigo, solteiro, faleceu em 2004.

Seus herdeiros serão os avós paternos Mário e Ana, e o avô materno Carlos.

Aplica-se, então, a seguinte regra: havendo igualdade em grau e diversidade em linha, os herdeiros da linha paterna herdam a metade, cabendo a outra aos da linha materna.

Portanto, Mário e Ana, avós paternos, dividirão metade da herança, ficando 1/4 com cada um.

A outra metade ficará com o avô materno, Carlos.

Se o falecido era casado, o cônjuge é chamado a suceder em concorrência com os ascendentes.

Novamente o cônjuge só terá direito a participar da sucessão do outro caso não estivesse separado judicialmente, nem separado de fato, há mais de 2 (dois) anos, salvo nesta última hipótese se essa separação se deu sem a sua culpa.

No entanto, quando não houver descendentes, mas ascendentes, o cônjuge participa da sucessão **independentemente do regime de bens**.

Necessário ressaltar, também, que independentemente do regime de bens adotado, o cônjuge concorrerá com os ascendentes na integralidade da herança.

Assim, concorrendo com ascendente em primeiro grau, ao cônjuge tocará um terço da herança; caber-lhe-á a metade se houver um só ascendente, ou se maior for aquele grau.

Vejamos as seguintes situações:

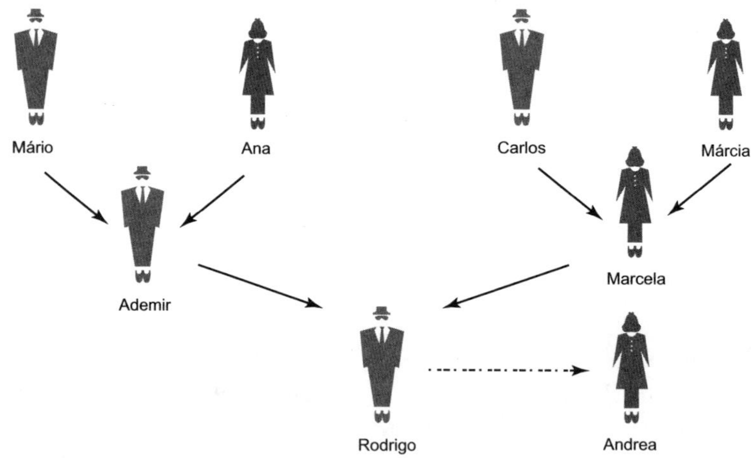

Situação 11

Mário e Ana são pais de Ademir. Carlos e Márcia são pais de Marcela.

Ademir e Marcela são casados e tiveram o filho Rodrigo.

Rodrigo tinha patrimônio de R$ 1.000,00 antes de se casar com Andrea pelo regime da comunhão parcial de bens.

Durante o casamento, Rodrigo e Andrea adquiriram a título oneroso um patrimônio de R$ 4.000.00.

Rodrigo faleceu.

Seus herdeiros são seus pais, Ademir e Marcela, e sua esposa Andrea.

A herança deixada por Rodrigo é R$ 3.000,00 [R$ 1.000,00 (bens particulares) + R$ 2.000,00 (metade do que foi adquirido na constância do casamento)].

Concorrendo com ascendentes em primeiro grau (os pais Ademir e Marcela), Andrea (cônjuge) fica com um terço da herança, portanto, R$ 1.000,00.

Os outros dois terços, R$ 2.000,00, serão divididos de forma igual entre os pais Ademir e Marcela.

Repare que o cônjuge concorre com os ascendentes na herança integral – R$ 3.000,00, diferentemente do que ocorre quando herda em concorrência com os descendentes, em que só concorre nos bens particulares deixados pelo *de cujus*.

Situação 12

Quando Rodrigo faleceu, sua mãe, Marcela, já havia morrido.

Assim, os herdeiros de Rodrigo são seu pai (Ademir) e sua esposa, Andrea.

Como o cônjuge concorre com apenas um ascendente em primeiro grau, Andrea tem direito à metade da herança, ou seja, R$ 1.500,00. A outra metade fica com o pai, Ademir. Aqui, novamente os avós maternos não sucedem, pois não há representação na linha ascendente.

Situação 13

Quando Rodrigo faleceu, ambos os pais, Ademir e Marcela, já estavam mortos. Todos seus quatro avós estavam vivos.

Nesse caso, a esposa Andrea, como concorre com ascendentes em segundo grau, tem direito à metade da herança.

A outra metade será dividida entre os quatro avós de Rodrigo.

C) (a sucessão legítima defere-se...) ao cônjuge sobrevivente

Não deixando descendentes ou ascendentes e sendo casado, a herança fica com o cônjuge sobrevivente.

Novamente o cônjuge só terá direito a participar da sucessão do outro caso não estivesse separado judicialmente, nem separado de fato, há mais de 2 (dois) anos, salvo nesta última hipótese se essa separação se deu sem a sua culpa.

O cônjuge herda independentemente do regime de bens.

D) (a sucessão legítima defere-se...) aos colaterais

Não havendo descendentes, ascendentes nem cônjuge são chamados a suceder os colaterais até o quarto grau.

Na classe dos colaterais, os de grau próximo excluem os de mais remoto, salvo o direito de representação concedido aos filhos de irmãos.

Os primeiros colaterais chamados a suceder são os irmãos. Havendo irmãos bilaterais e unilaterais, estes herdam metade do que couber àqueles.

Assim, se uma pessoa falece sem deixar descendentes, ascendentes nem cônjuge, mas com três irmãos bilaterais, cada um destes herdará um terço da herança.

Se dois dos irmãos forem bilaterais e um unilateral, este tem direito a receber metade do que couber a cada um daqueles.

Se um dos irmãos já faleceu, mas deixou filhos, estes (os sobrinhos) irão herdar por representação a parte que caberia àquele se fosse vivo.

Não havendo irmãos, são chamados a suceder os colaterais em terceiro grau – primeiro, os sobrinhos – e, não os havendo, os tios.

Se concorrerem à herança apenas filhos de irmãos falecidos, estes herdam por cabeça.

Se concorrem filhos de irmãos bilaterais com filhos de irmãos unilaterais, novamente cada um destes herda metade do que couber a cada um daqueles.

Não havendo sobrinhos ou tios, são chamados a suceder os colaterais de quarto grau.

Caso não haja colaterais até o quarto grau ou se eles renunciaram a herança, esta é devolvida ao Município ou ao Distrito Federal, se localizada nas respectivas circunscrições, ou à União, quando situada em território Federal.

E) o direito sucessório do(a) companheiro(a)

O art. 1.790 do CC disciplina o direito sucessório daqueles que vivem em união estável.

O direito hereditário do companheiro é restrito somente àquilo que foi adquirido a título oneroso na constância da união estável.

Novamente, ao se tratar da sucessão do companheiro, é importante ter cuidado para não se confundir meação com herança.

Com a morte de um dos companheiros, a união estável se dissolve, sendo necessário fazer a partilha de bens de acordo com o regime patrimonial previsto na lei (art. 1.725) ou em contrato escrito.

Depois de efetuada a partilha de bens em razão da dissolução da entidade familiar é que se apurará o direito sucessório.

O companheiro só terá direito a participar da sucessão do falecido na parte que foi adquirida onerosamente na constância da união estável. O restante será dividido conforme a ordem de vocação hereditária exposta nos itens anteriores.

Assim, com relação àquilo que foi adquirido a título oneroso na constância da união estável, o companheiro sobrevivente tem direito:

a) se concorrer com filhos comuns terá direito a uma quota equivalente à que por lei for atribuída ao filho.

Vejamos o seguinte exemplo:

Situação 14

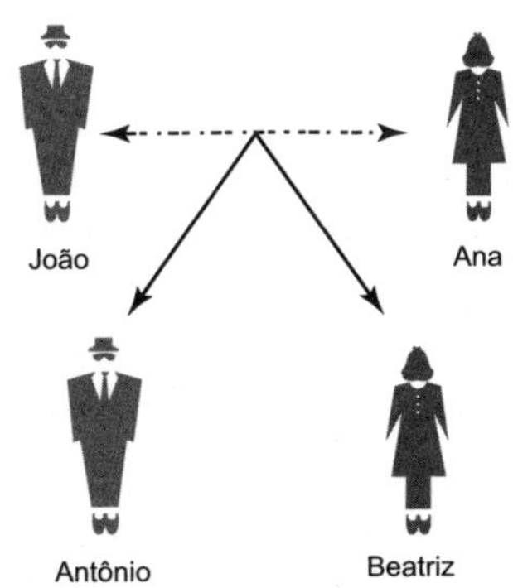

João tinha um patrimônio de R$ 10.000,00 antes de passar a viver em união estável com Ana. Durante a união estável, não celebraram contrato de convivência, vigorando as regras da comunhão parcial de bens. Juntos, na constância da união adquiriram onerosamente R$ 2.000,00. Tiveram os filhos Antônio e Beatriz. João faleceu.

A herança deixada por João é de R$ 11.000,00 [R$ 10.000,00 (patrimônio particular que tinha antes da união estável) + R$ 1.000,00 (metade dos R$ 2.000,00 que foram adquiridos a título oneroso na constância da união estável)].

Com relação aos R$ 10.000,00, a herança será dividida somente pelos filhos Antônio e Beatriz, não havendo qualquer direito por parte de Ana.

Com relação aos R$ 1.000,00, como Ana concorre com filhos comuns, terá direito ao equivalente do que couber a eles. Portanto, essa parte da herança (R$ 1.000,00) será dividida em três partes iguais entre Antônio, Beatriz e Ana.

b) se concorrer com descendentes só do autor da herança, o companheiro terá direito à metade do que couber a cada um daqueles.

Vamos ao exemplo:

Situação 15

João, pai de Antônio e Beatriz, tinha um patrimônio de R$ 10.000,00 antes de passar a viver em união estável com Ana. Durante a união estável, não celebraram contrato de convivência, vigorando as regras da comunhão parcial de bens. Juntos, na constância da união adquiriram onerosamente R$ 2.000,00. Não tiveram filhos em comum. João faleceu.

A herança deixada por João é de R$ 11.000,00 [R$ 10.000,00 (patrimônio particular que tinha antes da união estável) + R$ 1.000,00 (metade dos R$ 2.000,00 que foram adquiridos a título oneroso na constância da união estável)].

Com relação aos R$ 10.000,00, a herança será dividida somente pelos filhos Antônio e Beatriz, não havendo qualquer direito por parte de Ana.

Com relação aos R$ 1.000,00, como Ana concorre com descendentes só do autor da herança, terá direito à metade do que couber a cada um daqueles. Portanto, essa parte da herança (R$ 1.000,00) será dividida da seguinte forma: Antônio fica com R$ 400,00, Beatriz com outros R$ 400,00 e Ana com R$ 200,00.

c) se concorrer com outros parentes sucessíveis, terá direito a 1/3 (um terço) da herança.

Numa regra profundamente injusta, a lei afirma que caso o falecido não tenha deixado descendentes, mas havendo outros parentes sucessíveis, o companheiro terá direito a 1/3 da herança. Frise-se mais uma vez que a herança a que o companheiro faz jus é restrita àquilo que foi adquirido onerosamente na constância da união estável.

Assim, concorrendo com qualquer outro parente do falecido (pais, avós, irmãos, sobrinhos ou primos), o companheiro só fará jus a 1/3 daquilo que foi adquirido na constância da união estável.

d) não havendo parentes sucessíveis, tocará ao companheiro a totalidade da herança.

7.2.2 Herdeiros necessários

Consoante o estabelecido no art. 1.845 do CC, são herdeiros necessários os descendentes, os ascendentes e o cônjuge.

Todos os herdeiros necessários são herdeiros legítimos. No entanto, nem todos herdeiros legítimos são necessários. Os colaterais são somente herdeiros legítimos. Assim, por testamento, a pessoa poderá excluí-los de sua sucessão dispondo de seu patrimônio sem os contemplar. O testador só poderá excluir os herdeiros necessários por meio da deserdação, que só é admitida em casos taxativos, conforme será exposto adiante.

Os herdeiros necessários têm direito à metade dos bens do falecido, denominada legítima.

Assim, existindo tais herdeiros, a pessoa, mediante testamento, não pode dispor de mais da metade de seu patrimônio.

A legítima é calculada sobre o valor dos bens existentes na abertura da sucessão, abatidas as dívidas e as despesas do funeral, adicionando-se, em seguida, o valor dos bens sujeitos à colação.

Estão sujeitos à colação os valores que os descendentes receberam em vida do *de cujus*, por meio de doação.

Mediante testamento e havendo justa causa, a pessoa pode estabelecer sobre os bens da legítima as cláusulas de inalienabilidade, impenhorabilidade e incomunicabilidade. É vedado ao testador estabelecer a conversão dos bens da legítima em outros de espécie diversa.

Se houver justa causa, os herdeiros poderão requerer autorização judicial para alienar os bens gravados, convertendo-se o produto em outros bens, que ficarão sub-rogados nos ônus dos primeiros.

O herdeiro necessário a quem o testador deixar a sua parte disponível não perde o direito à legítima.

7.2.3 Direito de representação

O direito de representação ocorre quando a lei chama certos parentes do falecido a suceder em todos os direitos que ele teria, se vivo fosse.

O direito de representação verifica-se na linha descendente, mas nunca na ascendente.

Na linha colateral ou transversal, a representação só se verifica em favor dos filhos de irmãos falecidos, quando com irmãos deste concorrerem.

O quinhão do representado será dividido entre os representantes.

Para exemplo de representação, ver acima a situação 2.

7.3 SUCESSÃO TESTAMENTÁRIA

7.3.1 Capacidade de testar

A pessoa capaz pode, mediante testamento, dispor da totalidade ou de parte de seus bens para depois de sua morte.

Além dos incapazes, não podem testar aqueles que, no ato de fazê-lo, não tiverem pleno discernimento. É importante ressaltar que a incapacidade superveniente do testador não invalida o testamento, nem o testamento do incapaz se valida com a superveniência da capacidade.

Embora relativamente incapazes, os maiores de 16 anos podem testar, não sendo necessário que sejam assistidos para a prática do negócio jurídico.

Caso a pessoa tenha herdeiros necessários (descendentes, ascendentes ou cônjuge), o testamento não poderá atingir a legítima. Se isso ocorrer, o testamento não perderá a validade, devendo ocorrer a redução das disposições testamentárias, de acordo com as regras previstas nos arts. 1.966 a 1.968 do CC.

São ainda válidas as disposições de caráter pessoal feitas por meio de testamento, como, por exemplo, o reconhecimento de filhos. Tais disposições subsistirão ainda que o testamento seja considerado inválido, razão qual se afirma serem irrevogáveis.

O testamento é ato personalíssimo, sendo vedado o testamento de mais de uma pessoa, o chamado testamento conjuntivo.

O testamento é sempre um negócio jurídico revogável.

A revogação pode ocorrer pelo mesmo modo e forma como o testamento pode ser feito. Pode ser total ou parcial. É total quando no novo testamento há cláusula revogatória expressa, ou quando a pessoa dispõe de todo o patrimônio englobado no anterior. Caso isso não se verifique, a revogação será parcial, subsistindo o anterior em tudo que não for contrário ao posterior.

7.3.2 Formas de testamento

O testamento pode ser elaborado por formas ordinárias e especiais.

São ordinários os testamentos público, cerrado e particular.

São especiais os testamentos marítimo, aeronáutico e militar.

O testamento marítimo pode ser elaborado quando a pessoa se encontrar a bordo de navio, de guerra ou mercante, na presença do comandante e de duas testemunhas, por forma que corresponda ao testamento público ou cerrado. Seu registro será feito no diário de bordo.

O testamento aeronáutico pode ser feito por pessoa que se encontre a bordo de aeronave, comercial ou militar, mediante pessoa designada pelo comandante, seguindo as regras acima referentes ao marítimo.

Esses testamentos caducam se o testador não morrer na viagem nem nos noventa dias subsequentes ao seu desembarque em terra, onde possa fazer, na forma ordinária, outro testamento.

Já o testamento militar pode ser feito por pessoa que esteja a serviço das Forças Armadas em campanha, dentro do país ou fora dele, assim como em praça sitiada, ou que esteja de comunicações interrompidas. Não havendo tabelião ou seu substituto legal, será feito na presença de duas ou três testemunhas, se o testador não souber ou não puder assinar, caso em que assinará por ele uma delas.

O testamento militar também caduca desde que, depois dele, o testador esteja, noventa dias seguidos, em lugar onde possa testar na forma ordinária.

7.3.2.1 Testamento público

São requisitos do testamento público (art. 1.864, CC)
– ser escrito por tabelião ou por seu substituto legal em seu livro de notas, de acordo com as declarações do testador, podendo este se servir de minuta, notas ou apontamentos;
– lavrado o instrumento, ser lido em voz alta pelo tabelião ao testador e a duas testemunhas a um só tempo, ou pelo testador, se o quiser, na presença destas e do oficial;
– ser o instrumento, em seguida à leitura, assinado pelo testador, pelas testemunhas e pelo tabelião.

No testamento público, as disposições de última vontade são lavradas em notas de tabelião na presença de duas testemunhas; após lido em voz alta pelo tabelião na presença do testador e das testemunhas, será por todos assinado.

Se o testador não souber ou não puder assinar, o tabelião ou seu substituto fará menção expressa e pelo testador assinará a seu rogo uma das testemunhas.

Ao cego, conforme estabelece o art. 1.867, só se permite o testamento público, que lhe será lido, em voz alta, duas vezes: uma pelo tabelião ou por seu substituto legal, e a outra por uma das testemunhas, designadas pelo testador, fazendo-se de tudo menção circunstanciada no testamento.

O testamento é negócio que requer uma série de solenidades. Caso não sejam devidamente observadas, o negócio será considerado nulo, consoante prevê o art. 166, V, do CC.

Após o falecimento do testador, o testamento deverá ser registrado em juízo nos termos do art. 1.125 e seguintes do CPC.

7.3.2.2 Testamento cerrado

O testamento cerrado, também denominado místico ou secreto, é escrito pelo testador, de próprio punho, ou por outra pessoa, a seu pedido, sendo por aquele assinado. Pode, ainda, ser escrito mecanicamente, desde que seu subscritor numere e autentique, com a sua assinatura, todas as páginas. O testamento só será válido se for aprovado pelo tabelião ou por seu substituto legal, observadas as seguintes formalidades:

– que o testador o entregue ao tabelião em presença de duas testemunhas;
– que o testador declare que aquele é o seu testamento e quer que seja aprovado;
– que o tabelião lavre, desde logo, o auto de aprovação, na presença de duas testemunhas, e o leia, em seguida, ao testador e testemunhas;
– que o auto de aprovação seja assinado pelo tabelião, pelas testemunhas e pelo testador.

O tabelião deve registrar no auto de aprovação todas as formalidades acima e após, deverá cerrar (fechar) e coser (lacrar) o testamento, entregando-o, em seguida, ao testador. Do ato, o tabelião lançará no seu livro nota do lugar, dia, mês e ano em que o testamento foi aprovado e entregue.

Após o falecimento do testador, o testamento deverá ser apresentado ao juiz, que o examinará e, não encontrando qualquer vício externo que o torne eivado de nulidade ou suspeito de falsidade, determinará o seu registro e o seu cumprimento. O procedimento de abertura, registro e cumprimento está previsto no art. 1.125 e seguintes do CPC.

O testamento cerrado pode ser escrito em língua nacional ou estrangeira.

Não pode fazer testamento cerrado aquele que não possa ler. O surdo-mudo pode fazer testamento cerrado, desde que o escreva todo, o assine e, ao entregá-lo ao oficial, na presença de duas testemunhas, escreva, na face externa, que aquele é o seu testamento, cuja aprovação lhe pede.

7.3.2.3 Testamento particular

O testamento particular, também chamado de aberto, privado ou hológrafo, deve ser escrito de próprio punho ou mediante processo mecânico na presença de pelo menos três testemunhas que, juntamente com o testador, deverão assiná-lo. É necessário que conste no instrumento que o mesmo foi lido e assinado por quem o escreveu. Se feito por processo mecânico, não pode conter rasuras e nem espaços em branco.

O testamento particular pode ser escrito em língua estrangeira, desde que as testemunhas a compreendam.

Falecido o testador, será publicado em juízo, a fim de ser confirmado.

O juiz designará audiência para que sejam ouvidas as testemunhas. Para o ato serão citados os herdeiros legítimos do *de cujus*.

Se as testemunhas forem afirmativas (contestes) sobre o fato da disposição ou, ao menos, sobre a sua leitura perante elas, e se reconhecerem as próprias assinaturas, o testamento será confirmado.

Caso faltem testemunhas, por morte ou ausência, é necessário que pelo menos uma reconheça o testamento. Neste caso, fica a critério do juiz a confirmação do testamento, desde que se convença da sua veracidade.

Poderá ser confirmado, em circunstâncias excepcionais declaradas na cédula, o testamento particular de próprio punho e assinado pelo testador feito sem testemunhas.

7.3.3 Codicilos

A pessoa capaz de testar ainda pode fazer disposições *post mortem*, por escrito particular datado e assinado, acerca de seu enterro, sobre esmolas de pouca monta a certas e determinadas pessoas ou, indeterminadamente, aos pobres de certo lugar, bem como legar joias, de pouco valor, de seu uso pessoal. São os chamados codicilos.

Os codicilos têm validade independentemente da existência de testamento e também podem ser revogados por atos iguais, ou se posteriormente foi elaborado testamento que não os tenha confirmado ou modificado.

7.3.4 Disposições testamentárias

A nomeação de herdeiro ou legatário pode fazer-se: pura e simplesmente; sob condição; para certo fim ou modo; ou por certo motivo.

Salvo na substituição fideicomissária, não há como se estabelecer um termo para que deva começar ou cessar o direito do herdeiro. Havendo cláusula nesse sentido, ter-se-á como não escrita.

Quando uma cláusula testamentária puder ser interpretada de diversas formas, deverá prevalecer aquela que melhor assegure a vontade do testador.

É nula a disposição testamentária (art. 1.900, CC):
– que institua herdeiro ou legatário sob a condição obrigatória (captatória) de que este disponha, também por testamento, em benefício do testador, ou de terceiro;
– que se refira à pessoa incerta, cuja identidade não se possa averiguar;
– que favoreça a pessoa incerta, cometendo a determinação de sua identidade a terceiro;
– que deixe ao arbítrio do herdeiro ou de outrem fixar o valor do legado;
– que favoreça diretamente, ou mediante interposição de outro, a pessoa que a rogo escreveu o testamento ou a seus familiares, ou as testemunhas do testamento, ou a concubina do testador casado, ou ao tabelião perante o qual se fez o testamento.

É válida a disposição testamentária (art. 1.901, CC):
– em favor de pessoa incerta que deva ser determinada por terceiro, dentre duas ou mais pessoas mencionadas pelo testador, ou pertencentes a uma família, ou a um corpo coletivo, ou a um estabelecimento por ele designado;
– em remuneração de serviços prestados ao testador, por ocasião de moléstia de que faleceu, ainda que fique ao arbítrio do herdeiro ou de outrem determinar o valor do legado.

A disposição feita em favor dos pobres, dos estabelecimentos particulares de caridade ou dos de assistência pública presume-se feita em favor dos pobres situados no local do último domicílio do testador ou das entidades ali situadas, salvo se for possível compreender que o testador pretendia beneficiar pessoas ou instituições situadas em outro local.

Se o testador nomear mais de um herdeiro sem determinar a parte de cada um, será partilhada por igual entre eles a parte disponível.

Caso o testador nomeie certos herdeiros individualmente e outros coletivamente, a herança será dividida em tantas quotas quantos forem os indivíduos e os grupos designados.

Se depois de determinadas as quotas dos herdeiros ou legatários ainda restar patrimônio, este será dividido entre os herdeiros legítimos, segundo a ordem de vocação hereditária.

Se a alguns herdeiros foram atribuídos quinhões determinados e a outros não, ficarão com estes a parte restante.

As disposições testamentárias podem ser anuladas diante de erro, dolo ou coação. O prazo para que o direito seja exercido caduca em 4 (quatro) anos contados da data em que se teve ciência do vício da vontade.

A ineficácia de uma disposição testamentária importa a das outras que, sem aquela, não teriam sido determinadas pelo testador.

7.3.5 Legados

O legado é uma disposição *causa mortis* feita pelo testador em benefício de alguma pessoa (legatário), deixando-lhe coisa ou direito determinado. Ao contrário do herdeiro, que adquire um direito indeterminado (uma fração ideal, um quinhão que será individualizado no inventário), o legatário, por disposição testamentária, ou pelo codicilo, adquire um bem ou um direito determinado.

O legado pode recair em:

– *Coisas*

Obviamente, para que o legado seja eficaz, é necessário que a coisa legada seja do testador ao tempo de sua morte. Assim, se a coisa se perdeu ou após o testamento foi alienada, o legado caduca.

Se a coisa legada for somente em parte do testador, só quanto a essa parte valerá o legado. Se a coisa legada existir, mas em quantidade inferior, o legado só será eficaz quanto àquilo que existir.

Desde a abertura da sucessão, pertence ao legatário a coisa certa existente no acervo. Todavia, não se defere a posse da coisa ao legatário imediatamente, nem pode este nela ingressar por autoridade própria. Os frutos produzidos pela coisa após a abertura da sucessão também pertencem ao legatário.

Se e enquanto houver litígio sobre o testamento, não se pode pedir o legado. O mesmo se dá enquanto não se verificar a condição ou o termo.

– *Crédito ou de quitação de dívida*

Só tem eficácia até a importância da dívida ou do crédito ao tempo da morte do testador. Cumpre-se o legado entregando o herdeiro ao legatário o respectivo título.

– *Alimentos*

Se o testador não fixar o *quantum,* deverá o juiz fazê-lo. Devem os alimentos abranger o sustento, a cura, o vestuário e a casa, enquanto o legatário viver, além da educação, se ele for menor.

São pagos no começo de cada período, salvo disposição em contrário por parte do testador.

– *Em usufruto*

Caso seja instituído sem fixação de tempo, será até a morte do legatário, ou seja, vitalício.

– *Em imóvel*

Não deixa de ser um legado de coisa.

Se houver novas aquisições, ainda que contíguas ao bem, não se compreendem no legado, salvo disposição em contrário.

– *Em renda ou prestação periódica*

Pode o testador instituir determinada renda ou prestação periódica em valores por ele fixados, a serem pagos ao legatário. Só poderão ser exigidos no final de cada período, salvo disposição contrária.

Caducará o legado (art. 1.939, CC):
– se, depois do testamento, o testador modificar a coisa legada, a ponto de já não ter a forma nem lhe caber a denominação que possuía;
– se o testador, por qualquer título, alienar no todo ou em parte a coisa legada; nesse caso, caducará até onde ela deixou de pertencer ao testador;
– se a coisa perecer ou for evicta, vivo ou morto o testador, sem culpa do herdeiro ou legatário incumbido do seu cumprimento;
– se o legatário for excluído da sucessão, nos casos de indignidade;
– se o legatário falecer antes do testador.

7.3.6 Substituições

A substituição pode ser vulgar, recíproca ou fideicomissária.

A substituição vulgar pode ser simples, também denominada singular, ou composta, também chamada plural.

– *Substituição vulgar simples ou singular – art. 1.947 do CC*

Estabelece o art. 1.947 do CC que o testador pode substituir outra pessoa ao herdeiro ou ao legatário nomeado, para o caso de um ou outro não querer ou não poder aceitar a herança ou o legado, presumindo-se que a substituição foi determinada para as duas alternativas, ainda que o testador só a uma se refira.

Exemplo: João deixa, por meio de testamento, um legado a Paulo, estabelecendo que, caso o legatário não queira ou não possa receber o legado, este ficará com André. Assim temos as seguintes figuras:

João – testador
Paulo – legatário
André – substituto

A substituição vulgar é singular ou simples, pois só há um legatário e um substituto. Falecendo João, Paulo tem direito ao legado. Caso ele não queira ou não possa recebê-lo, ficará com o substituto, André.

– *Substituição vulgar plural ou composta – art. 1.948*

Ocorre quando há pluralidade de herdeiros, legatários e/ou substitutos.

Exemplo: João, mediante testamento, deixa determinado quinhão de sua herança a Beatriz e Carolina, estabelecendo que, se as mesmas não quiserem ou não puderem recebê-la, ficará com Cristina.

João – testador
Beatriz e Carolina – herdeiras
Cristina – substituta

Quando João falecer, Beatriz e Carolina terão direito à herança. Se elas não quiserem ou não puderem recebê-la, ficará com a substituta Cristina.

– *Substituição recíproca*

Ocorre quando o testador nomeia mais de um herdeiro ou legatário, estabelecendo que um é substituto do outro.

Exemplo: Paulo, por testamento, deixa um automóvel para André e uma casa para Maria, estabelecendo que um é substituto do outro.

Caso André não queira ou não possa receber o legado, este fica com a sua substituta, Maria. O mesmo ocorre se Maria não quiser ou não puder receber o legado que ficará com seu substituto, André.

Na substituição recíproca, havendo coerdeiros ou legatários de partes desiguais, a proporção dos quinhões fixada na primeira disposição entender-se-á mantida na segunda.

Vejamos o exemplo: Paulo, por testamento, estabelece como seus herdeiros: Carlos, a quem deixa 1/6 da herança; Ademir, a quem deixa 2/6; e Joana, a quem deixa 3/6. Paulo estabelece a substituição recíproca entre os herdeiros. Suponhamos que Joana não queira receber sua parte. Serão chamados os seus substitutos Carlos e Ademir. Como então será dividida a parte de Joana? Como Ademir herdou o dobro de Carlos, esta proporção será observada quanto à divisão da parte que cabia à Joana.

Ainda na substituição recíproca, pode o testador incluir entre os substitutos uma pessoa nova, que nada adquiriu por herança ou legado.

Assim, no exemplo acima, suponhamos que Paulo, em seu testamento, tenha determinado que, caso um de seus herdeiros não pudesse ou não quisesse receber a herança, ela ficaria com os outros herdeiros e também com Gabriela, que seria herdeira testamentária.

Neste caso, o quinhão vago será dividido de forma igual entre os substitutos, na medida em que com a inclusão de nova pessoa não há mais como se observar as proporções estabelecidas pelo testador.

– *Substituição fideicomissária*

Estabelece o art. 1.951 do CC que pode o testador instituir herdeiros ou legatários, estabelecendo que, por ocasião de sua morte, a herança ou o legado se transmita ao fiduciário, resolvendo-se o direito deste, por sua morte, a certo tempo ou sob certa condição, em favor de outrem, que se qualifica de fideicomissário.

Há, então, três figuras na substituição fideicomissária:

- o *testador* – chamado de *fideicomitente*;
- o *fiduciário*, que tem uma propriedade resolúvel; e
- o *fideicomissário*.

A substituição fideicomissária pode estar vinculada à morte do fiduciário, ou ao advento de um termo ou à ocorrência de uma condição.

– *Fideicomisso vinculado à morte*

Exemplo: João (testador – fideicomitente), por meio de testamento, deixa um determinado bem para Fernando (fiduciário), estabelecendo que quando este *morrer* aquele bem deverá ser transmitido para o primeiro filho deste (fideicomissário).

– *Fideicomisso vinculado ao advento de um termo*

Exemplo: João (testador – fideicomitente), por meio de testamento, deixa um determinado bem para Fernando (fiduciário), estabelecendo que quando o primeiro filho deste (fideicomissário) completar *dezoito anos* (termo), deverá adquiri-lo.

– *Fideicomisso vinculado a uma condição*

Exemplo: João (testador – fideicomitente), por meio de testamento, deixa um determinado bem para Fernando (fiduciário), estabelecendo que quando e se o primeiro filho deste (fideicomissário) *ingressar na faculdade de Direito* (condição), deverá adquiri-lo.

A substituição fideicomissária só se permite em favor daqueles que não foram concebidos ao tempo da morte do testador. Assim, enquanto não morrer o fiduciário, ou não for verificado o termo ou a condição, a propriedade dos bens fideicomitidos será do fiduciário. Este, no entanto, tem propriedade restrita e resolúvel.

Se ao tempo da morte do testador já tenha nascido o fideicomissário, este desde logo adquire a propriedade dos bens fideicomitidos, convertendo-se em usufruto o direito do fiduciário.

O fideicomisso caduca se o fideicomissário morrer antes do fiduciário, ou antes de realizar-se a condição resolutória do direito deste último. Nesse caso, a propriedade se consolida nas mãos do fiduciário.

Não se permite fideicomisso além do segundo grau.

Pode, ainda, o testador no fideicomisso estabelecer substitutos ao fiduciário ou ao fideicomissário caso estes não queiram ou não possam adquirir a herança. Neste caso, estaremos diante da *substituição compendiosa.*

7.3.7 Rompimento do testamento

Há o rompimento do testamento quando ocorre fato novo ou se descobre fato já existente, mas que o testador desconhecia quando fez o testamento, que pressupõe que ele não o teria elaborado se pudesse prevê-lo ou se já o soubesse.

Assim, segundo o art. 1.973, o testamento é rompido em todas as suas disposições se sobrevir descendente sucessível ao testador, que não tinha ou não o conhecia quando testou.

Também há o rompimento do testamento se o testador ignorava a existência de outros herdeiros necessários.

O rompimento só ocorre, todavia, se o descendente ou o outro herdeiro sobreviver ao testador.

Não há o rompimento do testamento, todavia, se o testador só dispôs da metade de seu patrimônio, não tendo contemplado os herdeiros necessários de cuja existência sabia, ou quando os excluiu dessa parte.

7.4 QUESTÕES

1. **(OAB 2010.2 – FVG) Em 2004, Joaquim, que não tinha herdeiros necessários, lavrou um testamento contemplando como sua herdeira universal Ana. Em 2006, arrependido, Joaquim revogou o testamento de 2004, nomeando como seu herdeiro universal Sérgio. Em 2008, Sérgio faleceu, deixando uma filha Catarina. No mês de julho de 2010, faleceu Joaquim. O único parente vivo de Joaquim era seu irmão, Rubens. Assinale a alternativa que indique a quem caberá a herança de Joaquim.**

   a) Rubens.
   b) Catarina.
   c) Ana.
   d) A herança será vacante.

2. **(IX Exame de Ordem Unificado – FGV) José, viúvo, é pai de Mauro e Mário, possuindo um patrimônio de R$ 300.000,00. Casou-se com Roberta, que tinha um patrimônio de R$ 200.000,00, pelo regime da comunhão universal de bens. José e Roberta tiveram dois filhos, Bruno e Breno. Falecendo Roberta, a divisão do monte seria a seguinte:**

   a) José recebe R$ 250.000,00 e Mauro, Mário, Bruno e Breno recebem cada um R$ 62.500,00.
   b) O monte, no valor total de R$ 500.000,00, deve ser dividido em cinco partes, ou seja, José, Mauro, Mário, Breno e Bruno recebem, cada um, R$ 100.000,00.
   c) José recebe R$ 250.000,00 e Bruno e Breno recebem, cada um, a importância de R$ 125.000,00.
   d) A herança deve ser dividida em três partes, cabendo a José, Bruno e Breno 1/3 do monte, ou seja, R$ 166.666,66 para cada um.

3. **(VIII Exame de Ordem Unificado – FGV) Com relação ao direito sucessório, assinale a afirmativa correta.**

   a) O cônjuge sobrevivente, mesmo se constituir nova família, continuará a ter direito real de habitação sobre o imóvel em que residiu com seu finado cônjuge.

b) A exclusão por indignidade pode ocorrer a partir da necessidade de que o herdeiro tenha agido sempre com dolo e por uma conduta comissiva.

c) A deserdação é forma de afastar do processo sucessório tanto o herdeiro legítimo quanto o legatário.

d) Os efeitos da indignidade não retroagem à data da abertura da sucessão, tendo, portanto, efeito *ex nunc*.

4. (OAB/MG – Agosto/2008) As assertivas abaixo trazem questões a respeito de SUCESSÕES. Aponte a alternativa INCORRETA:

a) Ao cônjuge sobrevivente assegura-se o direito real de habitação relativamente ao imóvel destinado à residência da família, desde que seja o único desta natureza a inventariar.

b) A sucessão abre-se no lugar do último domicílio do falecido.

c) Não se excluem da sucessão os herdeiros coautores de tentativa de crime de homicídio doloso contra a pessoa cuja sucessão se tratar.

d) Quando todos os chamados a suceder renunciarem à herança, será esta desde logo declarada vacante.

5. (OAB/Nacional 2007.II) Com relação a contratos e sucessão, assinale a opção incorreta.

a) Nos contratos de locação, é válida a cláusula de renúncia à indenização das benfeitorias e ao direito de retenção.

b) Desde a abertura da sucessão, pertence ao legatário a coisa certa, existente no acervo, salvo se o legado estiver sob condição suspensiva, não se deferindo de imediato a posse da coisa legada nem podendo o legatário nela entrar por autoridade própria.

c) Será sempre judicial a partilha se algum herdeiro for incapaz.

d) Configura a existência de herança vacante o falecimento de alguém sem deixar herdeiro testamentário ou legítimo notoriamente conhecido.

6. (OAB/RS 2007.II) Assinale a assertiva correta.

a) A evicção não pode ser objeto de renúncia das partes.

b) A venda de ascendente a descendente é nula em qualquer hipótese.

c) A compra e venda entre cônjuges é vedada em qualquer hipótese.

d) O herdeiro não pode alegar direito de preferência, do qual era detentor o *de cujus*.

7. (OAB Nacional 2009 – II) Acerca do direito sucessório, assinale a opção correta.

a) A aceitação da herança é o ato jurídico unilateral por meio do qual o herdeiro manifesta livremente sua vontade de receber a herança, por isso o ato deve sempre ser feito por declaração escrita.

b) Os descendentes do herdeiro que renuncia à herança herdam por representação na sucessão legítima.

c) É válida a disposição testamentária do testador casado, em favor de filho que nasça de seu relacionamento com concubina.

d) Não é válida disposição de última vontade que institua pessoa jurídica como herdeira testamentária.

8. (OAB Nacional 2009 – I) A respeito do direito das sucessões, julgue os itens subsequentes.

I – O herdeiro necessário não perderá o direito à legítima se também lhe forem deixados bens em testamento que constituam a parte disponível do testador.

II – No casamento putativo, o cônjuge de boa-fé sucederá o falecido se a sentença anulatória do casamento for posterior à morte do cônjuge de cuja sucessão se trata.

III – O Código Civil, em se tratando de sucessão legítima, assegura ao cônjuge sobrevivente, caso o casamento tenha sido efetuado no regime da comunhão universal de bens, o direito de concorrência com os descendentes do autor da herança.

IV – O testamento pode ser feito diretamente pelo representante legal do testador.

A quantidade de itens certos é igual a

a) 1.
b) 2.
c) 3.
d) 4.

9. (OAB Nacional 2008 – III) A respeito da sucessão legítima, assinale a opção incorreta.

a) A existência de herdeiros na classe dos descendentes afasta da sucessão os ascendentes.
b) O consorte supérstite herdará a totalidade da herança na ausência de descendentes e ascendentes.
c) Os herdeiros colaterais são herdeiros necessários.
d) Na união estável, não tendo o *de cujus* descendentes, mas somente ascendentes, o convivente sobrevivo concorrerá, quanto aos bens adquiridos onerosamente na vigência da convivência, a um terço do montante hereditário.

10. (OAB 2011.3 – FGV) José, solteiro, possui três irmãos: Raul, Ralph e Randolph. Raul era pai de Mauro e Mário. Mário era pai de Augusto e Alberto. Faleceram, em virtude de acidente automobilístico, Raul e Mário, na data de 15.04.2005. Posteriormente, José veio a falecer em 1.°.05.2006. Sabendo-se que a herança de José é de R$ 90.000,00, como ficará a partilha de seus bens?

a) Como José não possui descendente, a partilha deverá ser feita entre os irmãos. E, como não há direito de representação entre os filhos de irmão, Ralph e Randolph receberão cada um R$ 45.000,00.
b) Ralph e Randolph devem receber R$ 30.000,00 cada. A parte que caberá a Raul deve ser repartida entre Mauro e Mário. Sendo Mário premorto, seus filhos Alberto e Augusto devem receber a quantia que lhe caberia. Assim, Mauro deve receber R$ 15.0000,00, e Alberto e Augusto devem receber R$ 7.500,00 cada um.
c) Ralph e Randolph receberão R$ 30.000,00 cada um. O restante (R$ 30.000,00) será entregue a Mauro, por direito de representação de seu pai premorto.
d) Ralph e Randolph receberão R$ 30.000,00 cada um. O restante, na falta de outro colateral vivo, será entregue ao Município, Distrito Federal ou União.

GABARITO: As respostas destes testes encontram-se no final do livro.

Obs.: Mais questões sobre este capítulo estão disponíveis para *download* gratuito no *site* www.editorametodo.com.br.

REFERÊNCIAS BIBLIOGRÁFICAS

DINIZ, Maria Helena. *Código civil anotado.* São Paulo: Saraiva, 2008.

__________. *Direito civil brasileiro.* São Paulo: Saraiva, 2008. v. 1 a 7.

GONÇALVES, Carlos Roberto. *Direito civil brasileiro.* São Paulo: Saraiva, 2008. v. I a III.

RIZZARDO, Arnaldo. *Direito das obrigações.* Rio de Janeiro: Forense, 2008.

TARTUCE, Fernanda. *Processo civil.* Estudo prático. Rio de Janeiro: Forense, no prelo.

__________. *Resumão de processo civil.* 5. ed. São Paulo: Barros & Bafisa, 2008.

TARTUCE, Flávio. *Direito civil.* São Paulo: Método, 2011. v. 1, 2 e 3.

__________. SIMÃO, José Fernando. *Direito civil.* São Paulo: Método, 2011. v. 4, 5 e 6.

VENOSA, Silvio de Salvo. *Direito civil.* São Paulo: Atlas, 2008. v. 1 a 7.

GABARITO

1. Lei de Introdução às Normas do Direito Brasileiro e Parte Geral do Código Civil

1 – B	2 – C	3 – C
4 – A	5 – C	6 – C
7 – C	8 – D	9 – D
10 – C	11 – B	12 – C
13 – B	14 – A	15 – C
16 – C		

2. Obrigações

1 – B	2 – D	3 – C
4 – D	5 – B	6 – D
7 – A	8 – A	9 – B
10 – C	11 – D	12 – C
13 – B		

3. Contratos

1 – A	2 – B	3 – B
4 – A	5 – B	6 – A
7 – B	8 – A	9 – D
10 – A	11 – A	12 – A
13 – D	14 – B	15 – B
16 – D		

4. Responsabilidade civil

1 – A	2 – C	3 – B
4 – D	5 – B	6 – D
7 – D	8 – D	9 – A
10 – A	11 – B	12 – B
13 – B	14 – A	

5. Direito das coisas

1 – C	2 – B	3 – A
4 – A	5 – D	6 – D
7 – A	8 – D	9 – C
10 – A	11 – B	12 – A
13 – D	14 – B	15 – A
16 – D	17 – A	18 – B
19 – A		

6. Direito de família

1 – C	2 – C	3 – D
4 – C	5 – A	6 – C
7 – B	8 – A	9 – C
10 – B	11 – A	12 – C
13 – B	14 – C	15 – B
16 – B	17 – B	

7. Direito das sucessões

1 – A	2 – C	3 – A
4 – C	5 – D	6 – D
7 – C	8 – B	9 – C
10 – C		

EDITORA
MÉTODO
www.editorametodo.com.br
metodo@grupogen.com.br

10 1 2 3 4 5 6 7 8 9
2013

Pré-impressão, impressão e acabamento

GRÁFICA
SANTUÁRIO

grafica@editorasantuario.com.br
www.editorasantuario.com.br
Aparecida-SP